中央高校基本科研业务费专项资金资助

代黔东南苗族文化变迁研究

齐蕴博 著

知识产权出版社
全国百佳图书出版单位
——北京——

图书在版编目（CIP）数据

清代黔东南苗族法文化变迁研究／齐蕴博著. —北京：知识产权出版社，2021.12
ISBN 978-7-5130-7798-9

Ⅰ.①清… Ⅱ.①齐… Ⅲ.①苗族—法制史—文化研究—黔东南苗族侗族自治州—清代 Ⅳ.①D927.732.215.4

中国版本图书馆 CIP 数据核字（2021）第 214649 号

责任编辑：唱学静　　　　　　　　　责任校对：谷　洋
封面设计：乾达文化　　　　　　　　责任印制：孙婷婷

清代黔东南苗族法文化变迁研究
齐蕴博　著

出版发行：知识产权出版社有限责任公司	网　址：http://www.ipph.cn
社　　址：北京市海淀区气象路 50 号院	邮　编：100081
责编电话：010-82000860 转 8112	责编邮箱：ruixue604@163.com
发行电话：010-82000860 转 8101/8102	发行传真：010-82000893/82005070/82000270
印　　刷：北京建宏印刷有限公司	经　销：各大网上书店、新华书店及相关专业书店
开　　本：720mm×1000mm　1/16	印　张：15.75
版　　次：2021 年 12 月第 1 版	印　次：2021 年 12 月第 1 次印刷
字　　数：249 千字	定　价：79.00 元
ISBN 978-7-5130-7798-9	

出版权专有　侵权必究
如有印装质量问题，本社负责调换。

前　　言

宋元以后，在贵州的黔东南地方逐渐形成了一个以苗族为主的少数民族聚居区，其区域主要为今天的台江、剑河、凯里、雷山、丹寨、榕江等县市及其周边地方。在清代之前，这一地区的少数民族不受中央王朝控制，被称为"生苗"，处于"不纳粮税""不奉约束""不知有官"的状态。这一地方处于云贵高原东南部，高山峻岭，经济落后，交通隔绝，相对闭塞。此地的苗族以原始的农耕、打猎为生计来源；以血缘为纽带的家族村寨为社会生活组织；以独特的法文化来维护社会秩序。但这种隔绝状态在清代被打破，从雍正六年至雍正十一年，经过五年的军事征剿和招抚，清政府开辟了黔东南苗族地区，将其纳入清王朝国家法治治理之下，这直接导致了苗族传统法文化的变迁。在苗疆开辟之初，清政府在黔东南地方大力推行国家法，然而由于国家法与苗族习惯法存在诸多矛盾与差异，引起了苗民的激烈反抗，清政府不得不采取了相对怀柔的"因俗而治""因时制宜"政策，并随着社会的发展不断调整对苗族地方的治理方略，故而有效地维持了黔东南苗族地区的治理。随着国家治理在苗族地区的深入与国家法的推进，苗族传统的法文化在社会组织形式、法观念、惩罚制度、财产所有形式、婚姻家庭、纠纷解决机制等方面都发生了很大的变迁。苗族法文化在清代的变迁问题，揭示了国家法治下地方法文化变迁的一般规律。由于法文化内涵丰富，不能一一展开论述，故此本书选取了最具有典型意义的四个方面进行了比较深入系统的研究。

本书共分为七章。第一章重点讨论两个问题。第一个问题是对"法文化"的释义。本书认为，法文化是指法以及与法的孕育、制定、实施等密切相关的各种文化因素与文化现象，即除了法之外，还包含了影响法的孕育、制定、实施的文化因素，也包含了法在实施过程中出现的与文化的互动、融合、调试、排斥等各种复杂的文化现象。可以说，法文化是"法"与"文化"相互作用的产物。因此在研究法文化时，"文化"与"法"的含义就成为确定法文化概念的前提。为此，本书引入了人类学中有关"文化"的经典定义与相关理论，继而又探讨了法理学中有关"国家法"与"非国家法"的概念与相关理论，以阐明法文化的内涵。第二个问题是对法文化变迁的理论，即法文化变迁的原因——"文化"的变迁或者"法"的变迁，法文化变迁的过程——利害权衡与力量博弈，以及法文化变迁的联动性等进行探讨，作为接下来研究"清代黔东南苗族法文化变迁"的理论基础。

  第二章探讨了黔东南苗族法文化变迁的社会历史背景，分为两个问题。第一个问题是苗疆开辟前苗族的社会状况。在苗疆开辟之前，黔东南地方虽然没有国家强制力保障的公共秩序，但是苗族社会形成了自己的法秩序，有血缘为纽带的家族社会组织，有传统的理辞与榔规为法律，有本社会的权威"理老"处理纠纷等，社会井然有序。第二个问题是清政府对苗疆开辟后的施政对苗族社会的影响。清廷在苗疆的开辟施政可以分为三个阶段。第一个阶段是苗疆开辟后国家法的强力植入，引起苗民的大起义。第二个阶段是自乾隆初年后，清政府平息苗民起义后，实行了"因俗而治""以苗治苗"的政策，实现了黔东南地方百余年的稳定。这一阶段苗族社会传统法有了一些新的变化，但也得到了很大程度的保留。第三个阶段是自咸同年间的苗民起义后，经过战争的破坏以及清廷100多年的经营，清政府废除了土司，设置了流官进行管理，国家法长驱直入，这导致苗族社会中传统的"议榔"机制的萎缩，社会权威由于国家力量的介入出现多元化的现象，黔东南苗族地区被完全纳入王朝一体化的体系中来，实现了由"生苗"到"熟苗"进而到"臣民"身份的转化。

  第三章探讨了苗族传统的惩罚制度——"苗例"的变迁问题。"苗例"主要是清朝官方对于苗疆少数民族习惯法中"杀人伤人，赔牛赔谷"的惩罚制度的一种称谓，其被写入《大清律例》，成为国家法的一部分，以作为处理一些西南方少数民族内部纠纷的"准据法"。"苗例"之所以得到国家法的确认，是因为在苗疆开辟初期，国家法与苗民习惯法存在诸多差异，强制实施国家法不利于地方秩序的稳定,清廷不得不采取相对怀柔的政策来确认"苗例"的国家法效力。但是随着国家治理的深入,国家法的观念逐渐渗入并潜移默化地改变着苗族传统的法观念,"苗例"最终在国家制度层面上被取缔。"苗例"的变迁体现了清代国家法制日益趋于统一的发展趋势,是苗族法文化变迁的一个典型事例。

第四章探讨的是以"讲理"与"神判"为代表的苗族传统纠纷解决机制的变迁。"讲理"与"神判"是苗族社会传统的纠纷解决机制。本书通过对历史材料的深入研究,剖析了"讲理"与"神判"的内涵与价值,特别是"讲理"制度,其程序设计精当、公平,堪比现代的审判制度。但是苗疆开辟后,这些苗族传统的纠纷解决方式在国家司法制度的影响下逐渐发生了变迁。苗族社会出现了由流官、土司处理纠纷的新方式,这些新兴的纠纷解决方式与传统的纠纷解决方式并存、博弈、互动、交融,促动了"讲理"与"神判"的变迁。黔东南苗族社会的纠纷解决机制因国家司法参与而呈现出一种复杂多元的形态。

第五章介绍了财产所有制的变迁。在苗疆开辟之前,苗族社会已经出现了私有财产,但公有财产仍然大量存在。即便在水道便利的地方,苗民有零星木材商业贸易,但是交易数量极为有限,依然存在大量的财产公有现象。苗疆开辟后,清廷设置了屯军、流官、土司,加强了水路交通与陆路交通的建设,进而汉民大量涌入,这都对地方经济带来了影响。特别是黔东南东部的清水江流域,守望水道并融入木材市场经营中的苗族,在财产所有制、契约形态、身份与地位等方面都发生了极大的改变,出现了因有关经济方面法文化的变迁导致其他方面法文化变迁的联动现象。

第六章探讨了以"出面婚"与"姑舅婚"为代表的婚姻形式的变迁。"出面婚"是苗族最古老的婚姻习俗,强调男女自由恋爱,继而组建临时家庭,生子后才举办婚礼,此时婚姻始告成立。但是按照这种习俗的要求,生育子女后婚姻才能成立,有时组建的临时家庭没有生育子女,女儿将"终不归宁",即丧失了回归娘家的资格,这不利于对新娘的保护。另外,这种婚前同居生子的习俗也备受汉族伦理观的指责。在苗疆开辟后,苗族逐渐借取了百越族系的"不落夫家"的婚俗以及部分汉族的婚俗,导致"出面婚"在清末几乎被彻底改变。"姑舅婚"是苗族社会"姑之女必嫁舅之子"的法文化，这种婚姻是建立在"舅权"至上的文化基础上的，但"姑舅婚"这种强制的方法往往导致近亲结婚、强制婚姻等问题，苗族社会自身与地方流官都对此进行了改革。可是源于"舅权"的文化基础以及相应观念的阻力，使得整个改革呈现出渐进的状态。苗族婚姻法文化的变迁是清代苗族在接触多民族婚姻法文化后，权衡、比较、选择、扬弃的结果，体现了法文化变迁中的利害权衡与力量博弈的一般规律。

第七章探讨了清代黔东南苗族法文化变迁的历史规律及对当代的启发。这一章分为三个部分。第一部分是对苗族传统法文化基本特点的总结。首先归纳了苗族传统"法"在苗族社会得以有效实施的原因，即源于苗族传统法的"民主性""神圣性"与"世俗性"；其次苗族传统的纠纷解决机制中体现的程序性与正当性；最后分别总结了苗族传统法中惩罚制度、婚姻制度以及财产所有制的特点与形成原因及背后的价值取向。第二部分是对苗族法文化变迁的规律的总结，这也是对本书第一章的回应。经过对黔东南苗族法文化变迁中几个重要方面的历史考察，本书认为，清代苗族法文化变迁中呈现出"曲折性与渐进性""利益选择与力量博弈""法文化变迁的联动性"以及"因发展不均衡导致的变迁不均衡"等特征。第三部分是对当代的启发。即我们要充分认识地方法文化多元共存的现实，注意吸收各地民族传统法文化中的精华，注重发挥民族法文化在各地方的积极作用，注重引导民族法文化"渐进式"的变迁。第三部分也是本书研究的对当代我国法治建设的启示。

本书在前人研究的基础上，对清代特别是雍正朝以来黔东南地区苗族法文化的变迁进行了较为深入系统的研究，重点剖析了苗族法文化中的惩罚机制（苗例）、纠纷解决机制（讲理、神判）、经济体制（财产所有制）、婚姻（出面婚、姑舅婚）等四个方面的具体内容、特点、形成原因及历史变迁。法文化的变迁是人类社会变迁的缩影，与人类社会的发展密切相关。苗族法文化在清代的变迁问题，揭示民族法文化变迁的一般规律，具有重要的研究价值。期望本书的研究成果，能够对当代民族地区法治建设提供一些启发。

目录
CONTENTS

导 论 ··· 1
 第一节 关于选题 ·· 1
  一、问题的缘起 ··· 1
  二、选题的确定 ··· 2
 第二节 相关概念的说明 ·· 5
  一、清代语境下黔东南地区的"苗" ······················· 5
  二、清代语境下的"生苗"与"熟苗" ······················ 8
 第三节 研究现状与综述 ·· 11
  一、关于法文化的研究 ······································ 11
  二、关于民族法文化的研究 ································ 13
  三、关于清代苗族传统法的研究 ·························· 13
  四、关于苗族历史与文化的研究 ·························· 14

第一章 法文化的释义及其变迁问题 ···················· 17
 第一节 法文化的释义 ·· 17
  一、对"文化"的理解 ······································· 17
  二、对"法"的理解 ·· 23
  三、对法文化的理解及研究意义 ·························· 27
 第二节 法文化的变迁问题 ···································· 29
  一、文化变迁的一般理论 ··································· 29

· 1 ·

二、法文化变迁的特点 ………………………………………………… 33

第二章　清朝对黔东南苗族地区的开辟、经营及影响 ……………… 37
第一节　开辟前黔东南苗族的社会状况 ……………………………… 37
　　一、开辟前黔东南苗族与中央王朝的关系 …………………………… 37
　　二、开辟前黔东南苗族的社会与法 …………………………………… 39
第二节　清朝对黔东南苗族地区开辟、经营的过程及影响 ………… 55
　　一、雍正年间对黔东南苗族地区的开辟 ……………………………… 55
　　二、乾隆年间"治苗方略"的调整及对苗族社会的影响 …………… 62
　　三、清后期"治苗方略"的变化及对苗族社会的影响 ……………… 78

第三章　"苗例"的变迁 ………………………………………………… 86
第一节　以"苗例"为代表的苗族传统的惩罚制度 ………………… 86
　　一、"苗例"——"处罚财物"的惩罚形式 ………………………… 86
　　二、"苗例"的特点及形成原因 ……………………………………… 89
　　三、其他惩罚形式 ……………………………………………………… 92
第二节　清朝对"苗例"的确认、实施与废止 ……………………… 96
　　一、清朝确认"苗例"的原因 ………………………………………… 96
　　二、"苗例"的实施与废止 …………………………………………… 98
第三节　"苗例"变迁的原因——苗民国家法观念的转变 ……… 102
　　一、价值取向的转变——从"杀人赔牛"到"杀人抵命" ……… 102
　　二、国家法中伦理观的影响 ………………………………………… 104
　　三、对国家法权威的认同 …………………………………………… 107

第四章　"讲理"与"神判"的变迁 ………………………………… 113
第一节　"讲理"与"神判" ………………………………………… 114
　　一、"讲理" …………………………………………………………… 114
　　二、"神判" …………………………………………………………… 123

第二节 国家法秩序下"讲理"与"神判"的变迁 …………… 128
　　一、国家权威参与下纠纷解决机制的变化 ………………… 128
　　二、"讲理"制度的变迁 ……………………………………… 135
　　三、"神判"制度的变迁 ……………………………………… 143

第五章 财产所有制的变迁 …………………………………… **150**
第一节 开辟前黔东南苗族社会的财产所有制 ………………… 150
　　一、开辟前黔东南腹地苗族的财产所有制 ………………… 150
　　二、开辟前黔东南东部区域苗族的财产所有制 …………… 153
第二节 开辟后财产所有制的变迁 ……………………………… 155
　　一、木材市场影响下的集体公有制向家庭私有制的转变 … 156
　　二、封建地主经济影响下的土地所有制的变迁 …………… 163
　　三、财产所有制的变迁对法文化的影响 …………………… 166

第六章 "出面婚"与"姑舅婚"的变迁 ……………………… **171**
第一节 苗族的"出面婚"与"姑舅婚" ……………………… 171
　　一、"出面婚"的形成及原因分析 …………………………… 171
　　二、"姑舅婚"的形成及原因分析 …………………………… 177
第二节 "出面婚"与"姑舅婚"变迁的路径与原因 ………… 181
　　一、"出面婚"的变迁 ………………………………………… 181
　　二、"姑舅婚"的变迁 ………………………………………… 193

第七章 黔东南苗族法文化变迁的总结及对当代的启示 …… **198**
第一节 苗族传统法文化的基本特点 …………………………… 198
　　一、苗族传统法具有民主性、神圣性与世俗性 …………… 198
　　二、苗族传统法体现了法的程序性与正当性 ……………… 201
　　三、苗族传统法中独特的价值取向 ………………………… 202
　　四、苗族传统法体现了集体本位的思想观念 ……………… 203

五、苗族传统法体现了婚姻自由与限制的有机结合 ………… 204
第二节　黔东南苗族法文化变迁规律的总结 ……………………… 205
　　一、清代黔东南苗族法文化变迁过程的曲折性与渐进性 ……… 205
　　二、清代苗族法文化变迁中的利害权衡与力量博弈 …………… 206
　　三、清代黔东南苗族法文化变迁中的联动性 …………………… 208
　　四、清代黔东南苗族法文化变迁中的不均衡性 ………………… 210
第三节　黔东南苗族法文化变迁的主要经验及启示 ……………… 211
　　一、充分认识地方法文化多元共存的现实 ……………………… 211
　　二、当代的法治建设应积极吸纳民族传统法文化中的精华 …… 212
　　三、发挥民族法文化在各地方的积极作用 ……………………… 213
　　四、注重对地方民族法文化变迁的渐进式引导 ………………… 214

参考文献 ………………………………………………………………… 215

附　录 …………………………………………………………………… 229
　　附录A　希雄 ……………………………………………………… 229
　　附录B　榜仰 ……………………………………………………… 234
　　附录C　裴瑙对 …………………………………………………… 236
　　附录D　"姜纯镒杀人抢劫案"诉状稿 ………………………… 237

导　论

第一节　关于选题

一、问题的缘起

从历史上看，任何时期的国家法治建设都是一项庞大而复杂的系统工程，需要系统内部各个子系统有效分工与相互协调，其中，如何协调国家法与地方法文化之间的关系，特别是国家法与各地方民族法文化之间的关系，显得尤为重要。2013 年，笔者考入中央民族大学，开始了相关民族法学的研究，接触到了丰富多元的民族法文化，尤为触动。2015 年，笔者在导师的带领下去贵州黔东南苗族聚居的地方进行调研，发现今天苗族聚居的地方依然不同程度地保留着千百年来的法文化——理辞、榔规、纠纷解决方法、婚姻习惯等。这些习惯法在社会秩序维护与纠纷化解方面依然焕发着活力。民族法文化在社会治理中的价值也再次引起笔者的思考。笔者不禁想到，今天的我们应该如何对待这种贴近乡土生活且行之有效的民族习惯法？换句话说，一个国家中除了国家法之外还存在着诸多的非国家法，我们如何对待它们？当然这也是一个全世界都要面对的问题，目前关于法律多元的探讨已经成为一个热点。霍克（Hooker）曾经指出："当今世界中的法律多元产生于整个法律体系跨文化边界的移植。……结果是全球大部分地区都服从于一些法律，这种法律的原则来源于许多有很大不同的文化。这些原则通常不易相互结合；很多情况下它们的共存相当不容易，或许在许多方面互相冲突。"① 如何处理

---

① 转引自［日］千叶正士：《法律多元——从日本法律文化迈向一般理论》，强世功、王宇洁、范愉等译，中国政法大学出版社 1997 年版，第 216 页。

这种国家法与非国家法的冲突无疑是关键的。经过初步考察发现，苗族法文化的历史源远流长，黔东南苗族在清代才被彻底纳入王朝统治中来，今天我们面临的苗族法文化与国家法存有差异的问题，古人特别是清政府也遇到过。这继而又引发了笔者的思考，历史上苗族这种独特的法文化是如何产生并实施的？在清代，随着王朝势力的进入，国家法与习惯法是如何实现兼容的？清后期，苗族习惯法是否因国家法植入发生变迁，又如何变迁？这一系列问题再次让笔者陷入沉思。所以，本书撷取了一个特殊的历史时期来对苗族法文化进行探索与考察，希望在历史的探究中能够找到答案，予今人以启示。

二、选题的确定

1. 以"民族法文化变迁"为题的原因

以"民族法文化变迁"为题，除了前文所说的出于法律多元的思考外，更重要的原因在于，民族法文化是法学研究中不能回避也无法回避的一个课题。在一个历史悠久、民族众多的国家中，法同民族、文化紧紧地捆绑在一起，这是一种真实的存在。在民族地方，"民族的风俗习惯、历史传统、宗教信仰、生存条件及其与之相关的文化观念，是一种超越和支配法律规范的力量"[①]。因此在我国研究"法"就必须注重"法"中的民族因素与地方文化因素，否则这种法的研究便如同空中楼阁，缺乏实际意义。

以往学术界对于民族法文化的研究主要侧重于两个方面：其一，从国家法治体系的角度来研究民族法的问题，即主要是注重民族区域自治法、宪法关于民族关系的研究；其二，注重对某地方民族习惯法的研究，主要是研究民族习惯法的历史、内容、实施状况。也就是说，两种研究方法分别将民族法文化的研究区分为国家法或者习惯法两个方面并分别研究，虽然在各自层面上取得了诸多的研究成果，但是却对国家法与法文化的关联性的研究，特别是对二者在实际社会生活中的共存、交融、排斥、博弈、废弃、变迁等现象研究不足。本书在历史中选取一个特定时期、特定区域的民族法文化，就国家法治与该地方民族法文化的互动关系进行研究，考察地方法文化在国家

[①] 张晓辉：《多民族社会中的法律与文化》，法律出版社2011年版，第80页。

导 论

法治下的运行情况、发挥的作用及演变过程。

2. 以"清代黔东南苗族"为题的考量

本选题主要选择苗族法文化变迁作为研究对象。但是即便是同一民族，在不同地域、不同时间段，法文化也会呈现不同的状态，如果不限定地域与时期，会出现命题太过于泛化与研究对象缺乏针对性等问题。因此我们认为选题时要确定三个要素来限定研究的对象，即"特定时期""特定地域"与"特定民族"。特定的民族，前文已经说明即"苗族"，本选题还需要重点考量"特定地域"与"特定时期"。

（1）为什么是"黔东南"苗族而非其他地区苗族。

选择研究苗族法文化的变迁，很难不限地域、笼统地将题目命名为"苗族法文化"。因为在历史上，苗族是一个不断迁徙的民族，人口众多，居住分散。苗族主要分散居住于我国贵州、湖南、广西、云南、四川、重庆、海南等多个省市，甚至在东南亚各国，美国、加拿大、澳大利亚等国还旅居或定居着200多万人。① 随着迁徙和发展，特别是因迁徙地方的地理、经济与人文环境不同，苗族的法文化保持了一定程度的相似性，也产生了一些差异。因此，对于民族法文化的研究，不能仅局限于民族属性上，还要限定一定的区域。

之所以选择黔东南苗族，是因为黔东南这一地区是世界上苗族最大的聚居地，这一地方的苗族自汉代以来就逐渐迁入，历史久远，明代后被称为"黑苗"。另外，这一地区也是我国苗族最为集中的地方，面积虽然不大，但人口达到了150万左右，占到了全国苗族人口的20%以上，占到该地方人口的50%②，有些县的苗族占到了当地人口的90%以上。更为重要的是，按照今天民族学的分类方法，这一地方的苗族基本上都属于同一支系——黔东南支系，其文化一致性颇高，可以作为一个族群来进行研究。故此，将研究对象确定为"黔东南苗族"。

---

① 关于苗族人口的总量与分布，参见石朝江：《世界苗族迁徙史》，贵州民族出版社2006年版。
② 黔东南苗族侗族自治州地方志编纂委员会编：《黔东南苗族侗族自治州志·民族志》，贵州人民出版社2000年版，第11页。

（2）为什么是"清代"而非其他年代。

苗族的文化历史源远流长，之所以选择清代这一段历史时期是基于以下两个原因。

其一，黔东南地方的苗族在清代以前基本上是处于"化外之地"，也就是中央政府力所不达的地方，在清代雍正朝之前，其原生的法文化基本没有受到外力的改变。但从清代雍正时期开始，国家加强了对这一地域的治理。随着国家法治的进入，苗族生活环境发生了很大的变化。身份方面，由"无政府"身份转换为"王朝臣民"，需要承担身份转换后的各种义务；地方秩序方面，由于被注入了新的力量，如王朝官员、屯军、汉族等，导致原有的"权威"格局发生了改变；经济方面，从地方小集市到大型的木材市场的成立，给"自给自足"的苗族的经济生活带来不同程度的影响；交通方面，水路交通与陆路交通的建设等因素都有利于外来文化的输入，导致黔东南地区经济活动规则发生了变迁。可以说，清代是黔东南苗族社会一个重要的转型期，相应地，也是法文化发生变迁的时期。故此，本书选择清代作为考察黔东南苗族法文化变迁的时间段。

其二，从研究需要的材料来看，由于苗族没有文字，所以历史上对于苗族文化的记录多是由汉人接触苗族后得来。清代以前，黔东南地方的苗族人与汉人接触甚少，文字记录也不多。清"开辟新疆"后，随着封闭地域的打开，中央对黔东南苗族地区的了解开始增多，有关的文字材料记载显著增加；加上民国至今对苗族社会的历史调查，以及苗族学者对自身民族的研究，使得开展研究的历史文字材料一下子丰富起来。这也是选择清代这一时期的重要原因。

3. 研究中具体问题的选择与设计

法文化包含的范畴较广，包含了法以及与法的孕育、制定、实施等密切相关的各种文化因素。但并不是所有的文化现象都可以看作是法文化，正如法不会把所有的人类社会现象都纳入调整范围中来；法常常是将人类社会中的重要问题，如经济、政治、刑事犯罪与处罚、婚姻家庭、纠纷解决、审判程序，作为调整的对象，对与其密切相关的法文化也常常围绕这些方面进行研究。这些内容是人类社会中，无论哪一民族、哪一群体都要面对的，具有普遍性。所以在针对苗族法文化的研究中，本书亦选取了苗族社会中的四个方面，即经济、婚姻、纠纷解决、惩罚制度，作为苗族法文化的代表进行研究。在研究思路方面，由于法文化的范畴广泛，即便是法文化中的某一个方面也牵涉极广，所以本书特意选取了法文化中最能够代表苗族法文化特征的典型事例作为研究对象。即苗族惩罚制度中"苗例"的变迁；纠纷解决机制中的"讲理"与"神判"的变迁；婚姻制度中的"出面婚"与"姑舅婚"的变迁；经济制度中的"财产所有制"的变迁。这些内容都是苗族法文化中最具有民族特色的制度，其变迁能够代表苗族法文化变迁的特点与一般规律。

当然，在此还需要说明的是，由于文化的发展与变迁并不必然因改朝换代而骤停或骤变，所以基于文化变迁在时间上的连续性，本书的研究时间略前扩至明代，后延至民国时期。

第二节 相关概念的说明

一、清代语境下黔东南地区的"苗"

1. 清代语境下的"苗"

清代语境下的"苗"同"蛮""夷"等一样是古代史籍对南方少数民族的泛称之一，与今日我们所称的"苗族"并不等同。例如，清代雍正时期的云贵总督鄂尔泰在奏章中就写道："苗之族类甚繁，凡黔、粤、四川边界所在皆有。"[①]《清史稿》也有这样的内容："西南诸省，水复山重……无君长不相统属之谓苗，各长其部割据一方之谓蛮。若粤之僮、之黎，黔楚之瑶，四川之猓猡、之生番，云南之野人，皆苗之类。"[②] 清代乾隆初年编纂的《贵州志稿》亦有类似的内容："我朝德威所及，群苗向化，穷乡僻壤尽隶版图，

---

① 中国科学院民族研究所贵州少数民族社会历史调查组、中国科学院贵州分院民族研究所编：《〈清实录〉贵州资料辑要》，贵州人民出版社1964年版，第81页。

② 赵尔巽等撰：《清史稿》卷521，中华书局1977年版，第299页。

其种类风俗班班可考,按其种类则有俍罗、仲家、仡佬、佯黄、焚人、洞人、蛮人、八番、杨保、龙、宋、蔡家并诸苗三十余种。"①

当需要特指某一部族时,清人又常以该部族所在地理位置、服饰颜色、民族自称或他称等为依据,在"苗"的总称下进行区分。有时是直接在"苗"前加上限定词。例如,清代康熙中叶田雯的《黔书》中,对少数民族就有"花苗""青苗""红苗""黑苗""西苗""紫姜苗""阳洞罗汉苗"②等十余种称呼。在稍后的李宗昉的《黔记》中又在田雯的基础上加上了"黑山苗""侗家苗""水家苗"等20多种。这其中既有对不同地域、不同分支苗族的称谓,也有的指代其他少数民族。总之,从广义来看,清代语境下的"苗"常泛指南方少数民族,而非特指今天的"苗族"。本书所指的"苗族"是现代民族学意义下的"苗族"。

2. 清代语境下的"黔东南苗族"

之所以在"黔东南苗族"上加上引号,是因为清代并没有"黔东南"这一行政区划,今天的黔东南属于古犁峒东部,清代分属都匀、黎平、镇远三府。"黔东南"是1956年黔东南苗族侗族自治州成立后,人们对其的简称。明清以后,随着苗族的迁徙与发展,黔东南地区逐渐成为我国苗族最大的一个聚居地。中华人民共和国成立之后我国进行了民族识别工作,今天所称的"苗族"是在中华人民共和国成立之后老一代民族工作者,根据斯大林对民族构成的四个要素(共同的地域、共同的语言、共同的生产经营方式、以民族共同心理为主的共同的民族文化)以及民族的自称、他称、历史、风俗习惯等进行识别与划定的。同清代与民国的官方称谓相比较,现代对苗族的识别更为清晰。民族识别后,今人常将黔东南这一区域的苗族命名为"黔东南苗族"或"苗族黔东南分支"③,本书题目中的"清代黔东南苗族",主要是指清代这一区域的苗族。在清代,对这一分支的苗族通称为"黑苗"。"黑

---

① (民国)任可澄、杨恩元纂:《贵州通志》,民国三十七年铅印本,载爱如生中国方志库,第13642页,http://www.er07.com/2021年7月24日访。

② 《黔书·续黔书·黔记·黔语》,罗书勤、贾肇华、翁仲康等点校,贵州人民出版社1992年版,第16页。

③ 关于苗族支系分布的介绍,参见刘锋:《百苗图疏证》,民族出版社2004年版,第70页。

苗"之所以得名，并不带有歧视色彩，主要是因为这一支苗族服饰的颜色偏黑。康熙年间的《黔中杂记》记载："饮食起居，诸苗亦相若，惟衣裳颜色则各从其类。如白苗衣白，黑苗衣青是也。"① 这是古人以苗族服饰颜色为标准对苗族支系进行的分类。虽然不是特别科学，但是沿袭已久，而且也在一定程度上反映了苗族不同支系的特征。

另外从分布来看，"清代黔东南苗族"并不仅仅限定于今天的黔东南苗族侗族自治州内，其分布范围是以黔东南为主，但是扩展至周边区域。例如，李宗昉的《黔记》记载："黑苗，在都匀、八寨、丹江、镇远、黎平、清江、古州等处，族类甚繁，习俗各殊，衣皆尚黑。"② 民国的《贵州通志》记载："黑苗，一名生苗，以黎平、都匀二府为中心，而延至贵州之东南部。"③ 通过以上历史记载，结合今天的苗族分布情况，可以得知，清代的"黑苗"主要分布于贵州省东南部，即今黔东南苗族侗族自治州以及周边的湘西南与桂东北一带。④ 除黔东南苗族侗族自治州的凯里、雷山、丹寨、麻江、黄平、剑河、锦屏、黎平、从江、榕江等县市外，湖南的靖州苗族侗族自治县、会同县、通道侗族自治县，广西的融水苗族自治县、三江侗族自治县、龙胜各族自治县等县也有分布。

今天，苗族学者又将黔东南苗族这一分支划分为三个亚分支，分别是北部亚支系、南部亚支系与东部亚支系。北部亚支系集中分布在今贵州省黔东南苗族侗族自治州北部各县，最集中的分布区是雷山、台江、剑河、黄平、丹寨和凯里等六县市。⑤ 这一分支的苗族可以追溯至南蛮之时，大约在周至战国时期，南蛮集团多次被征伐，其先民被迫西迁，进入武陵山区，之后又

---

① （清）李宗昉：《黔记》，载《小方壶斋舆地丛钞》（第七帙），台北广文书局1965年版，第七帙。
② 《黔书·续黔书·黔记·黔语》，罗书勤、贾肇华、翁仲康等点校，贵州人民出版社1992年版，第293页。
③ （民国）任可澄、杨恩元纂：《贵州通志》，民国三十七年铅印本，载爱如生中国方志库，第13458页，http://www.er07.com/2021年7月24日访。
④ 贵州苗学研究会编：《苗学研究》（一），贵州民族出版社1989年版，第41页。
⑤ 刘锋：《百苗图疏证》，民族出版社2004年版，第70页。

南下广西，北达都柳江、再溯江而上进入雷公山区。① 后来虽然因清代的两次大起义被清政府平剿，但至今依然是黔东南最大且苗族比例最高的地方。南部亚支系分布于黔东南苗族侗族自治州的南部各县，其中以今天黎平县的地坪，榕江县的八开镇、计划乡，从江县的加车镇、西山镇，以及广西的三江侗族自治县、融水苗族自治县等地方最为集中。东部亚支系除分布在贵州的天柱、锦屏等县外，大部分分布于湖南的会同县、通道侗族自治县、靖州苗族侗族自治县、城步苗族自治县等县。该亚支系无大片的聚居区，大多与侗族杂居，但这两个民族的生存背景不同，侗族大多生息在坝区或低山丛林地带，该亚支系苗族则生息在高山丛林或山地草坡。在历史的发展中，三个亚分支的苗族由于当地的政治、经济发展情况不同导致其法文化变迁也呈现不同的状态，特别是东部亚支系因分布地盛产木材且水道便利，商业经济较为繁盛，其法文化变迁也呈现出同其他亚分支不同的状态。

二、清代语境下的"生苗"与"熟苗"

明清时期，南方少数民族常常被分为"生""熟"两类。如"生苗""熟苗"，"生番""熟番"，"生瑶""熟瑶"等。关于"生苗""熟苗"的记载很常见，比如：万历年间郭子章的《黔记》记载"近省界为熟苗，输租服役，稍同良家，则官司籍其户口，息耗登于天府。不与是籍者谓生苗，生苗多而熟苗寡"②；清初的陆次云的《峒溪纤志》记为"近者为熟苗，远为生苗。熟苗劳同牛马，不胜徭役之苦"③；清代方亨咸的《苗俗纪闻》有记载为"自沅州以西即多苗民……但生熟有异。生者匿深箐不敢出，从无见；熟者服力役纳田租，与汉人等，往往见之"④；民国的《贵州通志·土司·土民

---

① 贵州省民族事务委员会、贵州省民族研究所编：《贵州"六山六水"民族调查资料选编·苗族卷》，贵州民族出版社2008年版，第169页。
② 黄家服、段志洪主编：《中国地方志集成·贵州府县志辑》（第3辑），巴蜀书社2006年版，第405页。
③ 胡朴安：《民国学术文化名著·中华全国风俗志》（下），岳麓书社2013年版，第778页。
④ （清）方亨咸："苗俗纪闻"，载《小方壶斋舆地丛钞》（第八帙），台北广文书局1965年版，第八帙。

志》记载"苗有土司者熟苗,无管者为生苗"①;等等。

对于古人对"生苗""熟苗"的划分标准,学者伍新福先生总结为三个方面。其一,苗族同汉族的远近关系。同汉民杂居或邻近,风俗习惯与汉民相近者为"熟苗",否则为"生苗"。其二,是否纳入户籍以及受地方官管辖、承担赋税与徭役。有则为"熟苗",否则为"生苗"。其三,是否为土司管辖。受土司管辖为"熟苗",否则为"生苗"。② 也就是说,明清中央政府以是否能够实现对"苗民"的直接或者间接的掌控为标准来划分"生苗"与"熟苗",能够实现直接或者间接管控的即为"熟苗",否则为"生苗"。由此"生苗"生活的区域往往是指代中央控制的盲区,也就是"化外之地"。

明清政府之所以区分"生苗"与"熟苗",其目的在于两个方面。其一,确定"生苗"区域,为国家安全与发展计,使之归于"王化",实现"大一统"的目标。比如,清代以来,就针对贵州与湖南的两大"生苗区",实施了武力为主的"苗疆开辟"。当然开辟以后,地区动荡,地方政权屡受冲击,很长一段时间仍然将其称为"生苗"。其二,便于针对"生苗""熟苗"的具体情况因地制宜,设置不同的政策与法律以灵活管理。比如,康熙四十年,兵部等衙门议复道:"黔省熟苗为盗,与生苗潜入内地行劫者不同,其文武官弁处分,请照汉民为盗之例。嗣后,应将生苗为盗,地方官仍照苗蛮侵害地方旧例处分;若熟苗为盗,地方官不行缉获及隐讳者,俱照民人为盗之例处分。"③ 雍正四年,雍正帝也曾经在谕旨中谈道:"弥盗之法,莫良于保甲。至各边省,更有籍称土、苗杂处不便比照内地者,此甚不然。即数家亦可以编为一甲,熟苗、熟僮即可编入齐民。"④ 可见将"苗"进行区分对当时的地方治理来讲是非常必要的。因而从这个意义上说,"生苗"与"熟苗"是一个政治概念,而非文化概念。

---

① (民国)任可澄、杨恩元纂:《贵州通志》,民国三十七年铅印本,载爱如生中国方志库,第13432页,http://www.er07.com/2021年7月24日访。
② 伍新福:《苗族史研究》,中国文史出版社2006年版,第104-105页。
③ 中国科学院民族研究所贵州少数民族社会历史调查组、中国科学院贵州分院民族研究所编:《〈清实录〉贵州资料辑要》,贵州人民出版社1964年版,第55页。
④ 中国科学院民族研究所贵州少数民族社会历史调查组、中国科学院贵州分院民族研究所编:《〈清实录〉贵州资料辑要》,贵州人民出版社1964年版,第292页。

"生苗"与"熟苗"虽被区分，但二者实际上是一个历史范畴，"生苗区"与"熟苗区"往往会随着国家管控的力度而此消彼长。比如，贵州八寨地区，元末曾经由播州宣慰使"讨平"，置夭坝安抚司，至清初200多年间，均由土司夭氏管理。但是康熙十二年，"苗酋将夭应禄杀害"，这部分苗民又变成了"生苗"。据史料记载，该地区"后流土均不受制，分据土地，自相雄长者近六十年"。① 虽然有这样的反复，但从总体的趋势来看，"生苗"逐渐被"王化"，"生苗区"逐渐发展为"熟苗区"还是占到了主流，以至于到民国时期，整个贵州的苗民基本上都被编入了保甲，实现了转化。

具体到清代的黔东南地方，该地多属"生苗区"，当然也不是全部。黔东南的"生苗区"大致是东起黎平界，西至都匀，北至施秉、镇远界，南抵古州，处于清水江和都柳江之间，以雷公山为中心，南北较宽，东西稍窄的长方形地带，包括台江、剑河、凯里、雷山、丹寨、榕江等县市。② 这也是清代开辟苗疆的主要地区。"熟苗"，其分布面包括今天的黄平、施秉、镇远、三穗、麻江和凯里等县市。这个群体在明代时常被称为"偏桥司黑苗"或"兴隆卫黑苗"等。③ 从地理位置来看，是以清水江为界进行的划分，清水江以北已纳入户籍管理的为"熟苗"，而清水江以南自古为"化外之地"的"生苗"。④

综上，清代黔东南这一地区，是以苗族、侗族为主的少数民族聚居地方，清代以后对这一地区的民族成分离析得更为清楚。此地苗族多属于"黑苗"一支，按照今天以语言为依据的分类标准，以及对其历史溯源的考察，"黑苗"也就是今天的苗族黔东南分支，包括今天的黔东南苗族侗族自治州的凯里、雷山、丹寨、麻江、黄平、剑河、锦屏、黎平、从江、榕江等县市，湖南的靖州苗族侗族自治县、会同县、通道侗族自治县，广西的融水苗族自治县、三江侗族自治县、龙胜各族自治县等县。在黔东南苗族这一分支的基础

---

① 黄家服、段志洪主编：《中国地方志集成·贵州府县志辑》（第19辑），巴蜀书社2006年版，第128页。
② 伍新福：《中国苗族通史》（上），贵州民族出版社1999年版，第220页。
③ 刘锋：《百苗图疏证》，民族出版社2004年版，第73页。
④ 刘锋：《百苗图疏证》，民族出版社2004年版，第75页。

上，还形成了三个亚分支，分别是北部亚支系、东部亚支系与南部亚支系。这三个亚分支在保持苗族黔东南支系的统一性的基础上，由于地理环境、经济生活环境、外界文化环境的不同，在文化表现上也呈现一定差异，在清初这种差异还不明显，但是在清代苗疆开辟后，由于战争、经济发展，国家法治进入的程度不同，国家法律对"生苗""熟苗"治理的区分等因素，导致各地文化发展的差异相对明显。本书以其中的法文化的变迁作为研究对象，希图梳理该地区法文化变迁的基本历程，进而总结出法文化变迁的基本规律。

第三节 研究现状与综述

一、关于法文化[①]的研究

1. 国外学者的观点

"法文化"的概念是在20世纪中后期开始兴起的，由劳伦斯·弗里德曼在《法律文化与社会发展》一文中最早提出，并在其随后的著作《法律制度》中做了详细的论述。在弗里德曼看来，法律文化主要是指公众对法律制度的知识、看法和行为方式，是有关法律现象的观念形态。进而他又将这种观念进行了区分，即法律职业阶层的观念与大众的观念，这种观点影响深远，被多国学者所接受。日本学者20世纪20年代也开始了对于法文化的研究，20世纪80年代以后，日本法学界重新兴起了法文化研究的高潮，这也对我国的法文化研究产生了深远的影响。日本学者对于法文化概念，主要有以下几种观点。第一种观点是：法律文化需要结合法赖以孕育和发展的历史的文化背景，离开了这一背景，就不可能揭示法文化的本质与特征。以田中茂树、铃木敬夫等学者为代表。第二种观点是：虽然法律文化外化为法律制度与设

---

① 法文化的概念主要是建立在法律多元理论的基础上，即法文化中的"法"除了国家法还包含民间法、民族习惯法等；法律文化的概念中，法律文化更多的指向"国家法"，但"法文化"与"法律文化"二者词意相近，一般不做明确区分，本书在论证过程中，亦不进行专门区分。

施，但其核心是人们对于法的观念，所以法律文化等同于法律观念。以大木雅夫、川岛武宜等学者为代表。第三种观点是：法律文化概念，应该在与"法的象征的功能"的关系上提出，应该从法的工具属性（如解决纠纷、统治社会、判断价值等）认识法。以北村隆宪为代表。另外对中国学界影响最大的一位日本法文化学者是千叶正士。20世纪80年代末，千叶正士出版了《法律多元——从日本法律文化迈向一般理论》一书，该书总结了法律文化研究在西方特别是美国法学界的产生、发展和主要研究成果。该书1997年在中国翻译出版时，千叶正士以附录形式撰写了《法律文化概念的操作性定义》一文，进一步阐述了其在法律文化研究方面的主要观点、对法律文化概念的界定、相应方法论依据以及具体研究中可适用的操作模式，基本上完成了他对法律文化概念的理论构建。这些研究存在的主要问题是对法文化的概念没有形成定论，这为法文化的研究带来了很多不确定性。

2. 国内学者的观点

孙国华是我国较早对法文化进行研究的学者，他的学术观点在国内有较广的影响。他认为法文化属于社会精神文明的一部分，反映了法的制定水平，是历史上关于法律思想、经验、技术、适用的积累，有很强的实际应用价值。这一法文化的概念在我国产生了很重要的影响，特别是引起了学界对我国传统法文化研究的关注，我国法史学界连续十余年出版的传统法文化的著作也与此相关。武树臣一直致力于法律文化的研究，1986年其发表了第一篇题为《中国法律文化探索》的文章，8年后又与人合著出版专著《中国传统法律文化》。他主张以一种法理学的参照系来对法律文化进行解释，并提出了法律文化构成的五要素，即法律文化是法律现象的组成部分，是社会成员对其的认知、评价、行为模式，具有历史性、群体性，由经济基础以及政治结构决定。这种理论在学界影响颇为广泛，但是其将法律文化的研究凝结在"法律"上，似乎并没有注重法律与文化互动的过程。另外，还有不少学者也提出了自己的法文化概念。例如，郑成良认为："法律文化指的是社会群体中存在的较为普遍的某些生活方式，它们或者直接构成了法律秩序的一部分，或者与法律秩序的性质和状态有关，它们既可能以实际的行为表现出来，也可能仅仅表达了人们的某种期望。"① 刘学灵认为："法律文化是社会观念形态、群体生活模式、社会规范和制度中有关法律的那一部分以及文化总功能作用于法制活动而产生的内容——法律观念形态、法制协调水平、法律知识积淀、法律文化总功能的总和。②"另外需要特别提到的是刘作翔，他在1999年出版的专著《法律文化理论》一书中系统详细地介绍了他在法律文化方面的研究，影响相当广泛。

二、关于民族法文化的研究

我国关于民族法文化的研究成果丰硕。例如，高其才对民族法文化进行过论证，其发表了多篇有关少数民族习惯法的论文，如《论中国少数民族习惯法文化》《习惯法与少数民族习惯法》《习惯法研究的路径与反思》等。张冠梓在这方面也有诸多成果，如《现代社会中南方山地民族传统法律文化的命运与重构》《试论中国少数民族传统法文化的研究及其文献整理》。又如，张晋藩的《多元一体法文化：中华法系凝结少数民族的法律智慧》、谢国先的《论民族文化的发展规律——兼说"民族文化保护"的认识论问题》、何雅静的《中国少数民族习惯法文化探析》、陈玉文的《论少数民族法俗文化》、田成有和朱勋克的《云南多民族法文化的认同与变迁》及师蒂所著《神话与法制——西南民族法文化研究》等。这些成果重点对各民族法文化进行描述性的介绍。另外，还有专门针对苗族法文化的研究，如徐晓光等人的《苗族习惯法研究》、徐晓光的《原生的法：黔东南苗族侗族地区的法人类学调查》以及周相卿的《黔东南雷山县三村苗族习惯法研究》、徐晓光的《苗族习惯法的遗留、传承及其现代转型研究》等。

三、关于清代苗族传统法的研究

对于贵州少数民族立法研究较早的是苏钦，她于1991年发表了论文《试论清朝在"贵州苗疆"因俗而治的法制建设》，阐述了清廷在苗疆开辟后对

---
① 参见郑成良：《论法律文化的要素和结构》，载《社会科学研究》1989年第2期。
② 刘学灵：《法律文化的概念、结构和研究观念》，载《河北法学》1987年第3期。

待苗疆的"因俗而治"的施政理念、相关立法及其效果，认为清代采取的"因俗而治"的政策为苗疆稳定发挥了重要的作用。她于1993年又发表了《"苗例"考析》一文，考证了"苗例"的渊源，即来源于苗族传统的习惯法，作为苗民社会内部纠纷解决的准据法。对此进行研究的还有刘广安，其论文《简论清代民族立法》以及专著《清代民族立法研究》，对"苗例"进行了深入精细的研究，具有重要的参考价值。另外，还有胡兴东的《清代民族法中"苗例"之考释》。这些学者的研究对于本书的写作都有一定的启发。同时对苗族历史上法文化进行研究的还有张应强的专著《木材之流动——清代清水江下游地区的市场、权力与社会》，徐晓光的专著《清水江流域林业经济法制的历史回溯》，梁聪的博士学位论文《清代清水江下游村寨社会的契约规范与秩序——以锦屏文斗苗寨契约文书为中心的研究》，潘志成的博士学位论文《清代贵州苗疆的法律控制与地域秩序》，程泽时的专著《清水江文书之法意初探》等。这些论文与著作较好地反映了当地的法文化变迁的动因与历程，也是本书写作时参考的重要资料。另外需要提及的是，张中奎的专著《改土归流与苗疆再造——清代"新疆六厅"的王化进程及其社会文化变迁》，较为详细地从地域视角出发，介绍了在黔东南苗疆开辟后，王化秩序的构建，给黔东南地方社会的政治、经济、交通、习俗等带来的变化，可以说是从宏观的视角讲述了苗疆的整个文化的变迁，其中也涉及诸多法文化变迁的内容。

四、关于苗族历史与文化的研究

对于西南地区少数民族法文化的记述古已有之，现在留存下来的主要是明代郭子章的《黔记》，清代方显的《平苗纪略》、徐家干的《苗疆闻见录》、张澍的《续黔书》、方亨咸的《苗俗纪闻》、李宗昉的《黔记》、田雯的《黔书》、檀萃的《黔囊》、爱必达的《黔南识略》、严如熤的《苗防备览》、胡宗绪的《苗疆记事》、龚柴的《苗民考》、贝青乔的《苗俗记》以及陈浩的《八十二种苗图并说》（《百苗图》），还有《清实录》与"地方志"也为本书的研究提供了重要的历史材料。至民国年间，学者吴泽霖、陈国钧等人对贵州苗族的研究已经涉及传统法文化领域。例如，吴泽霖的《贵州省清水江流域部分地区苗族的婚姻》、陈国钧的《苗寨中的乡规》《苗夷族的继承制度》等。中华人民共和国成立以后，对贵州苗族等少数民族的研究成果则更为丰硕。例如，全国组织了大规模的民族调查，出版了很多相关的单行本，最后汇总以《苗族社会历史调查》分三册出版发行。又如，针对月亮山地区的少数民族的《月亮山民族地区调查》也有很多苗族的记录。还需要特别提及的是，杨庭硕等学者出版了一系列关于《百苗图》的研究成果，如《百苗图校释》《百苗图疏证》《百苗图汇考》《百苗图抄本汇编》等，不仅仅对《百苗图》进行了历史材料的梳理，还对很对历史问题进行了考证，本书在写作时也进行了诸多参考。

还有很多学者对清代黔东南地方民间留存的文书进行了整理并出版。这些文书对于清代该地方少数民族的研究至关重要。目前出版的包括：唐立、杨有赓[1]、武内房司主编的《贵州苗族林业契约文书汇编：1736—1950年》（共三卷，东京外国语大学出版）、陈金全、杜万华主编的《贵州文斗寨苗族契约法律文书汇编——姜元泽家藏契约文书》，张应强、王宗勋主编的《清水江文书》（共三辑）以及贵州大学、天柱县人民政府、贵州省档案馆、江苏宏德文化出版基金会合编的《天柱文书》。这些文书的收集与汇编，为研究清代苗族社会文化变迁，特别是法文化变迁提供了重要的原始材料，其价值不可估量，这也是本书写作素材的一个重要来源。

关于苗族传统法文化的收集，因为苗族没有文字[2]，所以苗族很多文化都是通过口承文学传承下来的，其中就有苗族宝贵的法典"贾理"[3]。因其用少数民族语言表达，且多以歌曲的形式传唱，后被很多学者收集、翻译后出版。现在可见的有王凤刚搜集整理译注的《苗族贾理》（上、下册），贵州省民族古籍整理办公室编的《贾》《佳》，文远荣编译的《雷公山苗族巫词贾理嘎别福》，广西壮族自治区少数民族古籍整理出版规划领导小组主编的《融水苗族埋岩古规》。这些都为本文的写作提供了重要的素材。另外，还有石

---

[1] 又名杨有耕。
[2] 笔者在调研时，据当地苗族群众介绍，苗族也曾经有过文字，但是后来流失了。
[3] 由苗语音译而来，常被译为"贾理""佳""嘉""迦""理词""理辞""古理歌"等。参见杨军昌、李小毛、杨蕴希：《黔东南苗族侗族自治州卷》，知识产权出版社2018年版，第13页。

宗仁收集翻译整理的《中国苗族古歌》，其中有两则关于纠纷解决的古歌，详细而精致，也是本书研究纠纷解决时的一个重要研究对象。当然还有其他学者的成果，如陈斌的《苗族文化论》，张晓的《西江苗族妇女口述史研究》，罗廷华、余岛的《贵州苗族教育研究》，徐新建的《苗疆考察记》，石朝江的《中国苗学》等。

　　从国外研究来看，清末以后很多外国传教士、学者来到了中国西南地区，他们也进行了相关的研究，如日本人类学家鸟居龙藏的《苗族调查报告》，澳大利亚人类学家格迪斯的《山地民族》，法国传教士萨维纳的《苗族史》，法国学者苏尔梦的《18世纪的贵州》，法国勒摩纳博士的《苗族风水》，英国传教士柏格理的《苗族纪实》，英国传教士克拉克的《在中国的西南部落中》，德国语言学家乌德里库尔的《苗瑶语历史语言学导论》等。这些研究成果为本书的写作提供了素材。

第一章

法文化的释义及其变迁问题

　　法文化是指法以及与法的孕育、制定、实施等密切相关的各种文化因素与文化现象，即除了法之外，还包含了影响法的孕育、制定、实施的文化因素，以及法在实施过程中出现的与文化的互动、融合、调试、排斥等各种复杂的文化现象。可以说，法文化是法与文化相互作用的产物。随着社会的发展，文化与法都在发展变化，因此法文化也是处在一种复杂的变迁过程中。但这种变迁并非一帆风顺的，特别是"一元法律"施加于"多元文化"或"他元文化"的社会时，常常会引发社会的矛盾冲突。因此研究法文化的重要目标即在于揭示这种变迁的动因与规律、经验与教训等，这是法文化理论研究的价值所在。

第一节　法文化的释义

一、对"文化"的理解

　　"文化"一词最初是指耕种土地的活动，17世纪以后用来说明脑力的发展。直到19世纪后，由于人类学的崛起，文化的理论才被赋予了新的意义。人类学对文化研究的最大贡献之一是其将人类社会的诸多现象视为"文化"的某一个方面，并作为一个"错综复杂的整体"进行研究。即人类学同其他学科不同，它不是将人类社会的现象割裂成一个个片段，孤立地研究，而是注意到各个学科的研究对象实际上是人类文化中的某一方面，具有互相牵连、影响的关系。换句话说，按照人类学的理论，各个学科不能再囿于自己的学术圈中进行逻辑上的思辨与论证，而是注重本学科的研究对象同文化中其他因素之间的互动关系，要综合人类社会中诸多现象，注重它们在人类社会中的实际运行情况。① 文化理论的研究无疑催生了相关学科的新的研究方向，例如政治文化、法律文化等，都在其影响之下得以发展。当然，人类学对于文化理论的贡献不仅仅是看到了人类文化各方面之间的联系，提供了一种新的研究视角；其关于文化的概念、文化的整体观、文化中各因素相互影响与作用、文化变迁的原因及其联动效应（涵化）等基本理论也为与此相关的其他学科的研究奠定了基础。故研究法文化，应注重吸收和借鉴人类学中的文化理论。②

（一）人类学视角下的"文化"

目前人类学中关于文化的理论研究成果颇为丰富，很多学者都从不同的视角对文化的特点进行了总结，以至于克罗伯与克鲁克在其论著中就总结出500种文化的不同概念。③ 由于篇幅的原因在此仅针对部分经典的定义进行简要总结。

在文化的概念中，最有代表性的是由爱德华·泰勒的著作《原始文化》提出的，且这部著作也被认为是文化人类学的开山之作。在这部著作中，泰勒勾画出了文化人类学研究的对象、范畴、方法、原则等，提出了文化的早

---

① 这种学说的研究也迎合了当时的社会潮流，正如恩格斯在《路德维希·费尔巴哈和德国古典哲学的终结》中所说："随着1848年革命的爆发，'有教养的'德国抛弃了理论，转入了实践领域，随着思辨离开哲学家的书房而在证券交易所里筑起自己的殿堂，有教养的德国也就失去了在德国的最深沉的政治屈辱时代曾经是德国的光荣的伟大理论兴趣，失去了那种不管所得成果在实践上是否能实现，不管它是否违禁，都同样地热衷于纯粹科学研究的兴趣。"参见《马克思恩格斯选集》第4卷，人民出版社1995年版，第257－258页。

② 目前我国针对法文化的研究中，似乎对于文化理论研究的侧重不多。武汉大学教授陈晓枫就认为，中国法律文化的研究在20世纪80年代兴起，但是在十余年后就归于沉寂。主要原因在于法律文化研究者并没有按照"文化学"的方法进行研究。他认为需要引入人类学关于文化的经典理论，才能使法律文化的研究焕发活力。参见陈晓枫：《法律文化的概念：成果观与规则观辨》，载《江苏行政学院学报》2006年第1期，第98页。日本法学家千叶正士亦认为，法律文化仅以法学或者（文化）人类学任何一种视点来进行研究都是很有意义的，然而，仅以其中一种来把握和考察人类生活中的法律文化的全貌却是远远不够的。因此，法律文化只有通过两种方法有效的合作，才可能开始真正的研究。参见［日］千叶正士：《法律多元——从日本法律文化迈向一般理论》，强世功、王宇洁、范愉等译，中国政法大学出版社1997年版，第234页。

③ ［美］伍兹：《文化变迁》，施惟达、胡华生译，云南教育出版社1989年版，第5页。

期概念："文化或者文明，从其广泛的民族志意义上而言，它是一个错综复杂的总体，包括知识、信仰、艺术、道德、法律、习俗和人作为社会成员所获得的任何其他才能和习惯的复合体。"① 这一定义明确了三项内容：其一，文化在不同群体间呈现不同的特点，即其所说的"民族意义上而言"，即不同的族群的文化呈现不同的特点；其二，文化主要体现知识、信仰、艺术、道德、法律、习俗等方面，这样的表述常常被理解为泰勒是从精神层面上来概括文化的；其三，文化是群体内人类社会生活中的主要内容甚至全部，也就是泰勒所指代的包含知识、信仰、艺术、道德等，以及成员所获得的"任何其他才能和习惯"。② 而且这些所称之为知识、习惯、信仰等的文化现象不是孤立的而是紧密相连的，是以"复合体"的形态存在。泰勒对文化如此定义是非常有意义的，他将文化的视角置于人类社会之上，从而使得各个学科（如法学、政治学等学科）的研究者认识到，不能再将人类社会的现象割裂成一个个片段，孤立地研究，而是要求各个学科的研究必须结合社会中的其他文化现象，因为人类社会本身就是一个错综复杂的整体。

虽然泰勒对于文化的定义意义非凡，但是以这样的列举或者描述的方法来概括文化的概念也是存在诸多不足的。首先，这种方法仍然没有抽象出文化最为一般的特征，仅仅是将文化的诸多现象进行列举；其次，以描述或者列举式的方法来归纳概念，总有挂一漏万之嫌。为此，多国学者都对文化的概念提出了自己的观点。有些学者强调"文化"是人的行为模式，如伍兹认为："文化是习俗的行为模式的整体系统，这是特定成员的特征，非生物遗传的结果。"③ 有些学者侧重文化的象征意义与交流作用，如格尔茨认为："文化是指由历史传递的，体现在象征符号中的意义模式，它是由各种象征性形式表达的概念系统，人们借助这些系统来交流、维持并发展有关生活的

---

① ［英］泰勒：《原始文化》，蔡江浓编译，浙江人民出版社1988年版，第1页。
② 对此很多学者持类似的观点，例如梁漱溟认为文化就是"吾人生活所依靠之一切……文化之本意，应在经济、政治，乃至一切无所不包"。参见梁漱溟：《中国文化要义》，学林出版社1987年版，第1页。
③ ［美］伍兹：《文化变迁》，施惟达、胡华生译，云南教育出版社1989年版，第2页。

知识以及对待生活的态度。"① 还有些学者从物质与精神的分类上来理解文化,如马林诺夫斯基在《文化论》中谈道:"我们发现文化含有两大主要成分——物质的和精神的,即已改造的环境和已变更的人类的有机体。"② 还有些学者强调了物质不能算是文化的内容,文化应该体现在精神上或者说观念上。③ 另外,有些学者注意到了文化呈现规范化的特点,如哈维兰认为:"文化是一系列规范或准则,当社会成员按照它们行动时,所产生的行为应限于社会成员认为合适和可接受的变动范围之中。"④

以上是学者们从不同角度,根据对文化的不同理解提出的概念,具有一定的代表性,都有合理的成分,但也曾经在学术界引起争议。很多学者都认为以上这些概念都从某一方面强调了文化的特征,但目前还没有形成一个完全涵盖文化的特征并得到学术界普遍认同的概念。一些学者甚至认为"企图或声称给文化概念确定范围是徒劳的"⑤。但是如果综合学者提出的上述概念,我们可以归纳出文化的一些特征。

(二) 文化的特征

1. 文化外在的表现形态——规则与规范

在上述的诸多概念中,本书认为哈维兰所强调的"文化"以规则或者规范的形式存在是准确的。如果将文化现象进行具体化的描述,文化确实都以准则或者规范的形态存在。比如,在语言中,发音指代的意思是不同的,语言的培训就是要求孩子不断地学习并掌握发音的规则,知晓每个词语发音背后的意义、相应的语法等,这些语言中的规则是在一定群体间通用的程式化的准则。物质文化也是如此,虽然将文化表现形式确定为准则或规范,但是并不影响对物质文化的理解。物质本身不是文化,只不过是文化的载体。例如,某个朝代的瓷盘可以作为这个朝代文化的一个代表,但是瓷盘不是文化,瓷盘仅仅是文化的载体,隐藏在其背后的关于制作瓷器的工艺(严格的操作

---

① 林同奇:"格尔茨的'深度描绘'与文化观",载《中国社会科学》1989年第2期,第168页。
② [英]马林诺夫斯基:《文化论》,费孝通译,中国民间文艺出版社1987年版,第95页。
③ 刘作翔:《法律文化论》,陕西人民出版社1992年版,第4页。
④ [美]哈维兰:《当代人类学》,王铭铭等译,上海人民出版社1987年版,第242页。
⑤ [法]维克多·埃尔:《文化概念》,康新文、晓文译,上海人民出版社1988年版,第8页。

规范）、技能、价值观、象征意义、审美（美的准则）等这些规则或者规范才是文化。而我们谈到的文化现象诸如道德、伦理、风俗、宗教仪式、婚丧嫁娶仪式、文字的结构与书写要求，舞蹈的规范动作、诗词的书写要求（如押韵、对仗等）甚至饮食的做法都可以表达为应该怎样做或者禁止哪些行为等，都可以用规则与规范来概括与表达。因此将文化外在的表现形态确定为规则与规范是准确的。文化表现为准则或者规范，是人类社会中的法则，对人的思想与行为具有指引、规范的作用，因此当法中的规则特别是移植法与社会中的规则出现不相一致的情况时，就会产生二者的博弈与互动。这将在后文提出。

2. 文化的群体性

文化是在一定群体间广泛适用的准则。文化的一个特点就是，在"一定的社会群体间"适用的准则成为这一群体的特征或者标志。一个准则在一两个人之间实行很难成为某一群体的文化标志。也即爱德华·泰勒所言，"文化"是"从其广泛的民族意义上而言"的。文化具有群体性，也成为群体之间区分的标志。当这种社群被称为某一民族时，文化的社群特点就是民族性。从另一个方面来说，民族划分的最主要根据，就是文化特点。一个民族与另一个民族不相同，其根本不在于人种不同，而是文化整体上的差异。[1] 正因为如此，文化往往被标以民族以进行区分，下文所谈的法文化自然具有民族特色。当然除了民族，文化的群体性还可以通过地域、信仰、职业、爱好等表现出来。

3. 文化的本真性

文化具有本真性，是在人类社会中真正存在的规范。换句话说，文化只能是某一群体社会生活的提炼与描述，是对某一群体间适用的准则或者规范的真实写照，文化的表述必须真实，不能加工。这一特点对其他学科的研究是非常有意义的，特别是法学的研究，我们常可以通过社会中真实的文化现象来判断国家法的实施效果，这也是法文化研究的目标之一。

---

[1] 王钟翰主编：《中国民族史》，中国社会科学出版社1994年版，第20页。

4. 文化的整体性

准则与规范是文化中最为基本的元素，但是人类社会生活是复杂与多样的，所以准则也表现得复杂多元。这些准则与规范并不是孤立存在的，它们常常互相衔接、补充、保障，从而构成一个完整的制度，因此会出现"文化整体性"的现象，即"文化各个方面作为相互关系的整体而发挥作用"①。因此，很多人类学家都认为，研究文化要从整体出发，将文化割裂成一个个孤立的部分单独研究是武断的。② 正如孟德斯鸠在论述"法的精神"时谈到的，"法律应该和国家的自然状态有关系；和寒、热、温的气候有关系；和土地的质量、形势与面积有关系；和衣、猎、牧各种人民的生活方式有关系。法律应该和政治所能容忍的自由程度有关系；和居民的宗教、性癖、财富、人口、贸易、风俗、习惯相适应"。③ 实际上，不仅仅是法与文化，所有的文化现象都是密切相联的。

5. 文化的执行力

文化是人类社会在发展中综合人类社会情况、自然环境、宗教情况等不断尝试与实践后积累的经验法则，是人在认识自身与外界的基础上产生的，对于人类社会的生产、生活、社会秩序维护等都有重要的意义。文化是具有执行力的，其执行力主要来自文化带给人类的积极意义，以及违背文化的不利后果。积极意义，如通过掌握语言能够便捷地与族群中的人进行交流；以农耕为生计的民族，掌握前人留下来的耕种技法、生产工具与要领能够快速地投入生产；掌握某种相对成熟的器皿加工技术，可以直接生产出优质的工具；参与社会捐赠，能在族群中获得赞扬，或者得到内心自我价值的提升，或者满足自己内心情感的需求；等等。不利后果，如舆论的谴责④、惩罚、对方的报复、付出更多的成本与代价（学习成本、经济成本等），甚至生活的不适应等。实际上，即便文化中很小的规范，如交往礼仪、餐具的使用方

---

① [美] 哈维兰：《当代人类学》，王铭铭等译，上海人民出版社1987年版，第26页。
② [美] 哈维兰：《当代人类学》，王铭铭等译，上海人民出版社1987年版，第26页。
③ [法] 孟德斯鸠：《论法的精神》，张雁深译，商务印书馆1961年版，第7页。
④ 舆论的谴责代表公众对于这一行为的否定性评价。虽然谴责不会导致直接的物质损失，但是在一个熟人社会中，谴责是一种对于被谴责者声望的否定，给其今后的与人合作、交往甚至其后代的婚姻带来诸多的负面影响。因此，社会中谴责的影响力是不能被忽视的。

法、发音的方法、服饰与装扮、文字书写等，如果不遵照执行，也会被发现甚至受到惩罚（惩罚方式多样，包括斥责、冷遇、表达不满、争执等），进而要求纠正。试想，如果没有执行力，人类社会生活中就不会出现文化的高度一致性。即格尔茨所说的，"文化是指由历史传递的，体现在象征符号中的意义模式，它是由各种象征性形式表达的概念系统，人们借助这些系统来交流、维持并发展有关生活的知识以及对待生活的态度"。

当然，以上几点只是针对文化特征的部分提炼。除此之外，文化还有习得性、象征性，是人认识自身与外界后的产物等其他论述。这些文化的基本特征对于法文化的研究具有重要意义。由于本书重点讨论法文化的相关理论，加之篇幅有限，因此主要针对与"法文化"密切关联的特征进行总结，不对文化的基本特征进行全面梳理与论述。综上所述，我们可以简述一下文化的概念：文化是在人类社会发展中形成的，在人类认识自身与外界的基础上产生的，在一定群体间广泛适用的，指导人们思想与行为的规则或规范。

以上是根据人类学家关于文化定义的梳理与总结。在文化的研究中，人类学家也有着不同的取向和风格，有的重视研究不同社会、不同民族和不同人群的生活方式与文化创造性，以展示文化的丰富性与多样性；也有的从经验事实中归纳出具有普遍意义的理论，从法文化的研究角度出发，法文化亦应同时关注其特殊性与一般性，将文化多样与人类社会的普遍性结合起来。

二、对"法"的理解

（一）法的多元形态

除了文化，法文化还与法不可分割。关于法的理解也成为研究法文化的核心问题，它涉及法文化研究的范围和研究重心。在我国学术界，"法"的概念常常被表述为"由国家制定或认可并由国家强制力保障实施的行为规范"，即强调国家在立法中起到的主导作用。当然，这种以"国家法"作为"法"的观点在国际社会中也依然存在，认为这是法之所以成为"法"的最为基本的要求。但是这样的定义也让人产生疑问：如果法同国家紧紧地捆绑在一起，那么在国家形成前的人类社会有没有法？国家形成后，在国家法没有触及的地方有没有法？在多民族国家中，除了国家法外还有没有别的规范在发挥着"法"的作用？这些问题一直是法人类学与法社会学的核心问题。

近年来，随着法人类学与法社会学理论研究的深入与成果的推广，很多学者开始主张，法不仅仅是由国家制定的，除了国家法之外，人类社会还存在着其他的法。由此法律多元的理论开始形成。特别是从法人类学的研究来看，国家法并不是唯一的法，人类学家的研究可以回应上述问题。

首先，在国家形成前的人类社会中存在着"法"，法的功能意指约束和再调整，因此即便在最原始的人类群体中，在最简单的文化形式中，也存在着法的形态。例如，泰勒在其著作《人类学：人及其文化研究》中，对于原始社会复仇与"神判"等问题进行了分析；摩尔根在《古代社会》中对古代社会的婚姻和继承制度从进化论的角度进行了分析。1926年，著名的法人类法家马林诺夫斯基在《初民社会的犯罪与习俗》一文中深入地探讨了没有国家统领下的部落法律是如何运行的。1954年，美国著名的人类学家霍贝尔出版了《原始人的法》，肯定了在原始社会形态下，没有国家的人类社会中依然存有法。

其次，在国家法没有触及的地方也有法的存在。例如，西方法社会学的创始人埃利希认为："人类团体的内部秩序从其产生之初到现在，一直是法的基本形式。法律（国家法）的命题不仅在较晚的时期才出现，而且大部分也是从人类团体的内部秩序中发展而来。"① 在对当代美国本土中的田野调研中，学者也注意到了大量的非国家法的存在。在《无需法律的秩序——邻人如何解决纠纷》一书中，作者谈道："社会生活的很大部分都位于法律的影响之外……这样的证据堆积如山，但是却还是很少有人看到法律的限度。"②

最后，在多民族国家中，除了国家法外还有别的规范在发挥着"法"的作用。世界上有由单一族体构成的国家，但占少数，绝大多数国家是多民族的国家。承认同一国家的人分属不同的民族，而每个族体都是自成体系的文化单位，每个民族存在着文化上的差异，这是一种独特的民族经历在人们心理上的积淀，是特定的社会经济政治的反映，因此具有很大的稳定性。"民

---

① 吕世伦主编：《现代西方法学流派》（上），西安交通大学出版社2016年版，第208页。
② ［美］罗伯特·C. 埃里克森著：《无需法律的秩序——邻人如何解决纠纷》，苏力译，中国政法大学出版社2003年版，第5页。

族"一词同"文化"一样，众说纷纭，但是主要体现为具有共同的文化特征和主体的人连接在一起而组成的稳定的人类共同体。民族是一种体现历史延续性的认同，既向过去延伸，也向未来延伸，从过去延伸到未来。民族还把一群人与特定的地理位置连接在一起，正是领土要素使民族与国家结成亲密联系，同一民族的人共享着一种共同的文化。这一民族文化，不仅必然包含着风俗、习惯、宗教、语言等文化，还包含着习惯法以及与其相关的民族法文化。这些习惯法与法文化可以因民族的发展而被国家法所吸纳，也可能由于民族地方的独特性表现为这一地方或族群独特的规范。因此在多民族的国家中常常存在着多元形态的法。

这些论述给我们的提示是，社会并不总依照国家法设定的规则与秩序那样运作，当然国家法也很难事无巨细地规定好人类的全部社会生活。当国家法施用于社会时，会被社会用其自身的"非国家法"进行"消化"，常会出现较好地接纳、修正接纳甚至出现对国家法律的"阳奉阴违"。因此国家法并不等于社会生活中的全部规则，如果要对社会有效地施加管理，就不能忽视社会上存在的各种非国家法。因此对于法文化的研究，不仅要研究国家形态上的法文化，而且要重视研究民族法文化在内的非国家形态上的法文化。故此，本书所阐述的"法"即多元法律视角下的法，不仅仅指代国家法，还包括非国家法。目前对于非国家法的命名，学界没有定论，常常称之为习惯法、民间法、固有的法、软法等。但是谈论到民族地区的非国家法，由于其与民族习惯关联密切，所以学界常常将其命名为"习惯法"。由于本书主要是针对清代苗族法文化进行研究，因此"习惯法"是本书选用的概念。

（二）"非国家法"的界定——以习惯法为例

非国家法是一种具有独特形态的"法"，如何确定其范围是困难的，特别是同国家法进行比较。国家法的概念至少有两点是明确的：第一，国家是立法的主体；第二，法是由国家强制力保障实施的。从这一点出发，国家制定法与其他规范（如道德、宗教、禁忌、习俗）的区别是非常清楚的。但是如何从诸多的社会规范中或者从文化中提炼出来习惯法等非国家法则极为艰难，尽管它一直存在。

实际上，在国家法正式颁布之前，习惯法往往就是"法律"。比如，古罗马时期第一部系统的成文法——《十二铜表法》，也不过是由习惯和习惯法汇编而成的；其后，虽然制定法得到了发展，但是习惯法仍然是正式的法律渊源之一。特别是在欧洲，11世纪前便流行着一句格言——"习惯即国王"，这也从一个侧面表明了习惯和习惯法在当时西方国家中的突出地位[①]。只是在国家法出现后，才突出了关于习惯法定义的问题。

对此，国内外很多学者进行了长久而深刻的探讨。例如，有很多学者认为，在没有国家法的社会中，习惯就是法律，其代表人物哈特兰德在《原始法》一书中就谈道，"原始法实际上是部落习惯的整体"[②]。再如，西格尔在《法律探索》一书中谈道，原始社会是没有法律的，人们生活在"习惯的无意识控制之下"[③]。但是这种观点很快便遭到了抨击，霍贝尔就讥讽道，"照着字面的意思来理解，那么陶器制造、钻木取火、培训孩子大小便的习惯等人类的全部习惯也成为了法律"[④]。他认为习惯法虽然来自习惯，但是不能将全部的习惯等同于习惯法。对此，新的标准又逐渐被提出来，即通过有无强制力来判断习惯是否能够成为"习惯法"。例如，马林诺夫斯基谈道，"法律规范，即附有确定约束力责任的规则，不过是从习俗规范中分离而出并获得自己的独立品行的"[⑤]。对于"附有确定约束力"的解释，他认为是广义的，甚至包含了心理方面的"表现欲、显示慷慨大度的愿望、对于财富和积累实物的崇高敬意"[⑥]。但是这种标准在事件中很难被掌握，因为习惯也是这样被

[①] 在中世纪，西方流行的观念是，习惯和习惯法是除教会法之外，唯一体现自然正义的法律，即使是君主也无权创立。中世纪前期，成文法得到了进一步发展，但是习惯和习惯法的权威性仍位于君王的法令之上。当时的德意志便长期处于习惯和习惯法的支配之下，直到《德国民法典》的问世才改变这种情形。在法国，法官到各地审理案件时，往往是召集当地的人组成"民众陪审团"，陈述当地的习惯和习惯法，进而以这些习惯和习惯法作为审判的依据。而在王权相对强大的英格兰，国王虽然享有立法权，但却必须受到习惯和习惯法的限制。参见何立荣：《中国刑法发展辩证研究》，中国政法大学出版社2013年版，第334页。

[②] [美]霍贝尔：《原始人的法》，严存生等译，贵州人民出版社1992年版，第19页。

[③] [美]霍贝尔：《原始人的法》，严存生等译，贵州人民出版社1992年版，第19页。

[④] [美]霍贝尔：《原始人的法》，严存生等译，贵州人民出版社1992年版，第18页。

[⑤] [英]马林诺夫斯基、[美]塞林：《犯罪：社会与文化》，许章润、么志龙译，广西师范大学出版社2003年版，第21页。

[⑥] [英]马林诺夫斯基、[美]塞林：《犯罪：社会与文化》，许章润、么志龙译，广西师范大学出版社2003年版，第20页。

奉守无违的①。对于习惯法与习惯区别标准的讨论就更为深入了。马克思·韦伯认为，在习惯中只有符合三个条件的才能称为"习惯法"，即具有规范性的习惯存在，习惯被众人认可，获得强制机构的保障②。也就是说，这种强制力来自某个强制机构的保障。而持类似观点的学者也逐渐成为主流，如霍贝尔认为，"这样的社会规范就是法律规范，即如果对它置之不理或违反时，照例就会受到拥有社会承认的、可以这样行为的特权人物或集团，以运用物质力量相威胁或事实上加以运用"③。

结合前文的讨论，我们可以看出，以有无公认的强制力来保障习惯的执行，作为区分一般习惯与习惯法的标准，这一点可以让人信服，但是并不代表这样定义习惯法是没有瑕疵的。因为学者们讨论的主要是如何确定一个标准（如强制力），将习惯法从习惯中挑出来。换句话说，多数学者都认为习惯是习惯法的唯一渊源，之所以某些习惯可以认定为"习惯法"，只是因为某些"习惯"更具"法"的特点罢了。但这样研究习惯法便忽视了习惯法的动态发展。实际上，习惯法并不仅仅来自习惯，其同法律一样，还有被创立的情况。目前收集到的苗族社会的历史材料充分表明，在没有王化力量进入前的苗族社会，苗族除了遵循传统法——贾理之外，还会因为社会中的新情况，通过"议榔"的方式制定新的法。从这个角度来讲，习惯法同法律是相似的，只不过制定与保障实施的主体不是国家罢了。由此我们可以这样认定习惯法：习惯法是在没有国家法律秩序的社会中或者在国家法律的许可下，由人们公认的主体制定或认可，并由公认的强制方式保障实施的行为规范。④

三、对法文化的理解及研究意义

法文化是与"法""文化"密切相关的概念，在充分阐述了"文化"与"法"的概念后，"法文化"的含义也相对明确。但是本书认为，法文化并不

---

① ［英］丹尼斯·劳埃德：《法理学》，许章润译，法律出版社2007年版，第371页。
② ［德］马克思·韦伯：《法律社会学》，康乐、简惠美译，广西师范大学出版社2005年版，第144页。
③ ［美］霍贝尔：《原始人的法》，严存生等译，贵州人民出版社1992年版，第25页。
④ 由于本书的参考资料主要来自传统的苗族社会，因此这样的概念也许并不具有普遍性，而是更符合苗疆开辟前苗族社会中的习惯法。

仅仅是"法"与"文化"的相加，而是"法"与"文化"的互动与融合后的结果。法与文化的互动呈现为两个方面：一方面，影响着法的孕育、制定与实施的文化可以称为法文化；另一方面，法在实施过程中出现的与文化的互动、融合、调试、排斥等各种复杂的文化现象也可以称为法文化。

在此以德国的《纯净法》为例。一方面，在《纯净法》颁布前，对于啤酒的酿造，很多生产厂家都有自己的理解，社会上存在多种酿造啤酒的方法，形成各种工艺，因此也就有了多元的啤酒酿造文化。这种酿造的准则本来是饮食文化的一部分，很难将其认定为法律或者法文化。但是1516年巴伐利亚大公威廉四世颁布了《纯净法》，规定只许用大麦、啤酒花和水制作啤酒。这种传统的啤酒加工准则，在《纯净法》孕育与制定之前只是一种普通的食品加工方法，但由于被《纯净法》吸纳，所以对法的制定产生了影响，这种食品文化就能够被视为法文化。另一方面，法的实施也影响着原有的社会文化，因法的实施而变迁的文化也可以称为法文化。在《纯净法》颁布以前，德国社会上啤酒的加工方法呈现一种多元的状态，但是颁布后，这条法令的实施与执行改变了以往多元的啤酒加工方法，造就了德国独特的啤酒文化。这种受法的影响而变迁的文化也可以被视为法文化。

综上所述，在社会生活中，法与文化交错发展，又互相影响，这种法与文化的互动的过程与结果就可以被称为法文化。从这个意义上看，"法"以及与法有关的"文化"都是法文化研究的内容。故此我们可以将"法文化"定义为：法文化是法以及与法的孕育、制定、实施等密切相关的各种文化因素与文化现象。由此，法文化的研究不仅仅应该关注具体的法律制度、法律体系、法律学说，还应该对与法的孕育、制定、实施等密切相关的诸多文化要素与现象展开研究，这包含了风俗、习惯、社会结构、宗教信仰、政治体制、生产方式，甚至地理环境、自然条件等对社会文化形成影响的因素都会包含在内。法文化的研究注重不同文化类型上的比较研究，注重对各种影响法的孕育、制定、实施的文化因素与文化现象的研究，这将使我们能更深刻地认识与把握人类社会法律现象的过去、现在与未来，因此法文化的理论研究具有重要意义。

第二节 法文化的变迁问题

一、文化变迁的一般理论

如上所述，文化中的很多成分都是人类历史积淀的结果，多是传承而来。对此很多学者都谈到了对传统文化的继承，即文化的习得性。例如，哈维兰在《当代人类学》中谈道："所有文化都是学来的，而不是通过生物遗传得来的。人在文化中成长从而学习它的文化。文化从一代传到下一代的过程谓之'濡化'。"[1] 确实，文化的习得性是存在的，人从出生开始就被教育学习这些文化中的规则，如语言、行走、书写以及宗教信仰等。这些内容如此复杂与庞杂，涉及社会生活的方方面面，因此这一过程非常漫长。[2] 文化被传承是有原因的，因为文化中很大一部分是人类社会在发展中不断尝试与实践后积累的经验法则，对于人类社会的生产、生活、社会秩序维护等都有重要的意义。因此文化的传承是非常重要的。但是如果文化仅仅是习得而来的，那么文化又是被谁创造的呢？如果文化仅仅是继承而来的，人类社会就会故步自封，而不会得到发展，因此文化还应该有发展变迁的内容。从人类学的理论出发，文化的变迁可做如下总结。

（一）变迁的过程

文化理论研究学者将文化变迁归为四类：渐变、发现、发明、传播。[3] 这四种变迁方式都是以人对自身及外界的认识为基础的。首先，"渐变"主要是指现存文化的细微变化并逐渐积累，最终形成了本质与初始文化有较大差异的文化。例如，科学知识的积累、礼仪的发展等。其次，是源于

---

[1] ［美］哈维兰：《当代人类学》，王铭铭等译，上海人民出版社1987年版，第247页。
[2] 下文也将谈到，学习社会中的一套完整的文化是复杂而漫长的，正因为如此，再次学习他者文化或者融入另一个文化体系中是困难的。移植而来的规则也有这方面的问题，这将在下文中重点探讨。
[3] ［美］伍兹：《文化变迁》，施惟达、胡华生译，云南教育出版社1989年版，第22页。

"发现与发明"。例如,人类学家泰勒,是新进化论的代表者,他认为文化由三个亚系统组成,即技术系统、社会系统和观念系统;在这三大系统中,技术是文化进化基本法则中的原动力。他特别指出,诸如"独木舟""弓箭""畜力耕作"这些发明带来了社会的发展,带来迅速的文化进化。虽然他将"技术发展"看作是文化发展的原动力的观点被很多人批判为过于极端(他们认为文化变迁还有其他动因),但是从其论证的合理成分中不难发现,"发现与发明"对于人类社会文化进步的推动作用。[1] 最后是"传播"的方式。这主要是指代一种文化从其他文化中"借取",形成了文化"传播"的现象,也就是我们常常说的文化的传播或移植。文化变迁的基本模式如图1-1所示。

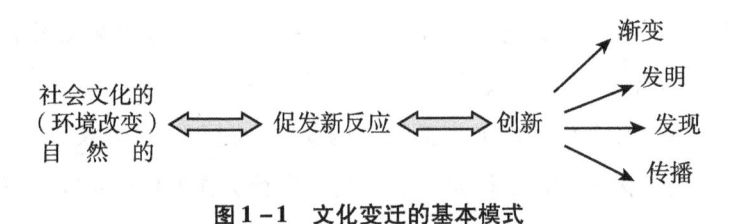

图1-1 文化变迁的基本模式

如图1-1所示,若社会文化环境或者自然环境发生了改变,这种改变往往有助于创新的出现,因为个体要适应新的变化就需要创新。创新表现为渐变、发明、发现与传播(或者借取),当这一群体的多数成员学习并接受了新的反应方式,而且它成为群体行为模式的一部分之时,文化变迁就完成了。还需要说明的是,这是一个双向的过程(见图1-1中箭头的双向提示),因为创新也会导致社会文化与自然环境的改变,或者两种变化同时发生。[2] 图1-1揭示的文化变迁的基本模式,也同样适用于法文化的变迁。

(二)文化变迁中的利害权衡与力量博弈

如上所述,创新不代表文化变迁的完成,只有当这一群体中的多数成员学习并接受了新的方式,变迁才算完成。那么文化为什么会在一个群体中被接纳与传播呢?本书认为,这主要是利害权衡的结果。即:"文化的特质被

---

[1] [美]伍兹:《文化变迁》,施惟达、胡华生译,云南教育出版社1989年版,第28页。
[2] [美]伍兹:《文化变迁》,施惟达、胡华生译,云南教育出版社1989年版,第28页。

接受或者排拒，完全取决于它在接受文化里的效用、适宜性和意义。"①

人是接受文化还是抛弃文化（无论是传统的还是创新的），都是利害权衡的结果，此时的"利"不仅仅是经济上的，还体现为精神上的满足、生活的便利及接受规则有相当大的回报机制等。文化创新中的发明、发现等带给人类诸多的便捷与收益，所以往往很快便得到推广，成为一种新的文化现象。这样的事例不仅仅在人类学家针对部落群体的调研中比比皆是，即便在今天的社会中，我们也依然能够看到。例如，移动通信设施的发展，导致传统的以写信为主的通信方式被替代甚至消失，从而呈现出文化变迁的状态。

另外，从"避害"的角度出发，人们接受文化中的规则有时也是为了避免给自己带来不利的影响，这一点无论在原始社会还是现代社会都是存在的。如泰勒在《人类学：人及其文化研究》中就指出："（有些人认为）蒙昧人的生活无拘无束，每个人都随意而为。我们已经指出过，这是错误的。"② 马林诺夫斯基也曾经谈道："无论是野蛮人还是文明人都能够感受到强制的威慑与惩罚的恐惧。而这种强制与惩罚对于维护社会秩序与预防、惩罚犯罪来讲都是不可或缺的。而且，每一人类文化中都存在诸多的法律、禁忌和责任，它们加诸在每一个公民之上，要求他们做出巨大的牺牲，这是个沉重的负担。这些法律、禁忌和责任根本不是人民的'自发自然'的遵循，而是由于道德、情感或某些实际的缘由才被人们奉守无违的。"③ 也就是说，文化中规则的遵守在一定程度上是为了避免更大的不利后果，诸如羞耻感、舆论的谴责、惩罚、对方的报复、高昂的成本等。

另外，需要指出的是，在社会发展中，常常会出现多元冲突的规则，根据利害权衡的规律，每个人都希望适用有利于自己的规则。但是在社会群体中，适用哪种规则，往往是多方力量博弈的后果。例如，当一些新的规则被

---

① ［美］伍兹：《文化变迁》，施惟达、胡华生译，云南教育出版社1989年版，第32页。
② ［英］泰勒：《人类学：人及其文化研究》，连树声译，广西师范大学出版社2004年版，第384页。
③ ［英］马林诺夫斯基、［美］塞林：《犯罪：社会与文化》，许章润、么志龙译，广西师范大学出版社2003年版，第10页。

推行时，旧有规则的受益者就会成为推行新规则的阻力，新的规则能否最终取代旧有规则，就要看双方力量的博弈。

总之，文化被人类创造出来，基本上囊括了人类社会生活的全部方式①，是宝贵的财富，其重要性不言而喻。虽然由于人的生活环境不同，对自然界、人类社会的认识与理解不同，使得各地文化呈现出千姿百态的情况，但是每一种文化都在人类社会中发挥着或发挥过重要作用，都具有一定的合理性。特别是一些文化经过了历史与实践的检验，是人类的经验与教训的积累，往往是宝贵与安全的，也是稳定的，所以人在不断地传承文化。当然在传承的过程中也在不断地检验文化，并随着人对自身及外界的认识的改变来推动文化的变迁。另外，从文化传承或者变迁的原因来看，可理解为这是人们综合自身与外界的因素，在利弊之间的权衡后选择的结果，即："文化的特质被接受或者排拒，完全取决于它在接受文化里的效用、适宜性和意义。"② 无论是古代社会还是现代社会，没有人是浑浑噩噩、毫无知觉地遵循传统文化或者接受新文化的，每个人都在社会文化中生活，也在实践中结合各种社会环境与自然环境检验并推动文化的发展。人类社会中的文化状态就是长期反复权衡与力量博弈的结果，这是一个动态的过程。因此文化也总是呈现出一种变动的态势。

（三）文化变迁的联动性

还需要强调的是，由于文化具有"整体性"的特点，即文化以一种交错的复杂共同体呈现出来，文化各个方面往往互相牵连，所以一种文化的变更常常导致文化变迁的联动效应，甚至导致一个族群的文化整体发生变迁，即"涵化"现象。这种因为文化的某一方面变迁，最终导致文化呈现整体变迁的事例在人类社会生活中是常见的。例如，在澳大利亚，一个土著部落由于

---

① 马林诺夫斯基在谈到文化的功能时说："围绕着基本的需要的，便有营养的，生殖的，及保护的体系的发展；这最后一项包括许多躯体上的需要，如遮蔽、温度、清洁、及安全。从手段的迫力，便有经济的，法律的和教育的体系的出现；这最后一项包括人类传统的传袭及保存。最后，由完整的需要产生了知识、巫术，宗教，和艺术——广义言之，也包括闲暇时的游戏与游艺。"参见 [英] 马林诺夫斯基：《文化论》，费孝通译，中国民间文艺出版社1987年版，第96页。

② [美] 伍兹：《文化变迁》，施惟达、胡华生译，云南教育出版社1987年版，第96页。

钢斧的引入而导致文化发生了联动性变迁的事例已经广为流传①。在苗族法文化的变迁中也会出现这样的情况，下文会论及。

二、法文化变迁的特点

法文化是文化的一个组成部分，因此文化的基本属性与变迁规律在法文化中同样适用。当然同其他文化因素相比，法文化更容易受到法的影响，所以法文化的变迁一般呈现为以下三个特点。

（一）法文化变迁的原因——文化变迁与法的变迁

"法文化"同"法"及"文化"密切相关，因此二者之一的变迁都会导致法文化的变迁。如在商业不发达的社会里，会因为商业的兴起而在社会中出现契约、交易、违约责任、财产私有化等文化现象，这些新兴的文化现象自然也是对原有法文化的补充；而且随着这类法文化的发展，很有可能促动"法"的修改。近年来我国不断完善的民事立法就是与我国市场经济建设有关。可以说一个社会中的社会组织形式、生产生活方式、宗教、风俗习惯、语言等文化因素的变迁都可能引起法文化的变迁，进而对"法"造成一定的影响，促进法的更新。另外，法的孕育、制定、实施，亦会对法文化造成影响，使得法文化呈现出一种新的形态。例如，中华人民共和国成立初期，我国《婚姻法》规定了婚姻自由，这对我国传统的父母"包办婚"造成了很大的影响，自由婚姻在很多地方兴起，传统的婚姻法文化受到很大冲击。可以说这是"法"对"法文化"变迁的引导。

（二）法文化变迁的过程——利害权衡与力量博弈

文化与法各有特点，因此在二者互动时会出现和谐的一面，也会出现矛

---

① 在洛林斯顿·夏普（Lauriston R. Sharp）的《澳洲土著与石斧》一书中，记录了澳洲一个土著部落约昂特因为钢斧的传入引起了文化的变迁的过程。由于在该部落中石斧是重要的生产工具，但是原料难于取得，所以该部落只能与400千米外的部落交换。交换时要举行盛大的仪式，还要举行图腾崇拜典礼。石斧极为宝贵，往往只能由男人拥有，故而强化了男人的优越地位与统治。后来钢斧被传教士大量引入，对社会产生了诸多的影响。每个人都能轻易获得钢斧来参与生产，无形中降低了男性因为掌握稀缺资源而具有的崇高地位，以往交换石斧的仪式也被简化了，甚至因为约昂特的信仰中对于每一个文化元素都有神话的解释赋予其意义，但是没有人能为钢斧创造一个神话，所以引起人们对原始的起源神话的怀疑。钢斧的引入，导致这一土著部落的文化发生了整体性的变迁。转引自[美]伍兹：《文化变迁》，施惟达、胡华生译，云南教育出版社1989年版，第38页。

盾冲突与博弈的一面。当法的准则同社会中的文化相符或一致时，一般就不会出现"文化"与"法"的冲突。比如，某一个国家全民信仰同一宗教，通过法律将这一宗教确定为国教，文化中的准则直接得到了法律的确定，所以一般不会在社会中引发大的冲突。但是当"法"对文化中的某些方面进行否定、大幅修正或者提出新的规范时，常会因为与文化不一致而带来很多社会问题。特别是一些新的法规被制定出来后，就会被强力推广，否则就失去了立法的意义。但是文化也不会因为立法就会立即发生改变，法对大众而言，不过是由某个强制力保障的新规则罢了。原有的文化规范捆绑着人们的情感、利益、负担、信仰等，自有其稳定性，也有其执行力①。这种新规则是否得到推行或者有效的推行，常常是社会中的人们进行利害权衡与力量博弈的结果。社会中的人们会通过利弊分析来权衡判断如何选用规范，常常会出现对法的遵照执行、修正执行、变通执行，也会出现阳奉阴违甚至不予执行的情况，这可能导致国家投入更大的执行力以保障法的执行，也可能考虑到法制定的不足或者因为推行的成本过高，将法进行调整、修订甚至废弃。

二者互动的具体情况，现举一例说明。《中华人民共和国民法典》中规定了男女平等享受继承的权利，但是笔者在调研时发现②，河北一些乡村的村民依然按照传统的法文化不承认女儿的继承权与分家的权利。而出嫁的女儿也常常自愿放弃这种权利。实际上，很多女儿放弃继承权并不是不喜欢财产，而是只要兄弟不主动分割遗产，姊妹也不好意思去讨要，因为其不愿意因为一点小钱导致家庭的纷争，破坏兄弟姐妹之间的亲情，以及受到乡村社会中的舆论谴责。但是戏剧性的是，一旦涉及土地开发，原有的财产大幅升值时，利益战胜了亲情，出嫁的女儿回娘家争夺遗产、分家产的现象就凸显出来，有时还会通过诉讼来维护自己的继承权。

通过此例可见，男女平等的继承权与女儿不参与娘家财产分配的传统习惯一直共存，选取哪一个作为处事的规则，往往是当事人双方综合考虑，权衡各种利弊后的结果。女儿愿意行使法定的继承权，这种权利亦有国家强制

---

① 前文在介绍文化的特征时已经介绍过了，在此不重复。
② 笔者在日常工作中常常需要到基层参与调研，类似的案例正是由调研得来的。因为篇幅有限，在此不对调研内容进行详细介绍，仅作一概述。

力的保障，但是传统法文化中的舆论压力与亲人情感的代价也是当事人需要充分考量的，当事人心中自有天平衡量利弊。当家产利益微小时，付出舆论上的批评与亲情的代价以获得微小财产就显得得不偿失了，所以很多出嫁的女儿往往选择放弃财产继承权；反之，当财产大幅升值时，利害权衡后，有些人则开始选择法律的规则，维护自己的利益。实际上，法定的权利一直都在，但是是否行使是当事人在现实生活中权衡利弊后的结果。

另外，除了利弊权衡，出嫁女儿是否能够继承财产或分得家产，背后还隐藏着国家法与习惯法的博弈。在调研中我们也发现，即便姐妹回家讨要甚至与家庭成员之间发生纷争与诉讼，她们也不一定能分到财产，有些强势的兄弟坚持按照传统习惯，不分财产给姐妹，常常顶住压力转移财产，甚至声称宁愿坐牢也不愿意将大额的财产分配给姐妹。但是随着国家法治的推进，传统的习惯法也在慢慢退缩。有一些拆迁的人家，为了防止矛盾，照顾女儿的情绪，也提前协商给女儿进行一定的补偿，这种现象实质上变更了女儿除了嫁妆不能参与分家获得娘家财产的传统法文化。还有一些人家，因为给予女儿财产，所以女儿也被要求负担同兄弟一样赡养老人的责任，改变了一些农村女儿不赡养老人的传统习俗。

通过此例的分析可以得知，法文化的变迁常常呈现这样的情况：当法与社会中的一些文化观念习俗等不相一致的时候，社会中生活的人都是权衡利弊来选择对自己有利的规则，而哪种规则最终能够在纠纷中获得支持，需要靠背后力量的博弈。虽然国家的强制力远远大于个人的力量，但是在解决纠纷时也可能会引起一方当事人的不满甚至激烈的抗争，特别是抗议者众多时，会带来不良的社会影响甚至不利于国家的地方治理。因此是否加大强制执行的力度来保障法的实施，国家也要综合考量与权衡。这是一个反复权衡与博弈的过程，在这个过程中无论是法还是与之相关的文化都可能发生改变，法文化也由此发生变迁。因此研究法文化，主要侧重点应该放在法与文化互动的过程中。这也是本书选择清代苗族法文化作为研究对象的原因，国家法进入苗疆后，苗族法文化与国家法的互动是法文化变迁的典型事例。

(三) 法文化变迁的联动性

基于文化的整体性的理论，文化变迁也常呈现出联动的特点。法文化作为文化的一部分,其融合了文化中的经济、信仰、风俗、习惯等因素,自然也呈现出一种体系化的状态。故法文化的变迁也会出现"牵一发而动全身"的现象。如前文中,因为女儿主张回娘家继承财产或者分财产后,所以被要求同儿子一样赡养老人,一改农村中儿子赡养老人的传统习惯,法文化的联动性由此可见一斑。

综上是法文化变迁的一般理论研究,其对于本书研究的清代苗族法文化的变迁具有重要的指导意义。

第二章

清朝对黔东南苗族地区的开辟、经营及影响

宋元以后，在贵州的黔东南地区，逐渐形成了一个以苗族为主的少数民族聚居区，其居住的范围包括今天的台江、剑河、凯里、雷山、丹寨、榕江等县市及周边地方。在清代之前，这一地区地处中央王朝控制之外，被称为"化外之地"，此地的苗族处于不担徭役、不纳粮税、不奉约束、不知有官的状态。苗族先民以原始农耕、打猎为生，社会组织形式体现为血缘为纽带的家族社会组织，并形成了一套独具特色的法文化。雍正十一年，清政府经过五年的军事征剿和招抚，开辟了黔东南苗族地区，将其纳入清王朝有效管辖之下，史称"新辟苗疆"，清朝在苗疆的开拓经营给苗族社会带来了深远的影响。

第一节 开辟前黔东南苗族的社会状况

一、开辟前黔东南苗族与中央王朝的关系

宋元以后，在今天贵州的黔东南地方，逐渐形成了一个以苗族为主的少数民族聚居区，其范围大体包含了今天的黔东南与黔南的大部分地区。从地理位置上看，黔东南地区东接湖南，南通广西，北方与同省的同仁、遵义等地相连。黔东南处于云贵高原的东南部，地势西高东低，海拔最高为2100米左右，海拔最低仅为130米左右。其境内沟壑纵横、山峦绵延，史上有"跬

步皆山，上则层霄，下则九渊"①的记载。特别是境内的雷公山（史称"牛皮大箐"），总面积达47300公顷，地跨四县（雷山、台江、剑河、榕江四县），自古便是苗族的主要聚居地。

苗疆开辟前，黔东南地区与中央王朝长期处在隔绝的状态，被称为"化外之地"。此地的苗族与其他少数民族处于不担徭役、不纳粮税、不知有官的状态。主要原因是，元代以前的历代王朝对于黔东南乃至贵州等西南少数民族地区通常采取羁縻统治，没有实施直接管理。故西南少数民族同中央王朝的关系，往往因中央王朝的注意力以及王朝力量的强弱兴衰呈现出时远时近、时亲时疏的状态②。元朝建立后，开始加重了对西南的开发，为了实现对地方的有效控制，开始着重修建连通全国的交通网。元代有四条重要驿道经过今天的贵州之境：一是由湖广经贵阳抵云南的主干道；二是由重庆经播州（遵义）至贵阳的"川黔驿道"；三是由贵州通往广西的"黔贵驿道"；四是由四川永宁（叙永）途经乌撒（威宁）至云南的"川黔滇驿道"。③虽然元代在贵州并未设置行省，当时的贵州分属于湖广、云南、四川三省，但这些驿道都途经贵州且在今天的贵阳交汇，使得贵州的战略地位逐渐凸显出来。但从对贵州的治理策略上来看，元代对于贵州的少数民族基本上仍然采取羁縻统治政策，统治力量相对薄弱。

明朝建立后，即开始加强对西南地方的管控与经营。明朝建国初期，元朝的残余势力仍然占据云南，洪武年间，沐英率40万大军入云南进行了平定。此后为了保障对云南的控制，途经贵州通往云南的滇黔驿道就成为重点保护的对象。洪武十五年，中央政府在贵州设置了贵州都指挥使司，即省一级的最高军事机构，并沿着驿道广设卫所。至永乐十一年，朱棣借平定思州宣慰司叛乱的契机，将思州、思南两宣慰司革除。将思州的领地分设成思州、新化、石叶、黎平四府，将思南的领地分设为思南、乌罗、镇远、铜仁四府，随后将这新设置的八府及安顺、永宁、镇宁三州合并成立贵州省，并设立贵

---

① 《黔书·续黔书·黔记·黔语》，罗书勤、贾肇华、翁仲康等点校，贵州人民出版社1992年版，第146页。
② 参见杨庭硕、罗康隆：《西南与中原》，云南教育出版社1992年版，第210-218页。
③ 刘学洙：《黔疆初开》，贵州人民出版社2013年版，第14页。

州承宣布政使司，在永乐十二年又设立提刑按察使司。至此，贵州以一个省的名义纳入王朝体系中。明代虽然不断加强贵州的建设，但设置贵州省的主要目的还是保障西南的交通要道的安全，即对贵州更侧重于政治要求，但经济发展投入有限，以至于贵州的财政长期只能靠邻省协助，"全省田赋收入不及中土一大县……黔疆贫瘠，故养兵之费取给邻省"①。另外，从地域控制来看，明代对于贵州的控制方法主要是设置卫所进行军事控制，至于贵州的腹地，没有相应的行政建制，政府所控制的主要是通过贵州的交通要道，故万历年间曾任贵州巡抚的郭子章称："贵州一线路外即苗穴矣。"② 可见明后贵州国家化的进程加快，但是整个明朝对于西南的少数民族仍然没有实施有效的统治。很多地方封闭未开，处于"复嶂萦纡，深林蒙密，雾雨阴翳，虎蛇交行，从古人迹未至"③ 的情形。

二、开辟前黔东南苗族的社会与法

清代以前，生活在黔东南的苗族主要以农业生产为主，但这些地方属于高原的高寒、高冷地带，平缓地势较少，农业生产力受环境影响，产量并不高。如明《永顺宣慰司》记载："（所居）有高山峻岭，有平坦窄狭地……皆饶薄，岩多土少，刀耕火种，弃东就西，无拘旧产。旱无荫，涝即崩冲，天地虽有，悉系靠天"④；康熙朝《贵州通志》记载："东作稍迟，则苗不茂，入秋有大风雨，则禾不实，谓之'青空'，若夏初无雨，则苦饥。"⑤ 从农业种植上讲，黔东南的地理环境不利于农业生产，日照少，多阴雨，只能广种薄收，因此自古以来对于贵州就有"天无三日晴，地无三尺平，人无三分银"的评论。特殊的经济环境影响了苗族的发展。由于自然条件对农业发展

---

① 黄家服、段志洪主编：《中国地方志集成·贵州府县志辑》（第8辑），巴蜀书社2006年版，第320页。
② 黄家服、段志洪主编：《中国地方志集成·贵州府县志辑》（第2辑），巴蜀书社2006年版，第49页。
③ 《黔南识略·黔南职方纪略》，杜文铎等点校，贵州人民出版社1992年版，第93页。
④ 伍新福：《中国苗族通史》（上），贵州民族出版社1999年版，第229页。
⑤ 贵州省文史研究馆古籍整理委员会编：《贵州通志·舆地志·风土志》，贵州大学出版社2010年版，第404页。

的限制，导致环境对人口数量的承载力有限，因此逐渐迁徙而来的苗族又不得不分散居住，或者由于家族人口发展而不得不分出一部分另寻地方①。同时生活在黔东南这一地区的还有其他少数民族，因苗族的迁徙以及家族分支的发展，会出现不同民族或者苗族的不同分支杂居或者近居的现象。如何处理对外的关系以及其内部的生产、生活、婚姻、秩序等诸多问题，对苗族提出了考验。在这种社会背景下，黔东南苗族形成了独特的社会形态。

（一）血缘家族组织

1. 家庭与房族

家庭是苗族社会最为基本的单位，苗族家庭基本上实行一夫一妻制，在苗族的传统中，婚姻往往是通过"游方"这种自由恋爱的方式来选取自己的配偶。历史上常有对此的记载："男女婚娶，不须媒妁，女年及笄，行歌于野，遇有年幼男子互相唱和，彼此心悦，则先为野合，而即随之以奔，父母不之问也。必候生育后始通好焉。"② 这也是苗族婚姻法文化的独特表现，对此将在后文中详述，此不赘言。家庭是苗族社会最为基本的单位，但是家庭在面对恶劣的自然环境以及复杂的社会环境时力量有限，因此苗族在家族的基础上往往形成了房族。

房族是一寨之中或者数寨之中血缘相近的若干家庭构成的，常以某一岩石作为祭祀祖先之地，称为"王岩"或"祖岩"，遇有年节，全房族在此祭祀祖先。房族有房长，常由长房子孙世袭。房族在苗族社会中非常重要，其内部联系十分亲密，兴衰、荣辱、祸福各家与共。明代郭子章在《黔记》中记载："苗人……被杀之家，举族为仇，必报当而后已。否则，亲戚亦断断助之，即抗到不悔。谚语云：苗家仇，九世休。"③ 遇有婚丧嫁娶、内部纠纷等由房长处理，遇有外部侵害，房长便通知各房主，定点集会商讨对付方案，

---

① 例如，剑河县苗族就普遍传说自己的祖先原先生活在海滨，后因战乱经湖南迁至剑河，两个祖公生下九儿一女，地方住不下，他们议榔杀牛，九个儿子分别迁徙到不同的地方去生活。参见贵州省民族事务委员会、贵州省民族研究所编：《贵州"六山六水"民族调查资料选编·苗族卷》，贵州民族出版社2008年版，第149页。
② （清）徐家干：《苗疆闻见录》，吴一文校注，贵州人民出版1997年版，第167页。
③ 贵州省文史研究馆编：《续黔南丛书》（第1辑下册黔记下），贵州人民出版社2012年版，第2619页。

即时统一意见并采取行动①。在田野调查中，以房族为单位为本房族内部的人员维权、斗争的事例比比皆是。②房族是苗族基于血缘形成的紧密的共同体，是房族内部成员最能依靠的集体，也是在没有国家法维系的公共秩序的情况下，苗族先民解决经济、安全、秩序、对外的交往等问题最为自然的选择。这种方式在人类历史中也是常见的，马克思就曾经说过，"血缘家族是人类第一个社会组织形式"，也印证了血缘关系在人类社会中的重要地位。

2. 鼓社

鼓社是苗族社会中血缘关系的延伸，是血缘关系的最高级别的社会组织。鼓社组建的目的同房族相似，是对内维系本鼓社内部成员生产、解纷、维权、救济等问题，对外处理各种关系维护本鼓社的安全。鼓社是建立在同一个男性祖先的基础上而结合起来的血缘亲族组织。鼓社历史悠久，被认为是苗族始祖姜央兴起的。苗族古歌里就有"姜央兴鼓社，全疆得共和，得富大家有，得福大家享，我们共拥护，繁荣各鼓社，强盛千万年，繁荣千万代"③的内容，可见鼓社制度成立的久远。在苗学的研究中，鼓社具有重要的地位，如李廷贵就认为，鼓社、议榔、理老是苗族社会的三大支柱。④

"鼓社"是汉译，苗语称之为"江略"，"江"的意思是"一片地方"或"一个组织单位"，"略"的意思是"鼓"。在苗族的传统文化中，"祖先的灵魂"就住在鼓里。根据苗族的传说，在苗族漫长的迁徙过程中，不同的宗族

---

① 贵州省民族事务委员会、贵州省民族研究所编：《贵州"六山六水"民族调查资料选编·苗族卷》，贵州民族出版社2008年版，第148页。

② 例如，在关于剑河县苗族的历史调查中就记录了房族维权的事件。1946年，某一房族的妇女被他寨的人强奸，本房族男子全部出动与强奸犯的村寨谈判，最终该犯人被其村寨人沉塘淹死。历史上亦常有苗族集体械斗"打冤家"的记载，性质也是如此。相关内容将在后文详述。参见贵州省民族事务委员会、贵州省民族研究所编：《贵州"六山六水"民族调查资料选编·苗族卷》，贵州民族出版社2008年版，第148页。

③ 隆名骥：《苗学探微》，民族出版社2005年版，第33页。

④ 参见廷贵、酒素：《略论苗族古代社会结构的"三根支柱"——鼓社、议榔、理老》，载《贵州民族研究》，1981年第4期。本书认为，鼓社在苗族社会中确实发挥着极大的作用，特别是在大型的军事活动时，鼓社在召集苗族抗击侵犯、维护安全上起到重要作用。但是研究苗族社会时不能忽视房族，在苗族的社会生活中，房族的作用更为直接。实际上，人与人之间紧密交往且熟悉信任的范畴是有限度的，社会组织越扩大延伸，组织全体成员之间建立的直接信赖关系越有限。社会组织对于个人来讲是个交往圈，越往核心处，互动得越活跃，越往外扩散，联系越松散。因此在苗族社会的田野调查中，苗族自述以及相应的文书中，有关房族的记载比比皆是。

为了在迁徙中能够联系，就以"鼓"作为联络工具，所以每个"鼓"实际上是一个宗族的象征，即因同源于一个男性祖先而结合起来的集团。鼓社一般由同宗的一个或者多个自然村寨的房族组成，少则包含几十户，多的可达上千户。当宗族发展繁盛，出现众多分支时，还可以从中开设分支即"记打江略"，"记打"是"兄弟"的意思，也就是"兄弟鼓社"。大宗族鼓社被称为"黑社"，相应地，分出去的鼓社被称为"白社"。苗族古歌在记录苗族社会繁荣的场景时就用"江略九千个，遍地喜洋洋"来表达。除了血缘关系，还可以通过结拜、收养等方式等融入一个鼓社，但由于没有血缘，加入鼓社需要一定的仪式。并入一个鼓社后，就成了同宗兄弟，共同承担鼓社成员的权利与义务。鼓社每隔13年就举办一次鼓社节。例如，《台拱文献》记载："每十三年择壮牛，饲及苗壮，合他人之牛斗于野，斗后延巫杀牛祀祖，名曰吃牯脏"[①]；再如，乾隆时期的《贵州通志》记载："祀祖，择大牯牛头角端正者，饲及苗壮……斗（牛）后，卜日砍牛以祀。"[②] 可见鼓社节是一种大型的祭祀活动，全体成员参加，声势浩大。举办鼓社节，一方面是祭祀祖先，祈求宗族繁盛、发展经济等愿望，另一方面是对本鼓社进行宣传，彰显实力，甚至还有"崇尚武功、反抗外敌演练"的功能。鼓社在维护地域秩序方面发挥了重要的作用。从鼓社内部来看，主要是对内互相援助、处理内部纠纷；对外团结一致，抵抗外来敌对势力，参与血亲复仇，甚至作为军事单位参与起义[③]。

（二）地缘社会组织

以血缘为纽带的社会组织能将亲族联系在一起，但是血缘的族亲关联毕竟是有限的。生活在黔东南的苗族不可避免地会遇到处理同苗族其他分支的关系、同其他民族之间的关系甚至同中央王朝的关系，仅仅依靠血缘是远远不够的，需要以超越血缘的方式联合本地的力量处理本地域的问题。议榔就是苗族社会联合地域力量的组织单位。议榔并不否定血缘组织，但更多地体

[①] 转引自翁家烈：《论苗族文化特征、成因及作用》，载《贵州民族研究》1990年第4期。
[②] （清）鄂尔泰修：（乾隆）《贵州通志》，清乾隆六年刻嘉庆修补本，第469页，载爱如生中国方志库，http://www.er07.com/2021年7月12日访。
[③] 如咸丰年间张秀眉领导的苗民起义，就是在"掌梅尼"（地名）以鼓社杀牛祭祖的形式号召起来的。

第二章　清朝对黔东南苗族地区的开辟、经营及影响

现为一种地域联合。

"议榔①"是汉译，黔东南苗族发音为"GHEDU HANGB"，即"构榔"，"构"的意思是"议"，"榔"的意思是"公约"。议榔是苗族社会中制定法律的一种制度。这种制度在苗族社会中普遍存在，黔东南地方称之为"构榔""议榔会议"，广西称之为"埋岩会议"，湘西大部分地区称之为"合款"。名虽不一，性质相同。议榔这一制度历史久远，根据议榔的特点以及苗族口承文学考证，有学者认为议榔制在苗族母系氏族公社时期就产生了②，早在宋人朱辅所著《溪蛮丛笑》中就有"门款"条："彼此献血为盟，缓急相援，名门款"③；同是宋朝的周去非在《岭外代答》中也有"纳款"条："史有款塞之语，亦曰纳款……款者，誓也"④；至清代，中原王朝对于苗族这一特殊的法文化也是有所了解的。方显是清政府派往贵州，承担开辟苗疆的重要官员之一，其在随后的《平苗纪略》中也对这种制度进行了记述："宰款合榔者，苗俗也，既汉人歃血盟誓之意。又曰合款，亦曰诘话。其会盟处，曰款场。其首事，曰头人⑤。头人中之头人，曰榔头。悔盟者有罚，曰赔榔。皆苗语也。"⑥由于方显了解苗族的习惯法，其在苗疆开辟时，也利用"议榔"这一方法来巩固招抚的效果，即苗民同意招抚后，"乃令各寨头人订期会集，宰款合榔"⑦。乾隆六年，贵州提督（原古州镇总兵）韩勋也采用了"苗疆合款申禁之例"⑧，即用议榔的方式来宣布国家法禁令。

---

①　参见石朝江：《中国苗学》，贵州大学出版社2014年版，第37页。
②　考证的相关论证可参见杨文昌、雨田：《苗族古代社会的氏族制和"议榔制"》，载《贵州民族研究》1983年第2期。
③　符太浩：《溪蛮丛笑研究》，贵州民族出版社2003年版，第205页。
④　（宋）周去非：《岭外代答》，屠友祥校注，上海远东出版社1996年版，第264页。
⑤　即前文所说的理老。
⑥　（清）方显：《〈平苗纪略〉正文》，载马国军编著：《平苗纪略研究》，贵州人民出版社2008年版，第146页。
⑦　（清）方显：《〈平苗纪略〉正文》，载马国军编著：《平苗纪略研究》，贵州人民出版社2008年版，第146页。
⑧　据《平苗纪略》的记载，整个过程为："传集远近各寨苗众，并内地附近寨分苗人，于六月二十六日，在于南江、九江适中之处，宣谕皇上威德，申严条教：'毋得听信妖言，毋得再造军器，互相保护，彼此稽查，当以石金元及已剿各逆寨永为榜样。'各苗俯伏跪听，俱皆凛慄天威，感颂皇仁，随砍牛合款，呼天鸣誓。全称今蒙天恩宽赦，全家俱得再生，自今以后，各遵款禁，子子孙孙永做圣世良民，不敢听信邪术，为非作歹，自干诛戮。"参见（清）方显：《〈平苗纪略〉正文》，载马国军编著：《平苗纪略研究》，贵州人民出版社2008年版，第146页。

据此，对苗族的"议榔"可以从多重意义上理解。其一，"议榔"是一种苗族的社会组织，通过"议榔"而结合在一起的若干村寨成为苗族社会最高一级的地域组织。苗族"议榔"组织大小不等，小至一个村寨，大到几十个甚至包含整个地区。"议榔"组织有团结集体中的成员，对内解决生存与发展，对外防御外敌、保护安全的作用。相比鼓社，"议榔"范畴更广泛，是超越了血缘的地域联盟。从这个意义上说，"议榔"的决议效力要高过鼓社。因此"议榔"能够领导鼓社，但是鼓社不能领导"议榔"。其二，"议榔"可以被理解为苗族集会议事的方式。当社会出现一些问题时，苗族群众往往举办议榔会议。小范围的"议榔"，每家都要参加；大范围的"议榔"，由代表参加。而且在"议榔"议事时，每家都有发言权。"议榔"议事范围覆盖范围广泛，历史上有（苗族）"凡地方农牧、刑罚、交际、丧婚、诉讼、乡约、禁令等一切利弊无不于此会解决"的记载[①]。其三，从法文化的角度出发，"议榔"可以被理解为立法的一种程序。举办"议榔"常常是因为出现了社会问题，如治安、婚姻、发展生产等，在议事后往往要形成一些榔规，榔规具有"法"的性质，要求群众遵照执行。"议榔"制定的法规，叙事性强，语言简明，通俗易懂，立法后常要埋石作为见证，另外还要结合宗教的祭祀仪式，利用苗民注重盟誓，认为"背盟不祥"的宗教观保障法的执行。后文将对"议榔"立法的特点进行详细分析。

（三）苗族社会中的权威

苗族的社会同中原的汉族社会比相差较大，社会中基本上没有阶级划分，即处于"绝无统属，有贫富，无贵贱；有强弱，无贵贱；有众寡，无贵贱"[②]的形态。但是苗族社会中还是需要权威的存在来处理各种社会问题，苗族社会中的权威就是理老。在苗族社会中，理老可以被看作是法的传承者、制定者、教育者与实施者。理老不世袭、不选举、无特权，平时参加劳动生产，与群众无异。一些人熟知理辞、能言善辩、主持公道，群众找其解决纠纷，他们往往就成为理老。也可以这样理解，理老的出现完全是由个人能力与兴

---

① （民国）刘锡蕃：《岭表纪蛮》，南天书局有限公司1987年版，第90页。
② （清）魏源：《魏源全集》（第17册），岳麓书社2004年版，第683页。

趣所决定的,与出身无关,与贫富无关。在苗族的传统社会中,理老是社会公认的权威。其熟知理辞,掌握古理古规,主持公道,是苗族古代法典"理辞"的传承人。很多理老往往也是议榔立法的参与者,因此可以说他们是苗族社会的法学家。理老还在议榔等场合向群众宣传立法的内容,以便群众了解与熟记;在处理纠纷与犯罪时,其吟诵的判例讲述清楚、明白易懂、结论明确,使群众受到了法的教育。另外,除了作为"法官",理老还能够以代理人、中人等身份参加纠纷解决、见证等活动。苗族古代社会呈现良好的法秩序与理老的存在有关。

(四)黔东南苗族的传统习惯法

清代以前,封闭的苗族社会虽然没有国家法维系公共秩序,但整个社会依靠其"习惯法"而井然有序。在法律多元的视角下,此种习惯法的地位同国家法地位相当。在国家法植入前,黔东南苗族的法存在形态主要体现在两方面。其一是"贾理"。苗族"贾理"主要在黔东南、黔南、桂北苗族地区流行,基本上涉及整个黔东南苗族,这是先辈流传下来的法典,类似于判例法,是处理案件的依据。其二是当情势变更或者遇到新的问题时,苗族一般通过"议榔"立法有针对性地调整或重新制定新的社会规范。

1. 贾理

关于苗族"贾理"的记载在古代汉语文献中并不多见,主要原因是"贾理"深植苗族社会中,是一种口承文化,非深入苗族社会很难理解其深意。近代以来由于学者的抢救性保护并翻译,"贾理"才被世人所知晓。"贾理"是汉译,苗语称之为"jax""jaxlil""lillullilghot",其中"jax"与"lil"是同意互释,指代天地万物、鬼神世界、人类社会中的法则、规则、原理、规律等。"lillullilghot"意为古理、古规或传世之规。

"贾理"历史悠久,苗族认为"贾理产生于人鬼起源之初,世间鸿蒙之时,贾理原居住在日月之所、蛟龙之家",即"贾理"原本住在东方天宇,暗示了早在苗族迁徙到西南之前,"贾理"就已经产生。在苗族社会,当出现纠纷时,作为纠纷解决者的理老就会吟诵"贾理",向当事人说理断案、解决纠纷。如明代郭子章在《黔记》中所记:

苗人争讼不入官府，即入亦不以律例科之，推其属之公正善言语者，号曰行头，以讲曲直。行头以一事为一筹，多至百筹者。每举一筹数之曰：汝负于某，某人服则收之；又举数筹数之曰：汝凌于某，某人不服则置之。计所置多寡，以报所为。讲者曰：某事某事，某人不服。所谓讲者曰，然则以，不然又往讲如前，必两人咸服乃决。若所收筹多，而度其人不能偿者，则劝所为讲者掷一筹与天，一与地，一与和事之老，然复约其余者。责负者偿之，以牛马为算。①

其中"行头"就是理老，讲和的主要依据就是贾理。正如贾理中所传唱的"（贾理）去解人们千种争讼，去断人们百件纠纷。不知者以贾教，不会者照样描"②。故而"贾理"具有"法典"的性质。

"贾理"在苗族传统法文化中占据了重要的位置。"贾理"的内容贴近苗族的社会生活，以案例记载，其数量庞大，涉及纠纷种类极广。为了对"贾理"进一步研究，在此简要摘录几篇在苗族地方广泛适用的具有代表性的"贾理"原文进行分析与总结。

第一篇是《松陇公与松方爷》③，记录了一个诈骗案，案件的当事人分别是松陇公与松方爷二人。这篇贾理的行文如下。

发生什么案？事因松陇起，事由松方兴。天天共吃肉，夜夜同喝酒……后隔不多久，松方的儿子，他出去赶场……遇到松陇公，你买些什么？我买水牯牛，做父亲葬礼……松陇公答言，你说真或假，你道虚或实。松方儿说道：我说真不假，我道实不虚。松陇又说道，你爸欠我账，你父欠我钱。……松方儿问道，你说真或假，你道虚或实。松陇公答道，我说真不假，我道实不虚。那你跟我走。他俩到中途，松方儿说道，让我先一脚，去扫那屎尿，去除掉渣渣，公后再慢来。他告诉父亲，你装

---

① 黄家服、段志洪主编：《中国地方志集成·贵州府县志辑》（第3辑），巴蜀书社2006年版，第405页。
② 贵州省民族古籍整理办公室编：《贾》，杨文瑞整理校注，贵州民族出版社2012年版，第3页。
③ 贵州省民族古籍整理办公室编：《贾》，杨文瑞整理校注，贵州民族出版社2012年版，第330–352页。

第二章　清朝对黔东南苗族地区的开辟、经营及影响

着蓬头，你装着垢面，等候松陇来。松陇公来到，就问松方公，你在哪里呀？绝息了没有？闭气了没有？欠我积蓄银，差我黄面鼓。欠我宽角牯，欠我圈里马。不算也罢了，算来水难泼，算来火铺地。倾村挑不完，泻寨抬不动。松陇公答道：……我体仍强壮，我身还健康。……请理老来判，请头人来评。请来了基隆，求来了晋修。基隆来审理，俊修来判情。只见那松陇，他贾讲不过，他理说不通。就赔偿金银，就补偿牛马……交给那基隆，交给那俊修。……过后不多久，只因松方公，他出去赶场，他出去赴集，遇上松陇爷，松陇爷说道，你已当财主，气势比王侯，怎么敞胸膛，为哪穿破衣？你得我水牛七十头，黄牛七十头，七十牵狗棒，七十绑猪架，七十钢鼎罐，七十瓦砂锅。松方公说道，你说真或假，你道虚或实。松陇公答道，我说真不假，我道实不虚，把金加请来，把力加请到，金加带链条，力加带绳索。把基隆捆起，把俊修绑住。绑他俩头颅，捆他俩身躯，道理说不通，情由讲不过。才退回千般，才还给百物。演为桩冤语，谱为席案言。怨由既消散，案事自了解。叙古典长寿，谱昔言获福。寿数如菩神，富厚比龙雷。①

这篇贾理主要记载了一个诈骗行为的处罚方法，松陇公与松方爷二人本是好友，有一次松陇公误认为松方爷快要离世了，所以故意欺骗松方爷的儿子说松方爷欠他钱物，且债务数额巨大。但诈骗行为很快曝光，在理老主持下松陇公被罚用大量财产进行赔偿。但是赔偿物交付理老后，理老反生贪念，将罚得的财产私吞。随后，理老私吞的事情被揭发，理老受到惩罚并把罚得财物原物交还。这篇理辞详细记录了案件的经过以及处罚的方法、处罚标准等。对于类似案件的处罚，这是一个重要的参照。

第二篇是《希雄》②，记录的是一个富裕的苗族老翁希雄公强奸妇女的案件，以及对他的惩罚。由于这篇贾理篇幅过长，在此不便全篇摘录，仅对其作简要介绍。

---

① 苗族的理辞由于以判例的形式记载，所以内容较多，为了将理辞的特点呈现出来在此选取一篇。

② 参见贵州民族出版社编，吴德坤、吴德杰搜集整理翻译：《苗族理辞》，贵州民族出版社2002年版，第742－781页。

· 47 ·

《希雄》记录的是希雄公家庭富有，"身穿华法衣，脚穿皮筒鞋，腿缠龙鳞裹腿，颈戴八两项圈"，但是人老心不老，"图别人孩子漂亮，慕别人妻子美丽"，看到了漂亮的姑娘，用迷药迷昏强奸。当姑娘的丈夫托理老扎雄勇与王降公二人去希雄公那"说理"，希雄却百般抵赖："我像你们父母老，怎么侵占别人妻，怎么侮辱别人媳？"但理老随即出示了证据，且证据确凿，希雄公"输佳在心里""输理在心中"，反而起了恶念，欺骗砍树作业回来的70个"希嘎囊人"，理老是为诬陷他们偷砍树而来，理老说他们偷砍了树，"脚是肮脏的脚，手是不干净的手"。结果"传闻的话使人伤心"，"希嘎囊人"一怒之下，杀死了前来说理的两个理老。姑娘的丈夫得知理老被打死，气愤难当，"召集榔规的人""召集寨上的人""去打希雄公"。希雄公畏惧，逃到深山，最后在其妹妹的主持下进行排解①，进行赔偿。赔偿的方式是"判完了田土，才够赔扎雄勇，才够偿王降公（死去的理老）"，对于"鼓主人家"以及"当事主人"（被侵害的姑娘），"判罚漆黑山岭，判罚乌黑山坡，用田和塘去赔，用所有房屋去赔，用山坡山岭去赔"。赔偿完毕，"才了结侵妻纠纷，才结束占妻案件"。

　　这篇贾理对这起案件的经过进行了详细的叙述，对于案件的解决方法也进行了说明。希雄公本来是个富翁，有房、有田、有山、有塘，因为他强奸了别人的妻子，并用毒计杀害了理老，结果把所有的财产全部赔完。这个判例成为以后相似案件的裁判依据——伤害别人的妻子，杀害别人，就要赔得倾家荡产。还需要说明的是，这个案例基本还原了当时苗族的社会情况，当侵权行为发生时，人们都是找理老进行交涉，当维权受阻时，人们才会通过"议榔"的形式，组织家族的力量来进行抗争，斗争后依然会讲理谈解决的方案。此案的和平处理不能排除背后家族力量的威慑。在没有公共权力维护秩序的情况下，人们要维护自己的权利，只有强化并依赖家族的力量。这也是当时苗民社会的真实写照。

---

　　① 妇女参加案件的处理也是一种独特的苗族法文化，清代方显的《黔书》中记载："生苗，同类相杀，以妇人劝方解"。参见《黔书·续黔书·黔记·黔语》，罗书勤、贾肇华、翁仲康等点校，贵州人民出版社1992年版，第22页。

第二章 清朝对黔东南苗族地区的开辟、经营及影响

第三篇是《娥略和汪向》①，与前两个案例不同，这个案例只是一个非常小的纠纷：汪向在娥略家串门，正好赶上娥略家做好饭，汪向便同主人家一同吃饭。汪向不顾别人，大吃大喝，惹得主人不高兴，主人端走了饭菜。汪向生气了，请理老来评理。理老以非常轻松的方式化解了二人的纠纷，这篇理辞内容简略，在此全文记述。

> 兴的什么案？事为娥略起，案因汪向兴，娥略调美羹，汪向来串门，我俩尝我菜，我俩品我汤，聋人他放纵，瞎人多任性。吃菜拈大坨，吃饭放大口，娥略端走菜，汪向忙抓扒，两手沾泥尘。请理老判断，请头人剖评，理老来到场，头人拢屋里。汪向来诉说，你俩拔马鬃、你俩揭理底，倾听我情由，领略我理真。他愿我才吃，捉弄我耳聋，戏侮我眼瞎，以为我下贱，分文不值钱，理老他来评，头人他来断，出力才大吃，串门尝一尝，串门却大用。鸡两头捉起，酒两家端来，我们哈哈笑，我们呵呵欢。叙就一冤尤，陈述一案事，为冤不施撒，为案不发怪，谱古语长寿，诵昔言获福。

这篇贾理记录的虽是个小纠纷，但是不能因其小而忽视。很多严重的案件常是由小纠纷发展而来的，小纠纷的处理也能够体现理老的智慧。在这起纠纷中，理老在讲理时只是说了一句"出力才大吃，串门尝一尝"，就轻松地化解了纠纷，而且还要求双方各自抓鸡，各自拿酒，大家一起吃饭，不快烟消云散。

以上三个案例各有特点，结合三者，我们可以对黔东南苗族法文化中的"贾理"做以下分析。

首先，"贾理"在黔东南苗族社会中具有"法典"的意义。类似于《松陇公与松方爷》《希雄》的案例，在贾理中记载颇多，目前被收集、翻译、出版的就有100多篇，而已经流失的，或者散失在民间没有被收集或者收集

---

① 贵州省民族古籍整理办公室编：《贾》，杨文瑞整理校注，贵州民族出版社2012年版，第492页。

到但尚未公开的不知多少,可见其数量之大。①除此之外,"贾理"中记录的案件亦种类繁多,对于苗族社会的各种矛盾、纠纷、犯罪的案例都有一定的收纳。大的纠纷如前文所述的强奸、杀人、婚姻,小的纠纷如《娥略和汪向》这般因为吃饭引起的小矛盾都有涉及,基本上涵盖了社会中出现的主要问题。所以,"贾理"是当之无愧的苗族社会中的"法典"。

其次,"贾理"呈现出"判例法"的特点。"贾理"中记载的案例是日常生活中理老处理纠纷的依据。在这些案例中,法并不是归纳或者抽象出一般的概念或定义,而是融入判例中。理辞中涉及的每个案例都还原了案件发生的经过,以及案件处理的方法,这些就是以后相似案件的解决依据。从这个角度来说,"贾理"也是一本"判例"的汇编。

最后,"贾理"将苗族社会中的道德、伦理、宗教等观念有效结合,贴近苗族的实际生活。"贾理"中记载的案例,没有生硬地将所谓的"法"从文化中剥离,而是在处理纠纷时,将道德、伦理、宗教信仰等诸多文化中的准则融会贯通,将文化与法很好地结合在一起,符合苗族社会中的正义观。另外,"贾理"在记录案例时讲究语言生动、注重格律、故事性强,有时还运用比喻、比拟、夸张等文学技巧,其贴合苗民的生活,通俗易懂,所以"贾理"中的法才得到苗民的广泛认同,甚至崇尚。

综上所述,"贾理"是苗族社会发展中自生的产物,其历史悠久,是苗族历代先辈处理苗族社会问题的经典总结,在苗族社会中发挥了"法"的作用,也是苗族法文化的经典代表。

2. 议榔

如上所述,议榔是苗族社会中制定法律的一种制度,古来已有。

对于苗族的议榔立法,可以从以下几点进行剖析。

(1) 从程序上看,议榔立法的程序具有"民主性"与"平等性"。如在《融水苗族埋岩古规》中记载:"今天我们一地方一理老,一村寨一头人,一

---

① 贵州省民族古籍整理办公室编:《贾》,杨文瑞整理校注,贵州民族出版社2012年版,第2页。

地方一族人，一村寨一房人，大坪来相聚，旧坪来商量。"① 就是强调每一家都有参加议榔议事的权利，体现了议榔的平等性。在议榔时，小范围的议榔，每家都要参加，大范围的议榔，由代表参加。而且在议榔议事时，每家都有发言权。《岭表纪蛮》中在对议榔进行描述时也特别强调了这种平等协商的过程。"若逢大会，则数县千百寨之蛮人咸来会集，其范围越广阔，其意义亦愈严重。凡地方农牧、刑罚、交际、丧婚、诉讼、乡约、禁令等一切利弊，无不于此会解决……（开会方法）次由主席宣布理由，又次讨提案。凡与会者皆为有势力之酋长头人，均有发言权及表决权。每决一案则取草一本结之，悬于高处。会讫，当众数草，表明此会议决议若干。"② 这种平等协商的方式是苗族"议榔"文化中的一个特点。所以《苗荒小纪》的作者刘锡蕃感慨道："苗民有事，一以公意决之。故事必会议，议必实行，不图此蛮烟瘴雨之乡，尚复有所谓公理与民意也。"③

（2）从立法涵盖的范畴上看，议榔立法范围覆盖范围广泛，包含了社会生活的主要方面，特别是社会中出现新的问题，原有的古法不足以应对时，就会用"议榔"的方式重新立法。如《融水苗族埋岩古规》中就收集了苗族先民流传下来的一部分古法——"禁偷盗抢劫""婚礼彩礼""防御外来侵扰""界石、放债、买卖"等古规。再如，台江县反排寨在乾隆年间也曾经因为土地资源与人口发展之间存在的矛盾，联合周边几十个村寨进行议榔，然后根据人口情况重新分配。随后又针对社会治安问题，以及婚姻中出现的离婚费、舅爷钱④等问题再次举行"议榔"大会制定新的规范。⑤ 即"（苗族）凡地方农牧、刑罚、交际、丧婚，诉讼、乡约、禁令等一切利弊无不于此会解决"⑥。可见议榔立法的范畴之广，内容之细。

---

① 广西壮族自治区少数民族古籍整理出版规划领导小组编：《融水苗族埋岩古规》，广西民族出版社1994年版，第5-37页。
② （民国）刘锡蕃：《岭表纪蛮》，南天书局有限公司1987年版，第90页。
③ （民国）刘锡蕃：《苗荒小纪》，载《民国年间苗族论文集》，贵州省民族研究所1983年版，第11-12页。
④ 涉及苗族的"姑舅婚"，将在第六章介绍。
⑤ 贵州省编辑组编：《苗族社会历史调查》（一），贵州民族出版社1986年版，第160页。
⑥ （民国）刘锡蕃：《岭表纪蛮》，南天书局有限公司1987年版，第90页。

(3) 从立法内容上看，议榔立法注重公平、正义，讲究证据，注意处罚的罪责相适应。以《融水苗族埋岩古规》中"禁偷盗抢劫"就可以看得出来：

> 远古那时候，古老那时候，没有碗量，没有秤称，物物交换，有借有还，看物来估价，看物来评定，买者看价买，卖者看价卖……昨天宋公到古耶买羊，买得只母羊，又偷只公羊，拉回家杀吃，牵回家送酒，众人晓得，寨人明白，地方不允许，寨人不赞同……众人踊到引松村，众人冲进松孟寨，杀宋公垫底，立在埋岩上，立个治盗岩，立个治贼岩，地方没有小偷，村寨没有强盗，地方由坏变好，村寨由乱转安……从今以后……哪村寨出事处理哪村寨，第一次劝告，杀他大肥猪，罚肉九十九斤和八十八斤，第二次告诫，拉他到坪上，拉他到场上，用木尖来钉，用木棍来打，拿他来倒挂，拿他来侧挂，教训才聪明，讲了才清醒，还要杀会打斗的牯牛，分串肉给地方和村寨，如还说不听，屡教不改过，罚他第三次，拉他上埋岩，拖他到埋岩，地方人来看，村寨人来瞧，用木棒打头，用木棍打脚，头上迸脑浆，屁股流出屎，要他亲族人，推他进土坑，抛他进土槽，要讲明白，看见有鱼才撒网，看见野兽才放狗，偷粮的抓在仓边，通奸的抓住衣服……别灌水进开裂的田埂，嫁祸给好人。……坏人害好人，做头人要正直，当寨老要公心，若当头人不正直，若当寨老不正大，要头人与盗同罪，要寨老与贼同刑……①

这篇"古规"是针对偷盗抢劫的处罚，较全面地体现了议榔立法的特点。首先，在处罚的设置上层次分明，从对盗窃这一行为的处罚上就可以看出，对盗窃的"初犯"要进行"劝告"并处罚财产，"杀他大肥猪，罚肉九十九斤和八十八斤"。再犯就要"捆打"进行训诫，并处罚财产，杀牛给全村吃，处罚的力度比上次加大。如果还有第三次盗窃，就成为屡教不改的"累犯"，对于这种人，议榔立法直接规定为"死刑"。可见对于犯罪行为的处罚层次分明，处罚力度上层层递进。先从教育开始，屡教不改甚至会被处

---

① 广西壮族自治区少数民族古籍整理出版规划领导小组主编：《融水苗族埋岩古规》，广西民族出版社1994年版，第45页。

以死刑。其次,在犯罪行为的认定上,要讲究证据,"要讲明白,看见有鱼才撒网,看见野兽才放狗,偷粮的抓在仓边,通奸的抓住衣服,别灌水进开裂的田埂"。再次,为了保证处理案件的公正,特别规定了,如果要诬陷好人,寨老等就要被同罪名论处,"若当头人不正直……要寨老与贼同刑",以此防止寨老对案件处理的任意性,避免冤假错案的发生。最后,注重个案的教育意义。每次对于犯罪行为的处罚,都要求到"坪上""坡上""埋岩石"等地方,这都是公共场所,起到对世人警醒教育的作用。另外,从立法的语言上看,立法语言并不抽象晦涩,而是讲究叙事性,通俗易懂,语言简明、对仗工整,为群众领会并执行"法律"打下了基础。

(4)赋予"法"极高的效力,为了保证"法"能得到有效执行,议榔时还要专门立"埋岩石",即将一块长方形的石条埋入泥中,半截露出地面,代表法的持久,继而将埋岩的地点,时间、立法的内容编成歌或词,广泛说唱,以便人人皆知,个个遵守和教子教孙流传于世。①"埋岩要坚固,埋岩要稳定……埋岩传千年,埋岩传万代……父立岩规子遵守,埋岩传九代,埋岩传十代,埋岩像岁月不间断,埋岩像江河不断流。"②

另外,在议榔立法时,还要结合宗教仪式,将法神圣化。有些地方需要杀牛祭祀,然后大家将牛肉分食,此次立法就附有"神意",代表已经接受新的"法律"并执行。有人外出,也要将肉做成腊肉,等他回来给他吃,并告诉他新立的"法"的内容;有些地方以赌咒或献血(喝鸡血酒或猫血酒)盟誓等通过,即召开议榔大会后,榔头向众人宣读每条规则或约定,宣读后,由巫师一手拿规约,一手持刀,大声宣布"榔规已定,道理说清,我们杀猪吃肉,宰鸡喝酒。不许妻违,不容子犯。各家各管教,各人各自觉,哪个与众相违,触动榔规,他魂同猪走,头似鸡落"③,然后割开鸡的颈部,将血滴入酒坛搅拌,众人逐一缓步走到台前,喝下酒以及领取祭祀用的猪肉或牛肉,

---

① 广西壮族自治区少数民族古籍整理出版规划领导小组主编:《融水苗族埋岩古规》,广西民族出版社1994年版,第229页。
② 广西壮族自治区少数民族古籍整理出版规划领导小组主编:《融水苗族埋岩古规》,广西民族出版社1994年版,第10页。
③ 龙生庭、石维海、龙兴武等:《中国苗族民间制度文化》,湖南人民出版社2004年版,第59页。

回去煮给全家吃，代表对法的接受。在苗族的传统文化中，"崇鬼尚巫""万物有灵"的宗教观念极为普遍，即"在边胞的意识中，鬼神笼罩了一切，支配宇宙乃全系神灵，人之命运，亦完全操诸鬼神之手，举凡贫贱富贵，皆为神灵所操纵，故其信神信鬼之观念甚强"。①众人担心违法则要受到神的"惩罚"，即"魂同猪走，头似鸡落"②，对法不敢轻违。所以历史中常有"（苗民）尚盟誓，凡有事，专刹牛相约，食片肉，即死不敢忘"③以及苗民"重盟誓""背盟不祥"等文献记录。身处熟人社会的苗民，本身的生活圈相对狭小，做了事情，周围人很容易发现，且处罚严厉导致违法成本很高。盟誓后，心灵上对神灵的敬畏使得人的"自律"性就更强，出于对鬼神的敬畏，法自然能得到有效实施。在《苗荒小纪》中记有"（议榔立法达到了）较之一切国家国会或国际上之决议条文，更觉强而有效。故此等会议实为构成蛮族社会一切现象之原动力"④等记录。

综上可见，古代的苗族社会与外界封闭，交通隔绝，生活条件艰苦，经济积累不多，且没有文字，看似是一个文化落后的民族，但是从苗族法文化的生成上来看，其立法的程序注重民主，大家平等协商，集思广益；立法时亦讲究立法技术，注重"罪行与刑罚相适应"，惩罚与教育相结合；更为重要的是，立法与宗教融合在一起，立法之后，由于广泛的群众监督形成的"他律"，加上盟誓后，有无所不知的神灵约束的"自律"，使法律得到非常好的贯彻与实施。议榔立法，虽然没有文字，但是苗族用"口承法"的形式将先辈的立法一代代传唱下去，且做了文学技术上的加工，便于记忆与传承。当然同现代立法相比较，这种立法显得过于简单，但是这种"简单的立法"实施效果甚佳。即便在民国时期，社会环境混乱，苗族社会也井然有序，"苗寨中的牛马，还可以在意（随意——编者注）放在栏圈外面，谷禾稻草

---

① （民国）王嗣鸿：《台江边胞生活概述》，载《民国年间苗族论文集》，贵州省民族研究所1983年版，第179页。
② 龙生庭、石维海、龙兴武等：《中国苗族民间制度文化》，湖南人民出版社2004年版，第59页。
③ 黄家服、段志洪主编：《中国地方志集成·贵州府县志辑》（第16辑），巴蜀书社2006年版，第90页。
④ （民国）刘锡蕃：《岭表纪蛮》，南天书局有限公司1987年版，第90页。

等物，亦常储存在寨外，绝少有偷窃等事件发生。据云如有盗窃一枝一苗的人，觉察后必严惩不赦，所以'路不拾遗，夜不闭户'的风气，在不少的苗寨中尚能看到"①。可以说，苗族的立法看似简单，却非常符合当时的社会情况，正如陈国钧所言："法律定得周密，最易流为具文。简单的条例，有时或不敷应用，由易于遵守，条例的精神不致损失。"②

第二节 清朝对黔东南苗族地区开辟、经营的过程及影响

苗疆开辟前，黔东南地方的苗族先民以原始农耕、打猎为生，生活在血缘为纽带的家族社会组织中，社会上注重平等，没有阶级分化，并形成了一套独具特色的法文化，几百年来一直保持着这一稳定状态。但随着清王朝对黔东南地方的开辟，苗疆封闭的地域被打开，最终被纳入王朝体系中来，黔东南苗族社会受此影响，发生了很大改变。

一、雍正年间对黔东南苗族地区的开辟

（一）雍正朝对苗族地区的开辟过程

清朝建国之初，主要是消灭各种不利于中央统治的力量，无力顾及南方少数民族，所以对西南方的少数民族地区基本上采取了羁縻的政策。在康熙年间，清王朝清除前明势力，削三番，统一台湾，平定噶尔丹，全国政局基本稳定。随着国家综合实力的加强，对西南地方的羁縻政策也发生了改变。自康熙中期开始，清政府就对西南地方开始了王化的进程。清代在贵州有两块生苗区：其一是湘黔边界以腊尔山为中心的红苗区；其二为以黔东南地区为主的生苗区。从康熙二十四年开始，清廷以第一块儿生苗区的苗族"出

---

① （民国）陈国钧：《苗寨中的乡规》，载《民国年间苗族论文集》，贵州省民族研究所1983年版，第11-12页。
② （民国）陈国钧：《苗寨中的乡规》，载《民国年间苗族论文集》，贵州省民族研究所1983年版，第11-12页。

劫"和"反叛"为由,多次派兵征剿,先后设置乾州、凤凰、松桃、永绥四厅,历时45年,完成了对以腊尔山为中心的"生苗区"的开辟。到雍正朝时,贵州只有黔东南这一生苗区没有纳入中央政府的管控,清政府也在积极筹划将这一区域纳入王朝体系中来。雍正四年,鄂尔泰在《改土归流疏》中称:"贵州土司向无钳束群苗之责,苗患甚于土司。而苗疆四周几三千余里,千有三百余寨,古州踞其中,群次环其外。左有清江可北达楚,右有都江可南通粤,皆为顽苗蟠据,梗隔三省,遂成化外。"① 此处的"化外"之地,就是指今天的黔东南这一苗族聚居的地方。由于此时的黔东南地方绝大部分处于"化外之地",没有土司,也就没有改土官设流官的必要,故清廷将这种开拓的活动称为"开辟苗疆"。

雍正朝决定开辟黔东南,除了完成"大一统"政治理想的原因外,还有以下几点考虑。

其一,为了保证中央与云南、广西等地区的交通联系。明代开辟贵州的重要原因之一,就是为了保护好中央与云南的交通线。掌握通往云南的交通驿道,是控制云南的前提条件,直至清代,这一目的依然没有改变。特别是雍正年间,漠西蒙古和硕特部几次蓄意争夺云南,更引起了雍正皇帝的高度警惕。为了有效控制云南,打击漠西蒙古和硕特部的企图,就要保障从楚地出发,穿黔,抵滇的三千里支援西南的交通大动脉。而这条关键要道恰与"生苗"之地近邻。此时"不隶版图,不奉约束"② 的苗地就是地区不稳定因素,如果发生变乱,后果不堪设想。所以改土归流的一个重要目的就是开辟黔东南地方,使之与湖南、贵州连成一体,保障交通顺畅,甚至国家的战略安全。

其二,剪除地方割据势力,维护社会秩序。正如方显在《平苗纪略》中所记,黔东南地处湖南、广西两省的中央,由于国家没有直接管控,"广袤二三千里,户口十余万,不隶版图,不奉约束",所以"官民自黔之黔,自黔之楚,之粤……不得取直道由苗地过",只能绕道而行。甚至内地奸民犯法,逃到苗地,"无敢过而问者";另外,苗民又常常出界外剽掠,没有国家势力的管

---

① (清)贺长龄辑:《皇朝经世文编》(卷86),兵政,第3096-3097页。
② (清)方显:《〈平苗纪略〉正文》,载马国军编著:《平苗纪略研究》,贵州人民出版社2008年版,第110页。

束，受害者往往无法得到救济。这些问题都不利于地方的安全，"苗患甚于土司"是"黔省之大害"①。为了国家安全与地域秩序，有必要开辟。

其三，有利于增加国家财政收入。黔东南地方虽然地处高原，气候于农业生产不利，但是泉甘土沃，非常有利于树木的生长，"产桐油、白蜡、棉花、毛竹、桅木等物"，特别是黔东南地方水路密集，如"清水江濛洄宽阔，上通平越府黄平州之重安江，其旁支则通黄丝驿；下通湖南黔阳县之红江，其旁支通广西……若上下舟楫无阻，财货流通……此黔省大利也"②。如果疏通河道，发展商贸，黔东南苗疆地方的资源都可以利用。加上"广袤二三千里，户口十余万"，苗民输粮纳籍，都有助于国家财政收入。根据这些情况，鄂尔泰在给雍正皇帝上疏时就提到改土归流的目的之一——"翦除夷官，清查田土，以增租赋，以靖地方"③。

对此还有学者提出"开辟苗疆"是雍正皇帝为了展示自己的"雄才大略"，以及缓解中原地方的人口压力等诸多原因。总之，多种因素的综合考量促成了雍正年间"苗疆开辟"的重大策略的实施，故李元度在《平苗纪略》的序中说："苗疆开辟实权衡于天时、人事、理势之必然，而非侥幸于一试也。"④

实际上，远在黔东南地方开辟前，清政府已经逐渐梳理贵州的行政建制，并加强了在贵州的统治。首先，将独立的军事机构"卫所"统一归为地方行政管理，并规范了贵州的行政设置，省下设府，府下设县（或州）。还设置（州）通判、（州）同知、县丞、巡检、主簿、吏目、经历、弹压、汛等，使得行政建制健全，为各种行政机构有效运行奠定了基础。其次，在苗疆开辟前逐渐调整了贵州疆域。具体表现为：将湖广的镇远、偏桥、五开、铜鼓、清浪、平溪六卫与天柱县改隶贵州；将原属广西的荔波县及泗城府、西隆州

---

① （清）方显：《〈平苗纪略〉正文》，载马国军编著：《平苗纪略研究》，贵州人民出版社2008年版，第117页。

② （清）方显：《〈平苗纪略〉正文》，载马国军编著：《平苗纪略研究》，贵州人民出版社2008年版，第117页。

③ （清）贺长龄辑：《皇朝经世文编》（卷86），兵政，第3096－3097页。

④ （清）李元度：《重刻〈平苗纪略〉（序五）》，载马国军编著：《平苗纪略研究》，贵州人民出版社2008年版，第103页。

在红水河以北的地方划归贵州，将原属四川省的乌撒府（后改为威宁府）及遵义军民府划归贵州，而将永宁县（原永宁卫）划归四川，至此贵州省的疆界基本确定。这都为黔东南地方的开辟打下了基础。

从雍正六年起，清朝开启了对黔东南地区的开辟，到雍正十一年止，共历时五年。从开辟的方略上看，开辟初期阶段，出现了"剿""抚"两种政策的交织。雍正六年，由主抚派的代表方显，负责对清水江北岸的生苗区进行招抚。方显了解苗民情况，精心设计，"遣通事等人前往其地，谆切开导"进行招抚。招抚成功后又借助苗民习惯法，"议榔"盟誓，巩固招抚成果。由于方显深谙苗民社会的文化，加之策略得当，此时共计招抚4800多户，不下2万人。但是这样的成果却没有得到主剿派云贵总督鄂尔泰的认可，认为"既未示以军威，亦未晓以法纪，寸铁未剿，一人不杀，而骤望其宁帖，无此理，无此事"[①]。很快主剿派的代表张广泗开始以武力征讨苗疆。但是张广泗的军事行动受到苗民的抵抗，进而导致清政府调遣大军进行平剿。这种愈演愈烈的军事行动，使得主抚派的招抚工作难以为继，整个开辟活动全面转为军事"清剿"。

在清剿的过程中，每当清军的开辟活动取得阶段性的胜利，清廷就不失时机在开辟地域进行户口登记并完善军事建制与行政建制，以巩固开辟成果以及实现清廷的直接统治。如雍正八年，在剿平古州来牛、定旦等地的苗寨以及开通都柳江后，鄂尔泰奏请"于通粤河路安设一营""添兵三千余人"，分防弹压。[②] 雍正九年，在两江悉定之后，鄂尔泰"奏以古州上江百有八寨为都江厅，设都江通判驻之"；设上江副将1员，游击1员，守备、千总各2员，把总4员，驻兵960名。雍正十年，在台拱一带（即在今天台江县中部，为主要苗族聚居区）讨伐九股苗，在军事行动胜利后，总督尹继善在《黔省九股新辟苗疆善后事宜》中奏请"将台拱城改建于欧家寨"以"收形势之胜"；九股地方辽阔，由原来驻军1000人改增为2000人。台拱镇驻清江总兵，设置左中右三营，并为了与镇远声势相同，在周边地带又设置游击、守备。镇远府添设"理苗通判"一员驻清江，"抚戢苗夷"；又添设施秉县主簿

[①] 《贵州通志·前事志》（三），贵州省文史研究馆校勘，贵州人民出版社1988年版，第222页。

[②] 参见伍新福：《中国苗族通史》（上），贵州民族出版社1999年版，第328页。

第二章 清朝对黔东南苗族地区的开辟、经营及影响

一名,"分驻台拱,以备同知任使"。

这样的军事驻扎与完善行政建制的活动一直伴随着军事行动,最终在雍正十一年,在黔东南这片自古"不通声教"的化外之地,清政府先后设置了八寨(今丹寨)、丹江(今雷山)、清江(今剑河)、古州(今榕江,旧称里古州,外古州即今黎平)、都江(今属黔南三都县境)、台拱(今台江)六厅,史称"新疆六厅",完成了行政建制。至此整个开辟活动告一段落。此次"苗疆开辟",共收缴4万余户,"苗疆辟地三千里,几当贵州全省之半"①。黔东南苗疆封闭的地域被彻底打开,开启了国家治理的进程。整个开辟过程由"抚"始最终转换为"军事清剿"。其间还夹杂着对苗民的歧视,迷信武力,炫耀军威,忽视苗民的情感,服从则罢,不服从则清剿与屠杀,严重创伤了苗族社会。虽然最终将"不隶版图,不奉约束"的"化外苗疆"纳入了国家统治体系之中,但是这种军事行动为主的开辟方法,使苗族社会对清廷产生了严重的隔阂与仇恨。军事进攻时,常有"独捣其巢","斩擒无算,追焚其巢","以捣苗穴,火燎其居",苗民只能"四山号泣"②;攻上江来牛、定旦时,清军"擒斩四千"。在古州三保的军事行动中又"斩首千余人,就缚三千余人",不免有滥杀无辜之嫌。所以看似在雍正十一年对黔东南地方开辟已然功成,但是这种炫耀军威、恣意屠杀、鄙夷苗民的行为为随后的善后与经营埋下了隐患。

(二)"流官—保甲"的设置及对苗族社会的影响

将生苗"编入齐民"进而实施管理,是开辟时治理苗疆的主要思路。在黔东南苗疆开辟之前的两年,清廷对贵州长寨后路的生苗进行"归化"时,经理苗疆的云贵总督鄂尔泰就奏言:"黔省边界生苗,不纳粮赋,不受管辖,随其自便,无所不为,由来已久……今仰赖圣主声教所托,莫不愿附版图……但户口必须编造,钱粮自应从轻。"③雍正皇帝对于这种能够使"生苗

---

① 中国第一历史档案馆、中国人民大学清史研究所、贵州省档案馆编:《清代前期苗民起义档案史料汇编》(上册),光明日报出版社1987年版,第54页。
② (清)魏源:《圣武记》,中华书局1984年版,第289页。
③ 《清实录·世宗实录》,雍正五年十一月戊辰。

等向化输诚,咸愿纳赋归附版籍"的做法大为赞赏,称"鄂尔泰办理甚属可嘉"①。在针对开辟黔东南地方前,方显也在所上的《平苗事宜十六则》中特别提到了户口的编入:"一曰编户口……户口不编,则散漫无纪。"② 可见将苗民编户治理是清廷首要考虑的问题。但是,编户只是第一步,如何对新入编的苗民实施管理,也是需要思考的问题,为此清廷推出了保甲制。对于这点雍正皇帝在黔东南开辟之前就有所表露:

弭盗之法,莫良于保甲,朕自御极以来,屡颁谕旨,必期实力奉行。乃地方官惮其繁难,视为故套,奉行不实,稽查不严。又有藉称村落畸零、难编排甲。至各边省,更藉称土苗杂处、不便比照内地者。此甚不然。村落虽小、即数亦可编为一甲。熟苗熟獞。即可编入齐民。苟有实心。自有实效。③

清朝的保甲制度是"什伍其民,条分缕析,令皆归于约会长,凡讼狱、师徒、户口、田数、徭役,一切皆缘此而起"④;主要工作可以归纳为维护治安、解决纠纷及催办赋税三个方面。这些工作主要由保长、甲长负责,由地方官员督办,能够实现国家官员对基层的直接控制,因此成为清廷开辟苗疆的重要政策。在整个黔东南地区的开辟过程中,编户与保甲制度一直伴随着军事行动而展开。如雍正七年六月十八日,鄂尔泰奏报"今清水江南岸远近投抚生苗,已纳粮编甲者,共四十余寨,不下万户";同年七月,奏报"都匀各寨苗民,输诚纳赋,编入保甲"⑤;雍正八年,又有奏报"黔省黎平、都匀等处生苗共二百七寨,归化供赋"⑥,"贵州上戛惰等寨生苗,抒诚归化,愿附版籍"⑦。这样的记载非常多见,直至雍正十二年,云贵总督尹继善在"黔省九股新辟苗疆善后事宜八款"中写有:"苗民旧有头目内,择其良善老

---

① 《清实录·世宗实录》,雍正五年十一月戊辰。
② (清)方显:《〈平苗纪略〉正文》,载马国军编著:《平苗纪略研究》,贵州人民出版社2008年版,第131页。
③ 《清实录·世宗实录》,雍正四年四月甲申。
④ (清)广存陆世仪:《论治邑》,载(清)《保甲书》(卷三)。
⑤ 《清实录·世宗实录》,雍正七年七月戊午。
⑥ 《清实录·世宗实录》,雍正八年六月戊申。
⑦ 《清实录·世宗实录》,雍正八年七月丙子。

第二章　清朝对黔东南苗族地区的开辟、经营及影响

成者，按寨大小，酌定乡约、保长、甲长，令其管约稽查。"①

军事开辟与保甲制度在黔东南地区的推行，并没有想象中顺利，反而激化了苗民与清朝中央政府的矛盾。在开辟之前，生苗生活在深山之中，不入内地，中间"有熟苗以为捍卫，时以官兵威力相恐唬，故生苗亦绝不萌窥伺之想"②，地域秩序较为稳定。但是苗疆开辟打破了这种平衡，武力开辟本身就给苗民带来了严重的创伤与仇恨，保甲制度又使得国家权力直接进入苗疆，苗区过去封闭的生活被打开，一些人员直接进入苗族生活区，借助军威对苗民百般欺凌与盘剥，甚至有"人人有赴汤蹈火之惨"。③

这些现象从乾隆元年的《邹一桂奏苗民被欺积怨折》④中就可以看出，根据邹一桂的汇报，黔东南地区的苗民，开辟生活备受欺压，极为艰难。对此可总结为以下三点。其一，土地被官兵及汉族移民巧取豪夺。战事初步平息时，在苗地驻扎的官兵开始觊觎苗民的土地，甚至恣意侵占，导致"生苗不得安其所"。另外，由于开辟之初不谙纳税纳粮之法，苗民直接将土地挂在汉族地主名下，代为扣缴。日久，汉族不良的地主竟然制造假的买卖契约，谎称自己祖上购得。由于登记在其名下，又有契约，地方官只以"纳粮印串"为据，导致"苗民数十年血垦之田，遂为绅衿所有"。其二，苗民备受汛兵、差役剥削凌辱。凡是苗民带货物经过由汛兵看守的道路，汛兵就以极低的价格购买，如果苗民稍有不从，就会被"殴辱栓锁"，很多苗民被迫丢弃货物而逃跑。当官兵到村寨巡查，夜宿苗寨时，也是百般勒索。对于这些欺压凌辱的事情，苗民向官府告状，官府却为护兵而"置之不问"，如此导致汛兵更加猖狂。"汛兵如此，营兵可知；营兵如此，衙役可知"。其三，深受劳役之苦，新辟苗地的一切苦役都由苗民承担，有些苗民甚至沦为富豪家的奴婢。稍不如意就会遭受鞭打辱骂，而军队及汉人却"安享其逸"。其间

---

① 《清实录·世宗实录》，雍正十二年三月辛巳。
② 中国第一历史档案馆、中国人民大学清史研究所、贵州省档案馆编：《清代前期苗民起义档案史料汇编》（上册），光明日报出版社1987年版，第163页。
③ 中国第一历史档案馆、中国人民大学清史研究所、贵州省档案馆编：《清代前期苗民起义档案史料汇编》（上册），光明日报出版社1987年版，第163页。
④ 中国第一历史档案馆、中国人民大学清史研究所、贵州省档案馆编：《清代前期苗民起义档案史料汇编》（上册），光明日报出版社1987年版，第228－230页。

还有汉族奸商的盘剥，他们在苗民出售货物时借助势力低买，在苗民买货时又趁机抬价。有的汉商不愿如此，还会被同行攻击，于是就有"无苗不富"之说。这种借助兵力耀武扬威，官府、兵营、汉族地主商人对苗民百般欺凌，视苗民为鱼肉，奴役欺压的行为，使得社会治理成为变相的"劫掠"。所以在雍正十三年，苗民包利、红银领导的苗民大起义成为"事势之必然"。①

此次起义历时一年多，历经雍正、乾隆两朝，被称为"雍乾起义"。在平息起义的过程中，清军损失惨重，清政府调集多省的兵力，才勉强镇压下去；苗民也受到了严重的创伤，被杀、被围困饿死者"不下三十万人"，3/4 的村寨被烧毁，清军"杀戮十之七八，数十百寨无一人"②。另有大批起义军男女骨干及其家属被迫迁往他乡，有 13000 多人发配为奴。③ 苗族用血的代价使得清政府认清了苗疆的形势，不得不调整治理政策。

二、乾隆年间"治苗方略"的调整及对苗族社会的影响

经过雍乾起义，清政府最终调整了治理苗疆的政策。由直接控制的"流官—保甲"制逐渐转向了"因俗而治"的"头人、土司、流官分权制衡模式"。这一政策保留了苗族的生活空间，重构了苗疆的社会结构，一直持续到咸同起义之前。法文化受此影响发生了一定变迁，但也有很大程度的保留。

（一）乾隆年间"治苗方略"的调整

在向无统属的黔东南苗族聚居地方，由于清廷的开辟，封闭环境被打破，王朝势力最终进入。为了避免苗民的再次拒斥引起地域动荡，乾隆年间，清廷在新疆设置大量屯军进行弹压的基础上，设置了"头人、土司、流官分权制衡模式"。其核心精神可以理解为"因俗而治，以苗治苗"，即在黔东南这一地区，社会治理的权力被划分为三部分：其一，将一部分权利划分给苗民，使苗民社会享有内部事务的自治权，如经济自治，免除赋税，适用"苗例"

---

① 中国第一历史档案馆、中国人民大学清史研究所、贵州省档案馆编：《清代前期苗民起义档案史料汇编》（上册），光明日报出版社1987年版，第228-230页。
② 《贵州通志·宦迹志·张广泗传》，转引自《苗族简史》编写组：《苗族简史》，民族出版社1985年版，第12页。
③ 中国第一历史档案馆、中国人民大学清史研究所、贵州省档案馆编：《清代前期苗民起义档案史料汇编》（上册），光明日报出版社1987年版，第204-209页。

苗族习惯法处理纠纷①，苗民可以处理内部事务等，以寨老作为苗人代表；其二，设置土司，划分给土司一定管理权限，由其代表政府直接负责苗寨事务；其三，设置流官，从宏观上把握苗疆局势，流官通过土司来控制苗地，主要处理苗疆的重大事务。具体可以从以下三点进行总结。

1. 因俗而治

乾隆皇帝自继位后就确定了对苗疆"因俗而治""以不治治之"的方针，并制定了相应的政策与法律。首先是"蠲免新疆苗赋"，新辟苗疆的赋税"尽行豁免，永不征收"。② 其次是鉴于苗民风俗"与内地百姓迥别"，乾隆皇帝谕令"嗣后苗众一切自相争讼之事，俱照苗例完结，不必绳以官法"③。这样的规定使得苗民不再承担相应的税赋负担，并且其文化得到了尊重，享有一定自治的权力。清朝统治者认为："苗人争讼之事，悉准照苗例完结，既无征输之扰，又无讼狱之烦，实为千古治苗之要法。"④

由此贵州按察史方显建议继续推行保甲制度的主张没有得到乾隆皇帝的认可。乾隆皇帝接受张广泗的建议，利用苗疆原有的社会组织制度，顺应苗俗，通过"头人"来治理。⑤ 自此，编户与保甲制度被搁浅，在随后的一百多年中，基本上没有发生过变化。即便在盛世统计人口时，也没有将新辟苗疆地方的苗民统计其中，为此乾隆皇帝曾经在谕旨中进行过说明："苗性多疑，只应以镇静抚驭为主，伊等箐居峒处，滋息相安，素不知有造报户口之事，忽见地方有司逐户稽查，汉苗悉登名册，必致猜疑惊惶，罔知所措，其或吏胥保长，

---

① 在此可以理解为国家法对于苗族习惯法的承认，是习惯法与国家法博弈的后果。对此将在下文详述。

② 《清实录·高宗实录》，乾隆元年七月辛丑条。

③ 《清实录·高宗实录》，乾隆元年十一月辛亥条。

④ 中国第一历史档案馆、中国人民大学清史研究所、贵州省档案馆编：《清代前期苗民起义档案史料汇编》（上册），光明日报出版社1987年版，第253页。

⑤ 张广泗认为"查新疆苗众向无酋长，若骤欲设立土司头目，以统率其众，不但苗众不肯服从，且既更滋事端，然亦不便听其散едь，漫无约束。查各苗寨内，向有所称头人者，系本寨中稍明白、能言语、强有力者，众苗即呼为头人。虽众苗亦不甚听其管束，然其头人良懦守分者，本寨散苗亦稍知守法。……应请就各本寨择其良善守法者，仍其苗俗，听于本寨内将姓名公举报官。酌量寨分大小，或每寨一、二人，或二、三人，金为寨头，注册立案，各本寨散苗，听其约束，毋许为非作歹，毋许劫掠仇杀，毋许私造军器，毋许招纳匪人。"可参见《张广泗奏革除苗疆派累厘定屯堡章程》，载中国第一历史档案馆、中国人民大学清史研究所、贵州省档案馆编：《清代前期苗民起义档案史料汇编》（上册），光明日报出版社1987年版，第241页。

藉此扰累，致滋事端，于绥辑苗疆之道，甚有关系，断可不行。"① 这种"因俗而治"的政策得到了长期的执行，直到咸同起义后，才发生改变。

伴随着保甲制度的否定，利用苗族头人治理的制度被确立起来。"苗寨宜佥立头人，以专责成"②，即由苗寨自行选出头人，小寨一二人，大寨两三人，由地方官员委任，以约束苗民。头人负责苗寨事务。由于对新辟苗疆已经免除了赋税，还规定了苗疆内部苗民之间的纠纷一概按照苗民习惯法——"苗例"处理，所以苗族社会实现了很高的自治，社会内部变化不大。此时头人的主要职责是配合土司与地方官负责维护秩序，通缉逃犯、拿获凶犯。

在苗疆，所谓头人，就是苗族传统文化中的寨老，寨老按照苗族"原生法文化"自然产生，没有世袭，没有特权，有事出面，无事务农。清廷利用寨老统治苗民，即"其通汉语者，谓之通事，官则置为寨头，有讼狱应勘问者，必寨头传语，而后官始悉其情，否则难以言喻也"③。这一点基本持续到清末。如直到道光三年，贵州巡抚程国仁还曾指出都江、八寨一带的寨老"向系自行接充，无从知其能否办理"④。可见直到道光年间，在头人的任命上清廷依然没有干预，这也从一个侧面反映出此时的苗族社会保持较高的自治。对此程国仁尝试改革，奏请由苗民"公举诚实者"，"官给腰牌"，管理苗疆社会较小的案件。较大的案件则由头人上报地方政府，"不得擅自仇害"。生苗犯事，头人若是"查办未协，或违匿不报，将该头人分别究惩"⑤，反映了政府逐渐加强了对黔东南苗族进行管理的愿望，也侧面印证了之前对苗族社会管理的松散。

较高的自治权，再加上乾隆时期出台的严禁屯军袭扰苗民、苗汉隔离等政策⑥，限制了苗民同外界的交流，苗族社会与外界处于半隔离的状态。由

---

① 《清实录·高宗实录》，乾隆四十一年六月丁卯。
② 《清实录·高宗实录》，乾隆三年十月甲申条。
③ 《黔南识略·黔南职方纪略》，杜文铎等点校，贵州人民出版社1992年版，第119页。
④ 《清实录·宣宗实录》道光三年十月甲子条。
⑤ 王云五主编：《道咸同光四朝奏议》（第1册），台湾商务印书馆1970年版，第106页。
⑥ 限制民人进入苗疆有法律的规定，如"民人无故擅入苗地及苗人无故擅入民地，均照越渡沿关边寨律治罪，失察各官议处"；"民人有往苗地贸易者，令开明所置货物，并运往某司某寨贸易，行户姓名，自限何日回籍，取具行户邻右保结报官，给照令塘汛验放。逾期不出，报文武官介，征查究拟"等。参见（清）倭仁等修：《钦定户部则例》卷4，道光十一年校刊本。

于实行了这些政策，所以苗民社会的自治程度很高，苗民仍然可以按照习惯法生活在熟悉的社会秩序中，这些政策在客观上使得苗族的习惯法得到了很好的保持，以至于在民国时期，还能看到苗族按照习惯法中的罚款、羞辱、开除、处死的记录。

2. 以苗治苗

除了头人，清廷还专门设立了"土司"，"以苗治苗"。这是给予在"平剿活动"中立有战功且通晓苗族语言、了解苗情的"苗人"以土官的名号，如土千总、土把总、土通事，直属于厅辖，例定世袭，管理民户，并向清廷负责的制度，即"就苗民之随征有功卓著劳绩者，给以世袭土职"①。这些土司被赋予一定职责，据乾隆十四年，云贵总督张允随奏："至于各土司所辖及古州等处新辟苗疆，虽经向化，野性未驯，言语多不相通，嗜好亦复各别，向交该管土司头目等稽查约束，遇有犯案，轻者夷例完结，重者按律究治""抚化苗蛮，催征钱粮，严缉盗匪。"②也就是承担"稽查约束之责"。③ 新疆六厅都设置了土司。如乾隆二年，在台拱厅就设有三个土千总，五个土把总，分别管理五个到十余个村寨。④ 在改土归流的大背景下，设立土司似乎是逆潮流而动，但是在新辟苗疆，中原流官不通苗族语言，不解风俗，文化差异过大，因此设立土司是一个切实可行的方法。其中还有对参与镇压起义的苗人的表彰，以彰显朝廷对于有功之苗人的回馈之意。对此《贵州通志》有所说明：

> 近世土司之设，亦王者达志通欲之权也。况其先人大抵以军官莅诸彝，久而相安。亦或故为蛮彝长，及国家定鼎，咸能率先效顺，故得久席其荫世世不替，则仰体上德以抚柔其人。⑤

黔东南的土司之设与前朝土司也有区别。前朝土司多是由地方势力自己发展而来的，依仗自身的武装力量来维护自己的势力。当中央王朝力所不达

---

① （民国）刘显世、谷正伦修，任可澄、杨恩元纂：《贵州通志》卷五"土司志"。
② （民国）刘显世、谷正伦修，任可澄、杨恩元纂：《贵州通志》卷五"土司志"。
③ 《清实录·宣宗实录》，道光三年二月乙丑条。
④ 贵州省台江县志编纂委员会编：《台江县志》，贵州人民出版社1994年版，第32页。
⑤ 《贵州通志·土司·土民志》，贵州省文史研究馆点校，贵州人民出版社2008年版，第128页。

时，不得不借助该土司的力量实施羁縻统治，但对土司控制的力量较弱，土司成为当地的"土皇帝"，这也是历代王朝"改土归流"的原因。黔东南地方设置的"土官"常被通称为"土司"，多是由苗疆开辟中立有军功且通苗族语言与习俗的苗人担任。土司的权力不是来源于自身力量，而是王朝赋予的，土司本身也没有兵权，权威必须借助于王朝。所以王朝对于土司有较强的控制力，可以随时奖惩与剥夺土司职位。

例如，《大清会典事例》第一百一十九卷吏部"处分例"中规定："黔楚相接之苗每因小忿，动辄操戈杀掳，彼此拿人，其该管土司虽不知情，但平日不严行约束，以至彼此相互构衅，聚众不及五十人者，将土知府、知州罚奉三个月，至五十人者罚奉半年，情不行禁止者革职，不准折赎，枷示一月，责四十板。若系教令或通同商谋，希图均分财物者，皆照首犯一例治罪。"[①]这条法令虽然是乾隆四十三年制定的，但是并没有删除，在光绪《大清会典事例》中仍有记载，所以自乾隆四十三年后，一直适用，显示了清廷对于土司的监管与惩戒。

黔东南土司出身主要为苗人，但是为了抬高身份，主动汉化，到清末时甚至被认为是"汉人"[②]。土司积极为政府服务，成为黔东南苗族先民与清朝政府之间的一个缓冲地带。当地方政府与苗疆需要"对话"时，土司就成了双方沟通的桥梁，避免了苗疆与政府的正面接触导致的文化冲突与苛索。黔东南土司制度一直延续到清末，在咸同起义后逐渐被废止。

3. 流官的宏观管控

在改土归流前，今天的黔东南地方已经设置了四个府，即都匀府、镇远府、思州府与黎平府，在力量所达地方已经有了部分州县，但是实际权力并未达到整个黔东南地方。如上所述，雍正七年，清政府调集七省兵力开辟新疆，新建新疆六厅。在这些原有以及新设的行政机构中，府一般设置知府、理苗同知、通判等。如镇远府，设知府一员，理苗同知一员（雍正七年设，

---

① 张羽新、徐中起、欧光明主编：《清朝安边治国民族立法文献汇编》（第23卷），中国民族摄影艺术出版社2009年版，第4页。

② 咸同起义后，邓善燮极力主张废除土司，其中提到，"该土司尽系汉人，与苗相不融洽"，可见，经过150年，土司由于与汉官的交往过多导致出现汉化的现象，甚至被认为是汉人。

分驻清江，雍正十一年移驻台拱），理苗通判一员（雍正十一年设，分驻清江），经历一员，知事一员，教授一员，训导一员。州县一般设有知县、县丞等。新疆六厅行政平行于县，加挂府衔。各厅除派通判、同知分驻外，厅署与中央及省对口设置了户、吏、礼、刑、工、兵六房。并实行军民两管，军事设置卫、堡两级，仿明制屯田戍守，列为军户；行政设置土千总、土把总、土通事直属于厅辖，例定世袭，管理民户。[1]

行政职权上，知府掌一府之政，统辖属县，宣理风化，平其赋役，听共狱讼，教养百姓，总领及考核全府属吏。知县掌一县之政令，平赋役、听治讼、兴教化、厉风俗。厅同知与知县相仿，掌全厅之事，分署管理粮赋、户口、诉讼、办学及民政诸务。[2] 从苗疆实务来看，地方官员主要处理苗疆的重大事件，"有大讼狱皆决于流官"[3]，诸如劫杀、聚众械斗、拿获逃犯等事件由流官论处；苗民内部的事情告至官府，流官既可亲判，也可发回由土司或寨老处理。在准据法的选用上，可以根据"苗例"判决，也可以审时度势，做相应变通。简言之，对于苗疆事务流官具有管辖权限，如何处理则相对灵活。

由于新辟苗疆的秩序并不稳定，清政府在官员的选任上也非常注意。例如，乾隆三年，乾隆皇帝就特别强调苗疆官员有"抚绥化导"的职责，所以要慎选，必须选拔"循良之员"，要"恩信兼重，调剂咸宜者"。[4] 但是苗疆生活艰苦，为了解决官员普遍不愿去烟瘴之地的苗疆任职问题，清廷还设置了"苗疆缺"，"嗣后遇有苗疆要缺，应令该督、抚慎选贤员以居其任，三年之后，察其汉、夷相安，群情爱戴者，保题升擢"[5]，即三年内，任职没有出现大的问题，就可以晋升。后又为了稳定官员执政心态，延长熟悉苗疆的人

---

[1] 黔东南苗族侗族自治州地方志编纂委员会编：《黔东南苗族侗族自治州志·民族志》，贵州人民出版社2000年版，第21页。

[2] 黔东南苗族侗族自治州地方志编纂委员会编：《黔东南苗族侗族自治州志·民族志》，贵州人民出版社2000年版，第21页。

[3] 罗绕典：《黔南职方纪略》，台北成文出版社1974年版，第211页。

[4] （清）陈奇典纂修：（乾隆）《永北府志》卷27，艺文，载《故宫珍本丛刊》（第229册），海南出版社2001年版，第154页。

[5] 《清实录·高宗实录》，乾隆三年十二月甲午条。

员的任职时间，改为五年。① 这些举措都是为了保留治理苗疆的优秀人才，也成为政府吏治的手段，督促流官善政。

综上所述，乾隆年间清廷重新规划了黔东南地方的治理模式，这种模式在一定程度上保证了苗族社会自治的权力，特别是采取了各种隔离政策，并"因俗而治""以苗治苗"，使苗民生活基本不会受到外界的干扰。由此苗疆由全封闭的"化外之地"转换成为开辟后的"半封闭"状态。例如，《黔语》中所记"牛皮箐"（也就是雷公山，地处黔东南中央地带，清时即为苗族主要聚居地方）条时写道："（牛皮箐）地在今丹江厅治之东南，而商亘古州、八寨、都江，迤逦数百余里……自辛亥以及来尝有车辙马迹涉其境者。雍正间，经略张公分兵入箐接捕伏戎，后遂稍稍开通。以幽径歧杂，惧为盗威，乾隆三年，乃下封禁之令。"② 再如，清代古州境内的九千里地方，也就是当时的古州境内"山箐阻深，生苗据为巢窟，华人无有涉其地者。乾隆五十年后，始有人梯山伐木，然亦与内地昆连处，不敢深入也。往时，负贩着流贪利贸易至辄被留不能复出"③。可见，直到乾隆朝初期，黔东南很多地方，虽然经过开辟，但"稍稍开通"就被清廷所"封禁"；即便没有封禁的地方，到了乾隆五十年，距苗疆开辟已经过了半个世纪，有些地方人们还"不敢深入"。这种状态很大程度上保证了苗族对社会自治的权力，其原生法文化也得到很大程度的保留。开辟后的苗疆归于稳定。

（二）清朝"治苗方略"实施的影响

如前文所言，乾隆年间黔东南苗疆设置了头人、土司、流官分权的模式，虽然给予苗族一定的自治权，但毕竟植入了王权，一定程度上重新构建了黔东南地方权力体系，苗民亦在新的社会权力结构中进行自我调整，以适应新的社会结构。

1. 地域权力重构下的苗族社会

乾隆朝始，在新辟苗疆形成了头人、土司、流官在社会治理中的分权模

---

① 《清实录·高宗实录》，乾隆二十九年四月癸未条。
② 《黔书·续黔书·黔记·黔语》，罗书勤、贾肇华、翁仲康等点校，贵州人民出版社1992年版，第339页。
③ 《黔书·续黔书·黔记·黔语》，罗书勤、贾肇华、翁仲康等点校，贵州人民出版社1992年版，第339页。

式,这种模式在很大程度上免除了苗民经济上的压迫,尊重了其原生文化,苗民的生活不至因为开辟而受到严重侵扰,是苗疆稳定的重要保障。为此,清廷设置了诸多法律、政策以规范各方权限,即除了分权还要制衡,来保证这种分权制度的稳定性与长期性。

从制衡上来讲,除了法律赋予的内部事务的管理权外,苗民要服从土司及流官的管理,内部事务可以自行处理,但是"有大讼狱者,皆绝于流官"①;土司对苗民、头人具有一定的惩罚权,可以直接或协同官府来惩办苗民中的违法行为;但为了防止土司"滥权",苗民可以"赴控究治";流官虽然可以约束与惩办土司与头人,但其权力行使范围与程序受到法律的限制,否则,轻者因为考成影响升迁,重者要"违者责处"甚至重罚。即"苗蛮、黎、僮等僻处外地之人,并改土归流地方,如该管官员,有差遣兵役骚扰、逼勒、科派供应等弊,因而激动番蛮者,照引惹边衅例,从重治罪"②。实践中,这种制衡的方式在文献中被记载下来,如贵州巡抚爱必达在乾隆十五年向皇帝奏报时称:"贵州兵役,毋许擅入苗寨,并严禁汉奸煽诈……新疆生苗,与屯军错处,亦额设土弁、通事、寨长、百户分管,但性愚多惑,臣到任后,即通行严饬,凡遇缉逃查凶取结事件,各府厅州县,不许滥差出票,俱交承办之土司、土舍及土目、土弁等,勒限拿缴。或遇密拿要犯,以及提审案件,慎选差役,票内注明协同该土司、土目等会拿字样,并按程定限回销,违者责处。若土司目等,敢有索诈欺凌,许苗人赴控究治。"得旨"如所议行"③。

从这一奏章中可以看出:流官有权约束与督促土司的工作,但法律对流官权力进行了限定,并设定了相应的考核奖惩方法;土司有权约束头人和苗民,相应地,苗民拥有向流官告状的权利。这种设计有效地制衡了三方面的权力,实现了一种平衡的状态。当然,这是理论上的设计,实际中能否得到执行呢?从苗民的民间记载中也看到了相应的回应。如在《剑河县苗族调查》中,就记载了一块道光年间的碑刻,记录了苗民状告土司的过程。

---

① 罗绕典:《黔南职方纪略》,台北成文出版社1974年版,第211页。
② 马建石、杨育棠主编:《大清律例通考校注》,中国政法大学出版社1992年版,第705页。
③ 《清实录·高宗实录》,乾隆十五年四月庚子条。

清江府示碑

　　署清江清军理苗府随带军功加一级记录二次王，为出示晓谕事案，据乌连、羊条、斩岗四寨头人引勒用等具禀：代办土千总王中兴拖欠粮石缺违误遗累地方，并将伊等上纳兵粮私收挪用，又令重征代赔，受累不浅，禀请归府管理等情前来。据此，除批示外，合行出示晓谕，为此示仰头人散户等遵照，嗣后尔等各寨落归府管理，不准土弁藉名派累。所有每年夫粮，务须亲身赴辕呈领，官封赴启，照章上纳券领回，毋许拖延违误。其附居寨内苗汉应纳粮石夫役，须交给头人一律办理，毋稍观望。倘有违误，定即驱逐出寨。该苗汉毋得自取重咎，各宜禀送毋违。特示，右谕通知。

　　乌连头人往相里、噶扛乜、龙扛乜、包鸠列、讲格令、九连、包松梭、吴往久、生绞攘、条鹅包、斩岗噶汪别、乜扛包、羊条条故今、方里格。

　　　　　　　　　　　　　　道光二十五年十一月初一日立①

　　这条碑刻清晰地记录了当地土司对苗民缴纳的粮食挪作私用，又叫苗民代赔，苗民去清江厅告状的经历。这条碑刻反映了诸多内容。首先，随着清廷统治时间的延长，乾隆初年定下的"永除赋税"的律令已经发生了变通，苗民又开始"输成纳赋"。其次，还反映了此时保甲制度并未实行。保甲制度若实行，首先便是对苗民用汉姓登记，此时碑刻上出现的还是苗民传统的姓名，没有汉姓。最后，最重要的就是，此时的苗民已经懂得"国家法"，开始通过告状，利用"国家的权威"来保障自己的权利。虽然流官对于土司如何处理并未记录，但是从此以后，苗民只需要向政府直接缴纳赋税即可，中间舍去了土司对纳粮的管理。这一案例不仅仅是维权的个案，更重要的是体现了苗民"国家观"的形成，并且懂得拿起法律的武器维权。即苗民已经认可了臣民身份，认为作为国民缴纳粮食给国家理所应当，只是对于土司违法征缴存有异议，并通过到官府告状，成功解决了这一问题。

---

① 贵州省民族事务委员会、贵州省民族研究所编：《贵州"六山六水"民族调查资料选编·苗族卷》，贵州民族出版社2008年版，第152页。

第二章 清朝对黔东南苗族地区的开辟、经营及影响

同样在《榕江县计划公社苗族家庭、社会组织及习惯法》中，调研人员还记录了苗人状告土司与州官维权的案例。

同治初年，潘故锥是计怀寨的寨老，本寨潘氏家族中有一人去牛场卖硝，被八开土弁查获。由于硝是制造弹药的原材料，在清代属于违禁品，所以八开土弁认为他要谋反，还故意将事情升级，用秤砣砸死官府中一人，将事情嫁祸于潘故锥头上。古州知事将潘故锥下狱。潘故锥的儿子故金为了给父亲申冤，变卖一部分家财，同母亲与舅舅由古州厅一直告到贵州督署。贵州巡抚曾璧光认为潘故锥能管"生苗"之地几十个寨子，判决潘故锥无罪释放，令其儿子继续经营管理地方事务，并刻石碑一块为凭，交给故金带回。现在这块石碑依然保留。①

从本案来看，不排除贵州巡抚是为了地域稳定而判决潘故锥无罪，材料中透露出来"潘故锥能管'生苗'之地几十个寨子"②，也许是贵州巡抚重点考量的内容。也不排除村民在记忆或表述中有失真或者夸张的成分，但是有石碑为证的告状经历应该是真实的。本案更为重要的内容是，作为生苗地区的苗民能够变卖家财去州里、去省城告状，最后还得到了贵州巡抚的支持。这说明，苗民已经懂得用"告状"这种官方方法来解决不平事。

虽然这两个案例发生的时间距离苗疆开辟相对较远，但是从历史中可知，清廷对苗疆的治理是逐渐渗透的，苗民与流官语言不通，对于国家法律与政策也是逐渐学习与领会的，这是一个渐进的过程。通过案例可知，随着王化力量的渐进，生苗地区的苗民已经逐渐接纳了这种地域管理规范，承认自己的国民身份，甚至还学会了主动用"国家法"来维权，苗民将这些"国家法"逐渐纳入自己的社会生活中来，使之成为自身法文化中的一部分，有效地制衡了土司与流官的权力，使得这种"头人、土司、流官"的治理模式能够稳定存在。

---

① 贵州省民族事务委员会、贵州省民族研究所编：《贵州"六山六水"民族调查资料选编·苗族卷》，贵州民族出版社2008年版，第403页。
② 潘家是个大家族，此时的潘故锥是寨老，也不排除其为榔头或者鼓藏头，所以才说管几十个寨子。

2. 国家法对苗族社会的管控

开辟后的苗疆不可能再回到开辟前的原生状态。清廷之所以给予苗民很大的自主权，主要是因为"生苗向在化外，不受铃制，就抚以后，加以官吏约束野性难驯，因而生变，应还其为'生苗'，以不治治之"①。清廷是为了保持苗疆的地域稳定而做出了一定的让步。换句话说，由于黔东南的经济并不发达，所以开辟苗疆在很大程度上是为了"开疆辟土"，重在政治意义与军事意义，苗民所产的微利本不是开辟黔东南地方的主要动因。因此在开辟后，只要在官吏约束下保持地域稳定与安全，清廷的目的就已经达到，故而乾隆皇帝对苗疆采取"因俗而治，以不治治之"的政策，使得苗疆获得一定自治权。但这种自治是受法律约束的有限自治，其文化中可能威胁清廷统治的内容逐渐被禁止，特别是聚众的暴力复仇事件以及威胁公共安全的劫掠行为。

暴力复仇的形式在苗族社会中是多见的。早在宋朝的《桂海虞衡志·志蛮》"瑶"条就记载："俗喜仇杀，猜忍轻死……沿边省民，因与交关，或侵负之，与缔仇怨，则又私出相仇杀。"② 至明朝，明代郭子章在《黔记》中记载："苗人……被杀之家，举族为仇，必报当而后已。否则，亲戚亦断断助之，即抗到不悔。谚语云：苗家仇，九世休。"③ 至清朝，还有这样的记载。例如，雍正三年，贵州巡抚毛文铨在奏折中称："贵州苗人自相仇杀者甚多，有数十年所不能解者。"④ 暴力复仇的表现形式多种多样，从上百人的大规模械斗到针对一人的私下报复都有存在。最典型的是"打冤家"⑤，其他方式也

---

① 中国第一历史档案馆、中国人民大学清史研究所、贵州省档案馆编：《清代前期苗民起义档案史料汇编》（上册），光明日报出版社1987年版，第47页。
② （宋）范成大：《桂海虞衡志·志蛮》，胡起望等校注，四川民族出版社1986年版，第184－186页。
③ （明）郭子章：《黔记》，载杨曾辉、麻春霞编著：《诸夷考释》，贵州人民出版社2013年版，第13页。
④ 中国第一历史档案馆编：《雍正朝汉文朱批奏折汇编》（第4册），江苏古籍出版社1991年版，第608页。
⑤ 据《楚南苗志》记载，"打冤家"是苗族社会大规模械斗的一种，往往纠集族亲或者议榔联盟的众人，杀牛备酒，说明原因，集众人之力去打击仇家。妇女也参加战斗，负责为枪支添火药。打冤家也有简单的战略布局，双方首先要戴好铠甲等抵御子弹，"苗人各舞长杆枪以进不胜，则弃杆枪，拔环刀，短兵相接。如又不胜，则收刀持匕首，扭抱相戳……死不惜也"，参见谢华：《楚南苗志·湘西土司辑略》，岳麓书社2008年版，第176页。

包括"拿人抵事"①,当苗家与人有仇不能马上报,或者势所不敌时,就采取暗算的方法②。

在苗族的历史中,暴力复仇后往往还要考虑讲和与赔偿,即"苗人性狠不驯,有所争……不服即相仇杀,久之欲解,复宰牲聚而论之……"③。暴力复仇后的讲和赔偿,在苗族的法文化中也有一定的规则,人命赔偿常常被称为"倒骨价""骨债"。如打冤家后,赔偿的准则为:"其骨价之数,亦视凶手之贫富以为差等。富者,每一命,从三百三十两,递减至五十五两而止。贫者,从四十四两……递减至二十二两止。其中老劣之牛、羸瘦之马,以及破衣旧物,俱可算,核其实,不得半价耳。……凶手亲送死者之家,然后可以释去仇怨。以上种种费用,名色缺一不可。"④ 可见"倒骨价"的计算标准视情况不同,也是双方多次商议的结果。同时赔偿这么多财物在经济不发达的苗族社会很难由一家完成,往往由整个家族来帮助承担。

通过上文可见,古代苗族社会的暴力复仇有时不是以消灭对方、征服对方为目的,也不是纯粹的财物掠夺,他们会为了捍卫"尊严"去泄愤,也将其作为一种威慑的手段,迫使对方参加讲和进行赔偿,或者提高赔偿标准。当然讲和也不一定一次就成功,讲和不成会导致再次仇杀,仇杀日久再次讲和,即"(苗)有所争……谓之乡公,以讲和,不服即相仇杀,久之,欲解,

---

① 据《楚南苗志》记载,"拿人抵事"为:苗人偶有夙忿未释,及旧逋未清,途遇其人之父兄、族党、亲友、邻居,即拿归寨中,以长木岐尾者为枷,谓之碓马枷。将人颈置岐处,以横木为拴,拘禁之。然后告于人曰:吾拿某者,所以抵某人某事也。故谓之抵事。一时,被拿之家,即转寻原与拿人者有夙忿,及旧逋之家。其家又转请牙郎前往议牛马财物求赎,苗俗谓之"吃钱"。若遇贫家,不能骤偿,又必央人背箭即苗语捐承也,乃得释。(清)段汝霖撰:《楚南苗志》,载谢华:《楚南苗志·湘西土司辑略》,岳麓书社2008年版,第175页。
② 据《楚南苗志》记载,当苗家与人有仇不能马上报,或者势所不敌,就采取暗算的方法,有时是晚上偷偷潜伏于仇家趁其不备刺杀。有时仇恨不至杀人的程度,就自制火药包,放火烧房以泄愤。暗算后,往往在逃跑的路上埋上竹签防备追赶。(清)段汝霖撰:《楚南苗志》,载谢华:《楚南苗志·湘西土司辑略》,岳麓书社2008年版,第180页。
③ (明)沈庠编修:《弘治〈贵州图经新志〉》(卷一),载黄家服、段志洪主编:《中国地方志集成·贵州府县志辑》(第1辑),巴蜀书社2006年版,第76页。
④ (清)段汝霖撰:《楚南苗志》,载谢华:《楚南苗志·湘西土司辑略》,岳麓书社2008年版,第176页。

复宰牲聚而论之,侏离终日,负者词穷则罚财畜以与胜者,饮酒血为誓"①。这是一种和解中隐藏着暴力复仇,暴力中又孕育着和解因素的独特情况。宗族间仇恨与斗争似乎历久难化,雍正年间,贵州巡抚毛文铨在奏折中称:"贵州苗人自相仇杀者甚多,有数世、数十年所不能解者。"② 再如,"语稍拂,辄反唇操戈,累代难释"③。甚至为了记住仇恨,苗人往往刻木记事以代代相传,"实有远年木刻之仇,留记木刻,岁月已久,见证无人。而苗人颛朴,则因其祖父曾经亲行嘱付,切切在心"④。故史上有"苗人仇,九世休"的说法。这种从复仇到讲和,再斗争,再讲和,长期、多次循环的模式在改土归流前的苗族社会普遍存在。

一般认为,之所以出现这样暴力的纠纷解决方法,是由特殊的社会环境所决定的。在没有国家大一统的背景下,每个人都生活在宗族社会这样的小集体里。内部靠血缘与姻亲团结,外部依靠议榔、合款"立法"来制定地域规范。但是这类规范没有强大的国家强制力来保障,如果一方违背规范,也别无其他救济途径,即如方显所言"界以内弱肉强食,良懦苗民咨嗟太息,恨控诉无所"⑤,只能凭借自身的力量去解决各宗族村社之间的矛盾,以实现秩序的平衡。而且大家封闭一隅,长期在这一地域生活,就会出现仇恨世代难解的现象。实际上,任何民族处于宗族村社阶段,都会出现这种情况,由于没有国家强制力保障的社会秩序,当原有的规范失效时,就只能凭借武力械斗去调整各宗族村社之间的关系。⑥

还需要指出的是,参与械斗之所以出现了合寨而上、合族而上且不惜牺

---

① (明)沈庠编修:《弘治〈贵州图经新志〉》(卷一),载黄家服、段志洪主编:《中国地方志集成·贵州府县志辑》(第1辑),巴蜀书社2006年版,第76页。
② 中国第一历史档案馆:《雍正朝汉文朱批奏折汇编》(第4册),江苏古籍出版社1991年版,第608页。
③ (清)蔡宗建修:《镇远府志·风俗卷》,载黄家服、段志洪主编:《中国地方志集成·贵州府县志辑》(第16辑),巴蜀书社2006年版,第88页。
④ 中国第一历史档案馆:《朱批奏折》,民族,胶片编号71。
⑤ (清)方显:《〈平苗纪略〉正文》,载马国军编著:《平苗纪略研究》,贵州人民出版社2008年版,第117页。
⑥ 符太浩:《溪蛮丛笑研究》,贵州民族出版社2003年版,第240页。

命的现象，主要是因为苗族主要生活在以宗族为单位的社会组织中，特别是此时苗族社会的自然环境与社会环境恶劣、复杂，没有维系秩序的国家力量的保护，最能依靠的就是宗族与集体。在这种环境下，人们形成了很强的集体观与宗族观念，对内以集体为家，集体的事情就是个人的事情，互相扶持，义不容辞；对外，个人即是宗族的代表，对个人的冒犯就视同对集体的侵害、对自己权利的侵害。倘若存有私心，此次不帮助宗族中的人来维护权益，则注定会被集体抛弃，甚至受到惩罚，当下次类似的事情发生在自己身上时，也就没有保障。所以参与集体的械斗既是为宗族而战、为集体而战、为他人而战，也是为自己而战。故当同族、同寨、同鼓社、同议榔的人受到侵犯，替其复仇就义不容辞了。

但是这种集体械斗的方式有很多弊端。一方面，不利于苗民自身。械斗与仇杀常常导致多人死亡或者受伤，财物损失过高，苗民为了维权不得不付出高昂的代价，这都是在没有国家权威与公共秩序的背景下，依靠家族力量维权、解纷、谋生的无奈之举；另一方面，这种方式严重危害了地方秩序，以至于有些村寨世代结仇，导致冲突不断，也不利于国家的统治。开辟苗疆之后，国家权威力量介入，聚众维权、暴力复仇、劫掠等行为成为国家法主要禁止的内容。

其一，严禁聚众滋事。

乾隆九年，经贵州总督张广泗奏："苗人聚众至百人以上，烧村、劫杀、抢房妇女，拿获讯明，将造意首恶之人，即在犯事地方斩决枭示。其为从内，如系下手杀人、放火、抢房妇女者，俱拟斩立决。若止附和随行，在场助势，照红苗聚众例，枷号三个月。临时协从者，枷号一个月。"[1] 该文所涉及的"红苗聚众例"是康熙年间所定条例。康熙二十八年撰定《大清律集解附例·贼盗·白昼抢夺》条例规定："凡黔楚两省相接红苗彼此仇忿，聚众抢夺者，照抢夺律治罪，人犯不及五十名者斩监候，下手者枷号三个月，为从

---

[1] （清）薛允升：《读例存疑》卷27，刑律之三，《贼盗·白昼抢夺》之例4，光绪三十一年，京师刊本。

者四十日，聚至五十人以上者斩决，下手之人绞监候，为从者各枷号两个月。"可见在生苗区苗人管理方面，"聚众"是清廷谨慎提防的。主要原因是"聚众"人数较多，发生冲突对社会秩序破坏严重，对于王权统治是较为严重的威胁。按照苗族传统的法文化，"打冤家"等械斗方式维权已经是一种常态，但是王朝势力入驻后，这种行为被严厉禁止。而且随着王化势力在苗疆的逐渐渗透，这种管控与处罚显得更加严厉。光绪年间，薛允升在《读例存疑》这一条的按语中指出："原寻常盗劫抢夺旧例处罚颇宽，现在皆加重处理，若结伙十人以上，持械抢掠，首从均应拟斩。且此条系专指贵州省苗民而言，与黔、楚红苗等条，并诱拐门各条，均应参看。"[①] 这一按语揭露出，在乾隆初年，苗人聚众"百人"劫杀等犯罪行为才予论斩，到光绪时期已经缩减至"十人"以上。法律的变迁印证了社会的发展，开辟初期"百人"聚众为恶，才会被认作为严重危害社会秩序的行为，需要斩首，反映了开辟初期时局的动荡与混乱。到光绪年间，经过百余年的治理，十人的聚众就足以引起"斩首"的后果，反映了随着王化秩序的发展，国家对于黔东南生苗区的控制力度已经逐渐增强，国家权威笼罩下的公共秩序已经逐渐建立起来。

其二，严禁盗匪。

在黔东南苗疆开辟之前，方显就曾提出，黔东南地方在湖南、广西的中央，由于国家没有直接管控，"广袤二三千里，户口十余万，不隶版图，不奉约束"，所以"官民自黔之黔，自黔之楚，之粤"只能绕道而行，"不得取直道由苗地过"。甚至内地奸民犯法，逃到苗地，"无敢过而问者"；苗民又常常出界外剽掠，没有国家势力的管束，这些问题都不利于地方的安全，"苗患甚于土司"为"黔省之大害"[②]。类似的记载在相应的历史文献中也随处可见，如田雯在《黔书》中记载："生苗在施秉县……凡出劫富者，出牛酒以集众有获则中分之。遇杀死出银以偿之。被虏者，必索金赎，少则加以

---

① 转引自李娟：《对清代例文本身的考究与质疑——薛允升〈读例存疑〉的宝贵价值》，载苏力主编：《法律书评》（第六辑），北京大学出版社2008年版，第94页。
② （清）方显：《〈平苗纪略〉正文》，载马国军编著：《平苗纪略研究》，贵州人民出版社2008年版，第117页。

非刑。"①《古州厅志》记载："（苗民）虽通汉语，不遵文教，刻木为券，剁木为誓，以格杀见能，以掠劫资生。"②《百苗图》记载："黑生苗在清江境内，性情凶恶，访知富户所居，则勾连恶党，执火持镖刃而劫之。"③

对于这种现象，清政府在康熙四十四年，刑部议复湖广总督喻题准定例："凡苗人有伏草捉人，横加枷肘，勒银取赎者，初犯为首者，斩监候，为从者，俱枷号三个月，臂膊刺字。再犯者不分首从皆斩立决，俱不准折赎。"④雍正九年，张广泗奏："（贵州苗民）至寻常盗劫抢夺，仍照内地抢夺例完结。其有房掠妇女、勒索尚未奸污者，仍照苗人伏草捉人勒索例定拟。"⑤ 类似的规定还有"苗人仇杀动掳，捉人勒索，所犯系死罪者，本犯正法、家口迁徙""苗人图财害命，照强盗杀人例暂枭"等。⑥

随着这些法律的制定及其在新辟苗疆的执行，也展现了实施效果。例如，上文所述《百苗图》有关黑生苗劫掠的记载，但在最后谈道："自雍正十三年征服，今亦守法矣。"⑦ 再如，"黑山苗台拱、古州清江有之……不事耕作，每以掳掠致富……近皆宁"⑧；"黑脚苗在清江、台拱……如男不能抢劫者，女则不嫁之。近亦畏法，已改矣"⑨。这些文献都记录了随着地域秩序的整合，国家法渐进，这些劫掠、隐匿盗贼的现象都受到了控制。苗民已经知法，且"守法""畏法"，所以整个社会秩序呈现"皆宁"的状态。

以上两点主要是针对苗民的立法。为了维护刚刚建立起来的社会秩序，

---

① 《黔书·续黔书·黔记·黔语》，罗书勤、贾肇华、翁仲康等点校，贵州人民出版社1992年版，第22页。

② 光绪《古州厅志卷十·艺文志》，载黄家服、段志洪主编：《中国地方志集成·贵州府县志辑》（第19辑），巴蜀书社2006年版，第472页。

③ 刘锋：《百苗图疏证》，民族出版社2004年版，第94页。

④ 《大清律例》卷25，载马建石、杨育棠主编：《大清律例通考校注》，中国政法大学出版社1992年版，第745页。

⑤ （清）薛允升：《读例存疑》卷27，刑律之三，《贼盗·白昼抢夺》之例4，光绪三十一年，京师刊本。

⑥ 《大清律例》，"强盗、徒流造徒地方私藏应禁军器、恐吓取财、谋杀人"等门，载马建石、杨育棠主编：《大清律例通考校注》，中国政法大学出版社1992年版，第776页。

⑦ 刘锋：《百苗图疏证》，民族出版社2004年版，第94页。

⑧ 刘锋：《百苗图疏证》，民族出版社2004年版，第98页。

⑨ 刘锋：《百苗图疏证》，民族出版社2004年版，第118页。

清廷还制定了其他的法律，如对外来汉民进行了限制，实行苗汉隔离的政策①，使得苗汉双方"各不相蒙，可永宁谧"②；限制苗民拥有武器，禁止销硝，严禁邪教，甚至在乾隆十四年开始采取了对苗民的愚民政策③等以维持地域稳定。

以上就是乾隆年间至咸同起义前，清政府对黔东南地方的政治治理，此时的黔东南苗族被纳入王朝一体化的体系中，黔东南苗疆再不是"化外之地"，在其上笼罩了国家的权威，国家法逐步走进了黔东南地方。清廷通过设定"头人、土司、流官"这种分权、制衡的治理模式，使得黔东南苗疆归于宁静。苗人获得了基本的生存权利，保持了一定程度的自治，认可了王朝统治；清政府让渡了一定的权力，获得了黔东南地方的管理权力。自此，苗族社会原生的社会秩序发生了一定改变，国家介入了公共秩序管理，在一定程度上促进了苗族法文化的发展。但苗族社会中其他的法文化则由于"因俗而治"得到了很大程度的保留。当然，随着开辟苗疆，进入苗族社会的除了国家法外，还有外来商业文化、汉文化、生产技术等，对苗族法文化也产生了诸多影响，这些将在后文进行详述，此不赘言。

三、清后期"治苗方略"的变化及对苗族社会的影响

雍乾苗民起义之后，清政府采取了一系列政策缓和各种矛盾，有利于苗疆秩序的恢复与经济的发展，苗疆地方在其后的100多年中处于稳定阶段。

---

① 如乾隆二十七年，贵州巡抚乔光烈称贵州苗疆人民"性情朴鲁"，变乱多因"外来匪徒设法哄诱惑，为害多端"，经其建议，规定："黔省拿获汉奸，应徒罪枷杖者递回原籍"；"如私逃入黔，将本犯及窝留之人从重究拟"。《清实录·高宗实录》，乾隆二十七年八月己未条。

② 《清实录·高宗实录》，乾隆十四年四月辛卯条。

③ 乾隆皇帝在乾隆十四年时曾经谈道："各省苗民番蛮，均属化外，当因其俗，以不治治之。如所奏苗疆荒地，宜严立堤防，禁之良是。盖番苗宜令自安番苗之地，内地之民，宜令自安内地。各不相蒙，可永宁谧。至所称建学延师，设法奖励，虽向有其例，朕意不以为然。苗蛮正宜使其不知书文，惟地方官防御不严，致汉奸窜入其地，教之生非，于是有戕其同类，侵及边境之举。今若更令诵习诗书，凿其智巧，是非教之使为汉奸乎。如谓读书明理，即可向化迁善，不知内地家弦户诵，千百中尚不得一二安分守己之人，而将以期之番苗乎。惟在封疆大吏，知内外之辨，适轻重之宜，规其远大，示以威信，勿徇属员之请，而冒昧生事。勿因细微之过，而责望太深，固我疆圉，绥怀异域，如是而已。着一并传谕湖广、川、陕、两广、云、贵、福建、各督抚共知之。"参见《清实录·高宗实录》，乾隆十四年四月辛卯条。

第二章 清朝对黔东南苗族地区的开辟、经营及影响

但是到咸丰年间,清朝已经处于后期,苗疆社会又产生了各种矛盾并日益加深。首先是土地兼并严重。由于经济方式发生变迁,出现了土地买卖,进而出现了大量的土地兼并。另外,屯军与苗民的人口发展,屯军与苗民都需要拓展土地,很多屯军不顾禁令而侵占苗民土地。生活、自然资源的有限性与地方人口的发展的矛盾加大,使得苗民的地理空间与生活空间不断被压缩,很多苗民失去土地,流离失所。其次是官府的剥夺。由于太平天国运动以及对外的赔款,清政府财政不断吃紧,也加剧了对苗民的盘剥。虽然在乾隆年间规定永远免除苗疆赋税,但是为了完成财政要求,当地官员巧立名目,如采米、义谷、军粮谷、田捐、门牌费、抽厘助饷、鸡米钱等,很多苗民倾家荡产,甚至不得去挖掘先人坟地找"买水银"[①],生活被逼至绝境。另外,也存在屯军对苗民的歧视、掠夺与欺压。例如,马少侨在《清代苗民起义》一书中写道,清官兵杀伤苗人、抢夺财物,"令士卒各满所欲",终于在咸丰五年,爆发了由张秀眉领导的黔东南地方苗民起义,此次起义历时十八年,同治十一年才被平定。

为平定起义,清政府付出了巨大的代价,苗族社会也受到了重创,田地荒芜、人口大量散亡,"降苗所存户口,较前不过十之三"[②]。起义被平定后,清廷又开始恢复对黔东南的统治,并采取了一系列措施,主要为五点:第一,加强军事镇守,在黔东南重要地方建筑碉堡,并划拨土地以募勇屯兵;第二,清除土司[③];第三,推行保甲团练,原"新疆六厅"等苗族聚居区的苗族居民正式编入户籍[④];第四,加强吏治,禁止苛索;第五,兴设义学,改变愚民政策,妄图"化苗为汉以永绝苗患"[⑤]。这些政策的调整改变了乾隆时期制

---

① 这是苗族丧葬习俗的内容。人死后要在嘴里放上一点银子,给亡灵在路上买水喝,故称为"买水银"。
② (清)奕䜣:《钦定平定贵州苗匪纪略》,清光绪二十二年总理各国事务衙门铅印本,第360卷。
③ 《黔南识略》中记载:各属苗人旧均有土司管束,土司借威官府,往往因而科索之。历来苗乱,半由土司激愤而成。此次苗疆肃清,不复袭设土司,亦靖苗之一大端云。
④ 伍新福:《中国苗族通史》(上),贵州民族出版社1999年版,第441页。
⑤ 乾隆皇帝对"建学延师以教化苗民"的主张不以为然,指出"苗蛮正宜使其不知书文","今若更令诵习诗书,凿其智巧,是非教之使为汉奸乎"。参见《清实录·高宗实录》,乾隆十四年四月辛卯条。

· 79 ·

定的头人、土司、流官分权制衡的模式。自此土司被取消，黔东南开始了保甲团练制度与流官治理的方略。苗族社会半封闭的状态被彻底打破，国家治理权力直接进入苗民基层社会。从社会秩序上看，变化最大的有两点。

(一) 保甲团练制度与流官治理

实际上在咸同苗民起义前，为了维护地域秩序，黔东南有些地方已经开始推进保甲制度。这主要与清末地域秩序混乱与局势动荡有关。咸丰元年，贵州学政翁同书奏称："贵州盗风日炽，镇远、黎平二府尤甚……数百为群，聚散无定，抢劫拒捕，民不聊生。"① 结合当时的太平天国运动及随后的黔东南的咸同起义，此时发动民间力量保卫地域秩序以及抵抗苗民起义，成为兴起团练的主要目的。咸丰元年，胡林翼接任黎平知府后，曾经在黎平推行保甲制度，在第二年又推出《保甲团练章程》。保甲制度与团练制度相辅相成，胡林翼认为：

> 黎平界连粤、楚地杂民苗，久为盗薮。公访查情形，亟求安辑之法。以为御外寇莫为团练，清内匪莫为保甲。严定条约，实力奉行。如本寨有人出外为盗，则责成本寨乡正、团长、牌长交人。如外寨有匪而不救援、不追捕，则责成本寨、邻寨乡正、团长，罚钱入寨充公备用，而官不经手。其乡正、团长等因公来署，待之以殊礼；送贼到府，给以重资，一刻不迟，一钱不花，随到随审。②

可见推行保甲制度主要是维护内部治安，推行团练制度是注重将地域的力量整合以打击外来势力的侵袭，即一个"清内匪"，一个"御外寇"。这样不仅弥补了地方政府力量的不足，而且还能置于官府的统治之下，即团练只负责纠察与防御，审判与处理全部归为流官，保甲团练制度有助于流官的直接统治。

团练组织确实发挥了这样的作用。据民间文献《三营记》③记载，自咸

---

① 《清实录·文宗实录》，咸丰二年四月二十六日壬午条。
② (清) 俞渭修，陈瑜纂：《黎平府志》卷6，秩官志，光绪十八年刻本。
③ 《三营记》由黔东南锦屏县文斗苗寨的先人所记，是民间文本，其记述了锦屏至平略沿清水江一带地方团练武装，协助朝廷镇压当地各族农民起义的史事，尤对参与镇压咸丰、同治年间张秀眉、姜映芳等领导的苗族、布依族、侗族、水族等少数民族农民起义事记述甚详。参见潘志成、吴大华编著：《土地关系及其他事务文书》，贵州民族出版社2011年版，第191－205页。

丰六年到光绪十二年，大约30年的时间，三营共计参加大小战事70余次，因军功被授为总兵、副将、守备、千总、外委、把总等武职的不计其数。①从这一个侧面也反映了团练组织为维护清廷统治与地域秩序发挥了重要的作用。但是这种制度之前尚未在黔东南苗疆得到全面推行。咸同苗民起义被平定后，整个黔东南地方开始了保甲制度，废除土司，实行流官一体化。绝大部分土司都在咸同苗民起义过程中被清除了，而且土司的长期存在使得苗疆"积弊已深"。土司制度逐渐走向末路。邓善燮就曾力荐革除土司："从前改土归流，留此分制苗众，在当时或有不得已之故。后来流弊滋生，实酿祸乱。……无事则凌虐暴戾，有事则相率窜逃；而且钱银词讼从中隔阂，多为不便。今如一律裁革。"② 再如，光绪九年，岑毓英、林肇元再次提出裁撤土司的建议，认为土司确实是"苗乱"之源，"地方官为流水父母，土司为万年父母"，土司利用苗汉文化的隔阂，"反假地方官之教令，颠倒诡诈，以行其朘削，恶归官而利归己"。③ 这些建议被朝廷采纳，最终土司以外派的形式从黔东南地方被置换出去，实现了"改土归流"。

黔东南地方在恢复行政建制以及流官为主导的统治后，又一次推行了保甲制度。将"台江县反排寨划为四个大甲（以家族集团为中心的四个区域），甲有印长，由'娄方'（寨老）兼任"。④ 台江自清朝至今，一直是苗族比例最高的地方，即便是今天，苗族也占人口比例的90%以上，这也是黔东南苗民起义的核心区。在咸同苗民起义后，清政府在台江成功设置了保甲制度，说明经过100多年的开拓经营，清廷最终实现了对黔东南生苗区的直接管理。当然，清廷能在咸同起义后在苗疆成功编设保甲制度，有一个重要的原因是经过清朝长达100多年的治理，黔东南苗族已经认可王化体系、认可了国民身份，加之咸同起义后，苗族社会受到了严重创伤，再也无力反抗，所以保甲制度得以实施。

---

① 参见潘志成、吴大华编著：《土地关系及其他事务文书》，贵州民族出版社2011年版，第191－205页。
② 《邓善燮禀陈苗疆善后事宜十五事》，参见《贵州通志·前事志》（三），贵州省文史研究馆校勘，贵州人民出版社1988年版，第608页。
③ 《贵州通志·前事志》（三），贵州省文史研究馆校勘，贵州人民出版社1988年版，第747页。
④ 贵州省编辑组编：《苗族社会历史调查》（一），贵州民族出版社1986年版，第158页。

(二)"流官—保甲"制下的苗族社会变迁

1. 议榔制度的萎缩

随着保甲团练制度的建立以及流官对苗疆的直接统治，苗族社会所拥有的自治权力被逐渐取缔，苗族原有的社会结构与秩序也发生了变迁，最为典型的是议榔制度逐渐被保甲团练制度取代，或者被法律所约束，导致议榔制度的萎缩甚至消失。

咸丰时期，黔东南地方政府开始尝试改造苗族、侗族等少数民族地域性的联盟，使之成为抗击起义与维护地域秩序的工具——团练。例如，《保甲团练章程》里就有"细查保甲、团练清册，大款户数或数百、数千不等"。[①] 此处的"款"即地域组织的联合。在《保甲团练章程》中规定的团练职责主要是："卡所以盘查匪徒，宜昼夜防守也；各村寨经费宜筹也；稽查编册，宜严明详备也；守御诸法，平日宜预定也；调遣宜用传签递信也。"[②] 这些内容同前述的议榔、埋岩中的内容别无二致。但是此时团练的性质已经同议榔相去甚远，此时的地域组织已经在流官的控制之下了。

如《剑河县志》中记有同治十三年所刻的"例定千秋碑"，现摘其两款为例：

> 城乡各寨照前编联保甲。不准敛钱，庵庙、船店、烟馆不准容留匪人，如有携带妇女、牛马、什物来历不明，于闹烟贩私钱者，盘查送究，不准得钱卖放，亦不准刁难好人。
>
> 黎平一代隔属联团谓之联款，嗣后小事不准开款，万一遇有成股贼匪四出窜扰，方准款众齐款抵御。其平日偷窃强抢案件，只由邻近之团料理，俱须送官，不准齐款去河烧杀致死。如再有犯以小事开款者，定即重惩。[③]

议榔这种地域性的民间联盟，对于政府执政权力是一种威胁。特别是咸

[①] （清）俞渭修，陈瑜纂：《黎平府志》卷6，秩官志，光绪十八年（1892）刻本。
[②] （清）俞渭修，陈瑜纂：《黎平府志》卷6，秩官志，光绪十八年（1892）刻本。
[③] 贵州省剑河县地方志编纂委员会编：《剑河县志》，贵州人民出版社1994年版，第1039 - 1040页。

同起义时，张秀眉领导苗民起义，首先就是通过议榔形式联合各寨，最终一举起义。这一碑刻由政府所制，目的在于约束"款""议榔"这类地域组织，小事不许"开款"；偷盗抢劫等案件需要送官。只有出现大批强盗、土匪时才可以齐款抵御，使得议榔这类组织被规范与限制起来。随着政府力量在基层的完善，再加上国家法秩序逐渐渗透到基层深处，对议榔这种地域性组织的限制逐渐加强。甚至到民国时期，抗拒土匪强盗这样的行为都需要向政府请示。刘锡蕃在《苗荒小纪序引》中记载一起苗民抗击强盗的事件时谈道："予收三江时，巨匪梁华堂、张龙标等二千余人，盘踞古宜，苛索军食，动辄数万。苗民赴诉于予，予呼政府发兵援救，顾其时军事方殷，不遑及此，予不获已，从其所请，准以武力正当防卫等语谕之，苗民奉谕，立刻张拳持挺，与之决战，杀其三之一。不旬日间，匪党悉窜。"[1] 可见此时即便是抗击土匪，保卫家园也需要"奉谕"，不能随便聚众采取军事行动。

随着国家基层力量的加强，议榔这种民间地域性联盟最终萎缩，有的地方甚至消失。中华人民共和国成立后的苗族社会历史调查中就有这样的记录：议榔是一种较原始的民众会议，每隔两三年举行一次，制定榔规，距今五十三四年前（1904年或1905年，即光绪三十年或三十一年），曾举行过一次议榔，以后就不再举行了。[2] "'议榔'为苗胞社会中一种变象会议，近因保甲组织，渐臻健全，'议榔'一事已少意"[3]；在中华人民共和国成立前十年，有些地方"议榔组织已经不能再判处死刑了"[4]，可见由于流官带动国家法的进入，苗族社会传统的"法"逐渐被国家法所限制或替代，习惯法的适用范围越来越小，以至于苗族这种最为传统的集"立法""联盟""解纷"一体的议榔的权威逐渐被国家权威所影响，出现了萎缩的现象。

---

[1] （民国）刘锡蕃：《苗荒小纪》，载《民国年间苗族论文集》，贵州省民族研究所1983年版，第10页。

[2] 贵州省民族研究所编印：《贵州省雷山县桥港乡掌披寨苗族社会历史调查资料（贵州少数民族社会历史调查资料之二十五）》，贵州省民族研究所1964年版，第32页。

[3] （民国）王嗣鸿：《台江边胞生活概述》，载《民国年间苗族论文集》，贵州省民族研究所1983年版，第173页。

[4] 贵州省编辑组编：《苗族社会历史调查》（一），贵州民族出版社1986年版，第392页。

2. 村寨权威的渐变

如前文所言，苗族的传统社会中，寨老是权威的代表，其自然产生、没有世袭、没有利益，不脱离生产，由于其熟知理辞这样的习惯法，善解纠纷，所以被群众拥戴为寨老，成为村寨的权威。但是随着土司的取消，保甲制度的深入，社会权威呈现出多元化的状态，甲长、保长、团长逐渐成为地方治理所要依仗的新兴权威力量，与寨老共同存在，其力量此消彼长。

在相对封闭的地域，如偏远的山区，交通不便，受外界影响较小，社会变迁不大，寨老权威得以保留。例如从江县加勉乡，在国民政府时期才实施了保甲制度。"保甲长由政府委派。……当群众不接受他们执行政府命令时，保甲长还得去请求'该歪'（寨老）协助，如果'该歪'不说话，保甲长是一筹莫展的。"[1] 这充分说明了寨老权威的留存。

但是在王化控制力强的地方，保长等的权威就逐渐超越甚至替代了寨老。特别是在距离县城这种地方政权较近的村寨，地方权威多被政府委任的保甲长所持有。例如，在《苗族社会历史调查》（一）中就记载："（保甲长能够处理一些纠纷），所以群众也就按照旧习惯叫他们为'六方'（寨老）。实际上，他们与那些从群众中自然产生、为群众排难解纷、而不是为剥削阶级服务的'六方'是有本质上的差别的。在台江城郊各寨中也还有个别从群众中产生的'六方'，但是他们先后都曾担任过旧政府的或大或小的职务。如果他们自己最后没有变成当权派或当权派的爪牙，也决不能违背当权派的意旨，否则他们调解纠纷的活动，就会有很大的局限性，稍微复杂的纠纷即不能解决。"[2] 类似的记录还如："这些乡老、寨老不一定是政府的基层行政人员，所以当群众请他们解决较大案件时，同时也请总甲参加。"[3] 这样既表达了对保甲长的尊重，也补强了讲理者的权威。这些都说明苗族社会中，受王化势力控制的地方，寨老的权威逐渐被保甲长、团长等挤压与替代。

---

[1]《民族问题五种丛书》贵州省编辑组、《中国少数民族社会历史调查资料丛刊》修订编辑委员会编：《苗族社会历史调查》（二），民族出版社2009年版，第125页。

[2] 贵州省编辑组编：《苗族社会历史调查》（一），贵州民族出版社1986年版，第403页。

[3] 贵州省民族研究所编印：《贵州省雷山县桥港乡掌披寨苗族社会历史调查资料（贵州少数民族社会历史调查资料之二十五）》，贵州省民族研究所1965年版，第32页。

这些新兴的地方权威无论是由以前的寨老承担，还是由政府重新树立，都与苗族传统法文化中的寨老的性质不完全一致。苗族早期法文化中寨老自然产生，身份平等；此时的保甲长逐渐拥有了一定的特权，甚至开始谋利。

根据中华人民共和国成立后的田野调查，在台江县反排苗族的社会历史调查中，就发现了寨老的性质变化的例子。"据说大约在一百年以前（同治或光绪年间——笔者注），覃膏堡歹芒寨，有个叫赵漏牛的人，赴贵阳参加科举考试回来后成为该寨的寨老，而且是附近一带地区的头人……其孙赵里福除了继续担任该职外，约在1920年还与军阀政府勾结，担任九龙团首，完全是反动政府的基层统治者了。"① 可见有些地方，寨老由自然产生逐渐向家族承继的方向转变。对反排寨的调研还记录了，1924年有个寨老名为唐九业，私吞了应该退还给寨民义仓的稻谷，被群众杀死。② 再有1926年，娄方（理老——笔者注）张当丢为了报私仇、霸财产，即勾结番召保董赵安钧，诬赖从交密逃荒回来的张定往、张牛往为土匪，将人枪杀，没收家产。③ 再如1944年，黄平修建机场，从反排寨征调100多名民夫，就是由寨老张九老亲押民夫前往。④ 这些事件反映了，传统的寨老在国家力量深入基层后，身份发生了转变，开始出现了借助政府赋予的权力谋利的现象，这与早期寨老自然产生、没有特权的性质有所区别。苗族社会传统的权威逐渐被替代，这是苗族社会法文化变迁的真实写照。

综上可见，由于黔东南苗族社会的特殊情况，清代开辟以来，王化势力渐次推进，逐渐扩大了对苗疆的直接控制。特别是咸同起义被平定后，苗族社会的封闭状态被彻底打破，土司被废除，流官进入，导致社会结构与权威发生了变化，更多地域由"边疆"直接转为"内地"，或者处于转型的过程中。这种社会转型直接触及了苗族原生法文化，促使其在多方面发生了变迁。以上是清代黔东南地区苗族社会的历史过程，是法文化变迁的社会背景，为下文分析苗族法文化的变迁提供了重要参考。

---

① 贵州省编辑组编：《苗族社会历史调查》（一），贵州民族出版社1986年版，第160页。
② 贵州省编辑组编：《苗族社会历史调查》（一），贵州民族出版社1986年版，第391页。
③ 贵州省编辑组编：《苗族社会历史调查》（一），贵州民族出版社1986年版，第168页。
④ 贵州省编辑组编：《苗族社会历史调查》（一），贵州民族出版社1986年版，第169页。

第三章

"苗例"的变迁

在人类社会的法秩序中,"惩罚"是必不可少的内容,惩罚具有处罚过错方,慰藉与弥补受害方,预防类似破坏行为的发生等重要作用。在苗疆开辟前,苗族社会形成了独具特色的惩罚制度。本章将从惩罚制度[1]的视角来阐述"苗例"的变迁。"苗例"之所以在清代得到国家法的确认,是因在苗疆开辟初期,国家法与苗民习惯法存在诸多差异,强制实施国家法不利于地方秩序的稳定,清政府不得不采取了相对怀柔的政策,确认了"苗例"的国家法效力。但是随着国家治理的深入以及国家法的观念潜移默化的影响,"苗例"最终在国家制度层面上被取缔。"苗例"的变迁一方面反映了国家治理苗疆政策的演变,另一方面也反映了国家法观念影响下的苗族法文化的变迁。

第一节 以"苗例"为代表的苗族传统的惩罚制度

一、"苗例"——"处罚财物"的惩罚形式

乾隆元年,乾隆皇帝在谕旨中提到:"嗣后苗众一切自相争讼之事,俱照苗例完结,不必绳以官法。"[2] 据此,"苗例"在学术界常被泛指为清代苗民的习惯法,但是从清代的贵州地方官员向朝廷提交的奏折来看,"苗例"

---

[1] 本文所指的惩罚主要是从过错方的角度出发的,其内容包含了对被害方的赔偿,对过错方的羞辱、痛打、开除、死刑等。
[2] 《清实录·高宗实录》,乾隆元年十一月辛亥条。

的主要内容是指苗民习惯法中的惩罚方式。如雍正三年三月,贵州巡抚毛文铨在奏折中称:"夫苗人自相仇杀,原无抵命之条,惟有偿以牛马布疋,苟非焚劫内地汉民及抗拒官兵,臣只从彝例治之。"[1] "因清代对贵州各少数民族没有严格的区分,往往用'苗人'、'彝人'等泛称这里的少数民族,所以这个'彝例'当指'苗例'。"[2] 再如乾隆元年六月,贵州布政使冯光裕在给乾隆的奏折中提到"苗人前此不知礼义法度,其苗例杀人伤人赔牛十余条、数条而止,弱肉强食得谷十余石、数石而止"[3] 等,可见,在提及"苗例"时,清代主要是指"杀人、伤人、赔牛、赔谷"这一独特的惩罚方式。在苗族传统法文化中,以处罚财物作为犯罪行为或过错行为的处罚方式是最为常见的,这也成为苗族法文化与中原法文化的区别之一。

以财物作为处罚方式在苗族法文化中具有悠久的历史。早在《旧唐书·南蛮西南蛮传》中就有相关的记载,"牂牁蛮其国法,劫盗者二倍还赃;杀人者出牛马三十头,乃得赎死,以纳死家"。[4] 又据《旧五代史·外国列传二》,"牂牁蛮,其国法,劫盗者三倍还赃,杀人者出牛马三十头乃得赎死"。[5] 及至宋朝,《宋史》的"西南诸夷"条中记载:"其法,劫盗者,偿其主三倍。杀人者,出牛马三十头与其家,以赎死","杀人者不偿死,出家财以赎"。[6] 宋代《溪蛮丛笑》记载:"或为佣而亡,或以债而死,约牛牲若干偿还。其名曰骨债。"[7] 明清时期,对于这种赔偿机制的记录更为多见,例如:"苗人前此不知礼义法度,其苗例杀人伤人赔牛十余条、数条而止,弱肉强食得谷十余石、数石而止。"[8] 明清两代,由于对西南的开辟,中原接触西南少数民族的机会更多,所以这类记载过于浩繁,且很多学者已经做过梳理,在此不再过多地列举。

---

[1] 中国第一历史档案馆编:《雍正朝汉文朱批奏折汇编》,江苏古籍出版社1991年版,第608页。
[2] 苏钦:《"苗例"考析》,载于《民族研究》,1993年第6期。
[3] 中国第一历史档案馆:《朱批奏折》,民族,胶片编号70。
[4] 陈焕良、文华点校:《旧唐书》(第四册),岳麓书社1997年版,第3338页。
[5] 中华书局编辑部编:《旧五代史》(二),中华书局2000年版,第1280页。
[6] 上海古籍出版社、上海书店编:《二十五史》,上海古籍出版社1986年版,第6783页。
[7] 符太浩:《溪蛮丛笑研究》,贵州民族出版社2003年版,第247页。
[8] 中国第一历史档案馆:《朱批奏折》,民族,胶片编号70。

这些文献充分证明，苗族法文化中将财物惩罚作为赔偿与惩罚机制是具有悠久的历史的。另外，这些古代文献都重点记录了古代苗族社会对于杀人、伤人等案件，用牛马牲畜及其他财物作为惩罚过错人的方式，主要是因为这种惩罚方式与中原汉族"杀人偿命"的惩罚机制有很大区别，因此常常被汉族文人重点记录。但是这些记录对于苗族的财物惩罚如何执行的记载并不完整，如果结合苗族自身的文化记载，就会发现苗族亦有对其他过错行为用财物进行处罚的情况以及赔偿的具体实施情况。

其一，财物惩罚方式涉及苗族社会中大多数案件。苗族用财物作为惩罚的案件类型并不限于杀人与伤人。根据苗族的"贾理"以及"榔规"，用财物作为惩罚方式，涉及绝大多数种类的纠纷。例如，《融水苗族埋岩古规》中的《防御外来侵扰》篇，就记载"榔规"要求苗族共同防御外来侵扰，要求结成联盟一起行动，如果违背规定就要剥夺或者毁坏其财物，即："如果有哪个户，村寨呼喊不答应，装耳聋，装眼瞎……地方来处罚、村寨来惩治，叫他爸杀牛做菜，叫他妈泡米煮饭。"如果多次不来，就要"砸烂他的房子，掳光他的财产"[1]。可见，如果违背榔规，没有按照规则同大家一起抵御外来势力，就会被惩罚。惩罚的方式开始是吃掉家中的牛与粮食，如果还不改正，下次就要剥夺他的家产；同样在《融水苗族埋岩古规》中的《界石、放债、买卖》篇中还规定了，如果有人越过地界去他人的地里砍柴、砍树，就要被众人去其家"杀肥猪，宰肥猪，九十九斤酒，八十八斤肉"分给全寨人食用；婚姻中的纠纷也常会用到这种方式。在今人整理的苗族的《苗族理辞》中就记录了"榜仰"[2]一案。榜仰的父亲图钱财，有心拆散小夫妻，把女儿另嫁别家。讲理输掉后，"就杀一头猪，就煮一箩饭"抬到女婿家，"去向他赔礼，向他去道歉"，也是用财物来弥补自己的过失。当然，关于杀人与伤人用财物进行处罚与赔偿的记录就更为常见，前文已述，此不赘言。实际上，通过梳理相关的苗族流传的"理辞""古规"，就会发现其他的过错行为，诸

---

[1] 广西壮族自治区少数民族古籍整理出版规划领导小组编：《融水苗族埋岩古规》，广西民族出版社1994年版，第94-96页。
[2] 《榜仰》全文参见附录B。参见贵州民族出版社编，吴德坤、吴德杰搜集整理翻译：《苗族理辞》，贵州民族出版社2002年版，第742-781页。

如强奸、失火、夫妻不忠、拐骗人口、侮辱诽谤、陷害、不执行寨老裁决、破坏农田水利、破坏森林、破坏风水、违反榔规等过错行为，都有处罚财物的内容。由此可见，在苗族传统的习惯法中，处罚过错人的财物是一种适用广泛的常见惩罚方法。

其二，处罚的财物特别是猪、牛、粮食等，不仅仅偿还被害方，还常要分交给全寨人食用，这也是苗族独特的执行方法。例如，《苗族贾理》中的"裴瑙对"①一案中，就记录了天神与地神都争夺裴瑙对为妻子，甚至发生了人命。惩罚的方式是"天方杀雄马，地方杀牯牛，杀牛葬布里，杀马葬谢弩"，还要"切肉如指大，划蔑穿成串，散四面八方，遍四面八方"。②用这种方式对过错人的行为进行宣讲，让大家引以为戒。类似这样用财物进行处罚的案例比比皆是，直到现代的苗族社会中，依然能够发现这种对财物的处罚方法，如苗族社会中的"三个（或者四个）一百（或者一百二）"，即如果违反村规就要对过错方罚 100（120）斤酒、100（120）斤米、100（120）斤肉。③请全寨的人一起吃。这种惩罚方式在苗族社会中普遍存在，只是范围缩小至盗窃、失火、名誉损失、婚姻家庭、侮辱妇女等各种行为，表现了法文化的延续性。可以说，这样的惩罚制度除了补偿、安抚的效果外，还包含惩罚、教育、警示、娱乐等诸多作用，达到了良好的社会效果。

二、"苗例"的特点及形成原因

用财物惩罚过错行为，是苗族社会最为常见的处罚方法，几乎可以适用于绝大部分案件，体现了苗族法文化的独特性。特别是"苗例"中"不偿死，以家财赎"的方式来处理杀人、强奸等严重侵犯人身安全的过错人，同

---

① 《裴瑙对》全文参见附录 C。参见王凤刚搜集整理译注：《苗族贾理》（下），贵州人民出版社 2009 年版，第 494－497 页。

② 即用杀牛杀马赔礼平息纠纷，指代用大量财物来赔偿。分发肉串告知众人的意思是，以这种标准作为"理"，如果因为婚姻发生人命，以后要按此标准惩罚。《苗族贾理》这套书中同时记录清末八寨地方发生了类似的纠纷，被杀死女子的娘家就用此贾理作为依据，赔偿了重金，获赔装满一铜鼓的银钱。参见王凤刚搜集整理译注：《苗族贾理》（下），贵州人民出版社 2009 年版，第 498 页。

③ 当今的苗族社会中，这种规则依然可见，如锦屏县三江镇潘寨村村规民约第四条："引起火灾事故的，罚大米 120 斤，米酒 120 斤，肉 120 斤，后果严重的，送交司法部门处理。"

中原汉族法文化相比差距很大。当然，需要注意的是，"以财物赎命"并不是说杀死人只要用财物赔偿就没有事儿了。苗族法文化中也有"杀人则血还血，头还头"①这样的规定，也存在杀人后，死者家族为其复仇的"仇杀"——"打冤家"的现象。即"贵州苗人自相仇杀者甚多，有数世、数十年所不能解者"②。是仇杀还是赎命，赎命时赔偿的标准，往往视案件的性质、危害程度、案件当事人的家族、房族的意愿及力量博弈的结果而不同。正如乾隆时期，贵州布政使冯光裕奏折中所称："苗人前所不知礼义法度，其苗例杀人伤人赔牛数条、十余条而已，弱肉强食得谷十余石、数石而止。"③

"以财物赎命"毕竟与中原法文化不同，也使得苗族法文化常常被误读。因为一般情况下惩罚力度与行为的危害后果是成正比的，危害越严重，惩罚力度越大。但是如果从今人的角度来看苗族的惩罚，难免会有一些困惑。有些杀人、强奸等严重危害社会的行为，可以用牛马财物抵消；有些看似轻微的行为，如盗窃，却可能被处以死刑，似乎有些不可思议。但是这并不是说古代苗族社会的法文化出现了逻辑上的混乱，而是特殊的社会环境影响了苗族先民的价值观。古时苗族往往生活在山区，以农业生产为主。这些地方"跬步皆山，上则层霄，下则九渊"④，属于高原的高寒、高冷地带，农业生产力受环境影响，产量并不高。再加上古代苗族生产技术并不发达，"依山傍涧，火种刀耕"⑤"既无粪土，又乏池塘"⑥，广种薄收，以至于经济落后，"（贵州省）岁赋所入不敌内地一大县"⑦。这些因素导致古代苗民抵抗自然灾

---

① 徐晓光：《苗族习惯法的遗留、传承及其现代转型研究》，贵州人民出版社2005年版，第2页。
② 中国第一历史档案馆编：《雍正朝汉文朱批奏折汇编》（第四册），江苏古籍出版社1991年版，第608页。
③ 中国第一历史档案馆：《朱批奏折》，民族，胶片编号70。
④ 《黔书·续黔书·黔记·黔语》，罗书勤、贾肇华、翁仲康等点校，贵州人民出版社1992年版，第146页。
⑤ （清）徐家干：《苗疆闻见录》，吴一文校注，贵州人民出版社1997年版，第162页。
⑥ 中国第一历史档案馆编：《清代档案史料丛编》（第十四辑），中华书局1990年版，第152页。
⑦ 《黔南识略·黔南职方纪略》，杜文铎等点校，贵州人民出版社1992年版，第45页。

第三章 "苗例"的变迁

害的能力不强。甚至"稍愆雨泽，所获即少，往往为穷所迫，甘为盗贼，每致滋生事端"①。这些因素导致古代苗民形成了看重财物的观念。在史料中常常可以看到相关的记载，如"苗性、苗俗相延，视杀伤为轻，以得利为重"②"苗人狼子野心，贪利忘义，见财物辄起杀机③""苗人唯利是图，性好偷窃"④"苗人嗜利轻生，凡户婚田土口角暨人命盗案总以偿银了息"⑤，甚至有"如男不能抢劫者，女则不嫁之"的记载。虽然经学者考证，很多打劫、盗窃的行为都是历史上个别时期的现象，不是主流，也有一些是汉族文人对苗民的不切实际的贬损，但这也从侧面反映了这种恶劣的社会、自然环境对苗族先民价值观造成的影响。惩罚时主要是以牛、酒、布、粮食等作为惩罚，这是因为在古代苗族社会，以农业经济为主，物资有限，甚至没有贵金属形态的一般等价物，牛马牲畜等就是一个家庭中最主要的财物。用牛马赔偿后甚至会"倾家荡产"，所以看似以财物处罚的严厉程度不及直接针对人身的责打、处决，但是对于过错方来讲，其惩罚力度不低于对人身的惩罚。以财物惩罚并不为轻，且能对受害方形成较好的补偿，在当时并不失为一种较好的惩罚机制。⑥

当然"以财物赎命"毕竟与国家法律相去甚远，这在清代时也引起了清政府的注意。清政府也曾在法的适用上做过长期的权衡，特别是苗疆开辟初期的雍乾起义，使得中央政府清楚地认识到法文化的差异，认为应该对新辟的苗族地方"因俗而治"，故而在清乾隆初年以国家法令的形式确定了这一习惯法——"苗例"。当然随着王化力量的影响，"苗例"适用范围也逐渐出现了萎缩的现象，这将在下文论述。

---

① 中国第一历史档案馆编：《清代档案史料丛编》（第十四辑），中华书局1990年版，第152页。
② 中国第一历史档案馆编：《雍正朝汉文朱批奏折汇编》（第四册），江苏古籍出版社1991年版，第715页。
③ 谢华：《楚南苗志·湘西土司辑略》，岳麓书社2008年版，第179页。
④ 谢华：《楚南苗志·湘西土司辑略》，岳麓书社2008年版，第179页。
⑤ 《清实录·高宗实录》，乾隆六年三月丙戌条。
⑥ 今天的刑事司法改革也在鼓励犯罪人对被害方提供积极的补偿，即如果取得被害方的谅解，在量刑时可以作为减轻的情节予以考虑。参见《关于常见犯罪的量刑指导意见（试行）》，2021年7月1日起实施，可谓理出同源。

三、其他惩罚形式

除了"苗例"体现的财物处罚机制外，古代苗族社会还有其他的惩罚形式，这些惩罚有时针对的是个人，有时针对的是集体家族。例如，在今天的黔东南剑河县还存有一尊清代的"免夫碑"，记录了同治年间苗民起义时，清江厅苗民裹挟各寨起义，但是柳利寨苗民"惟民一寨誓死不从，距要堵御，血战毙命七八十人"①，即由于不参加本地苗族的起义，整个村寨成为被灭杀的对象。《融水苗族埋岩古规》在《防御外来侵扰》篇中也记载："如果有哪个地方，吹角不响应，鸣枪不接应，不阻路口……放坏人过路口……拿他与强盗同罪，拿他当盗贼惩罚。"这强调了村寨不响应联合抵御外来侵扰，将该村寨作为惩罚的对象且以强盗罪论处。当然历史材料中更多地记载了关于个人的惩罚，表现为羞辱、开除、痛打、剥夺生命等。这些惩罚形式可以单独适用、合并适用，也常与财产处罚合并使用。具体适用标准因地而异、因时而异、因人而异、因情节而异，往往是作为审判者的理老根据苗族的判例法——"贾理"或者"榔规"决定，其中也要考虑公众的意见。② 对于这些惩罚形式，本书亦一并进行简要分析。

（一）羞辱

羞辱惩罚最大的特点是将过错人的过错行为公开，甚至还要大张旗鼓地作为反面教材进行宣传。例如，有过错的人要杀牛请受害方及全寨的人吃饭，就是最为典型的代表。《榕江县计划公社苗族家庭、社会组织及习惯法》就记录了在19世纪40年代，计怀寨的村民姚老纽偷鱼，被罚一头母猪（罚母

---

① 贵州省民族事务委员会、贵州省民族研究所编：《贵州"六山六水"民族调查资料选编·苗族卷》，贵州民族出版社2008年版，第154页。
② 1958年在对从江县的苗族进行历史调研时，学者记录了这样一起案件，叫"由"与"枭"的两个青年，属于同一宗族，按照苗族古法是不允许结婚的，但他们违背古法，偷偷谈恋爱，被发现。当时理老要按照古规处死他们俩。二人的家人对理老进行了贿赂。理老决定不处死他们，但是群众不答应。最后又召集40多个寨子的理老等人开会，经过大家激烈的讨论，没有处死二人，并且在族内分为几个姓，"破姓开亲"。可见，虽然理老精通古法，有威信，但是"民意"依然占据很大的成分。该案例参见全国人民代表大会民族委员办公室编：《贵州省从江县加勉乡苗族调查资料（贵州、湖南少数民族社会历史调查组调查资料之七）》，全国人民代表大会民族委员办公室1958年版，第6页。

猪的原因是母猪能够生育小猪，杀死母猪，断其生计来源，惩罚力度更大）。姚老纽难为情地领回猪头（给偷盗者分猪头意指扫他的颜面，羞辱之意），猪肉被串成肉串分到各家，每户家长将肉带回家，告诉家里成员，今天吃了谁家的串串肉，大家都骂他，不能学他。从此以后全寨很少有偷盗行为的发生。[①] 这虽然是发生在中华人民共和国成立前的案例，但是这一直是苗族传统的惩罚形式，这也是本寨老人朱老祥念诵的古老的《议事词》中的内容[②]，只不过由于历史的原因，今人不能够记住案件的细节，在此仅作为例证。

羞辱惩罚还有更为典型的方式——喊寨，即由过错人在一定期间内（有时甚至是一个月），边敲锣打鼓，边在寨子中游走，同时高声喊出自己的过错。即便是在今天的黔东南地区的苗族也能看到这样的影子。据徐晓光的《原生的法》中的记载，1976 年，在黔东南的雷山县，有个村民偷花生，被罚喊寨。这个村民在村里边走边喊："我偷了花生，大家不要学我。"在同一时代的锦屏县文斗苗寨，有村民偷木头，被处几倍罚款外，还被罚喊寨，边走边敲锣："大家都不要学我，我偷了别人的木头，这就是下场。"[③] 这种惩罚形式，虽然没有暴力，但对于过错人来讲，其惩罚力度不亚于处罚财产，还有很强的教育意义，对于观看的村民来说，这样的惩罚极具威慑力，故而兼具惩罚与教育的双重效果。

（二）开除

与羞辱惩罚力度相似的是开除，类似于冷暴力，即对于过错人，予以驱逐出寨或者即便生活在村寨中，大家也全都不理他，使其孤立，精神痛苦、生活不便，最终低头。驱逐出寨，是家族与之断绝关系，不再负有帮助、救济、保护等义务，即便被杀伤，也不会有家族出面替其复仇或者维护权益。所以在某些特别时期，驱逐便意味着死亡。除了驱逐外，孤立某一家人也是常见的隔离方法。在中华人民共和国成立初期的社会历史调查中，就记录了

---

① 贵州省民族事务委员会、贵州省民族研究所编：《贵州"六山六水"民族调查资料选编·苗族卷》，贵州民族出版社 2008 年版，第 411 页。

② 详见贵州省民族事务委员会、贵州省民族研究所编：《贵州"六山六水"民族调查资料选编·苗族卷》，贵州民族出版社 2008 年版，第 418 页。

③ 徐晓光：《原生的法：黔东南苗族侗族地区的法人类学调查》，中国政法大学出版社 2010 年版，第 227 页。

台江县巫脚乡反排寨四起开除的案例。其中一起是发生在清中后期，全寨要在"虎丢单"地方修一条路，但本寨的万当九拒不参加，所以全寨给他"开除"的处分，不准他家与本寨通婚，不准向邻居点火。过了几年后，他委实受不了这种孤立，便用十二两银子买了两头猪，请全寨居民吃酒，表示赔礼认罪，人们才对他撤销了"开除"的处分。再如，反排寨的张吾努不愿意做鼓藏头，全家族就宣布开除他，他感觉自己被孤立，半年后杀了一头小牛向大家认错，才被原谅。① 开除这种惩罚在苗族社会应该还有很多，只不过发生在苗族社会内部，只有生活在其中的人才能知晓，比较隐秘，不容易被捕捉，但却是苗族古老法文化的延续。

（三）痛打

除了羞辱与开除，苗族传统的惩罚形式还有痛打。但是在古代汉文献的记载与苗族自身法文化的记忆中，这种痛打的惩罚形式并不多见。在中华人民共和国成立后对苗族地区的历史调查中，苗族自述其习惯法时有零星的记载。如榕江县两汪公社空烈生产大队苗族调查报告中，记录了中华人民共和国成立前即制定的习惯法，其中有两条痛打的记录："未婚男子同已婚妇女通奸并被丈夫当场抓获者，可将该男子打得半死也不为错；已婚男子同未婚少女通奸被女方父母或兄弟当场抓获者，将双方痛打一顿了事。"《融水苗族埋岩古规》中也有这样的记载：如果盗窃，第一次惩罚杀猪，仍然再犯，第二次的惩罚，除了罚财产外，还要"拉他到场上，用木尖来钉，用木棍来打，拿他来倒挂，拿他来侧挂，教训才聪明，讲了才清醒"，第三次再犯就是死刑了。②

（四）死刑

苗族社会最为严厉的惩罚就是死刑。死刑的适用范围比较广泛。同当代刑罚类似，死刑主要适用于严重危害社会秩序的行为，如杀人、盗窃、抢劫、勾生吃熟（即同寨外人勾结，抢掠本寨）、放火等。这样的记载比较多，如

---

① 全国人民代表大会民族委员会办公室编：《贵州省台江县苗族的家族（贵州、湖南少数民族社会历史调查组调查资料之四）》，全国人民代表大会民族委员会办公室1958年版，第40页。

② 广西壮族自治区少数民族古籍整理出版规划领导小组编：《融水苗族埋岩古规》，广西民族出版社1994年版，第52页。

第三章 "苗例"的变迁

台江县反排寨村民在社会历史调查时还能记起来的榔规第十条就规定:"偷窃仓内粮食,屋内的钱、衣、布和牛的,初犯罚银三十三两,再犯用火烧死。"第十一条规定:"挖掘田坎放水偷鱼的,初犯罚银十二两,再犯吃钢针或投河。"① 榕江县计划公社村民记忆的古代的《议榔词》中就有:"凡是有杀人、放火和抢劫行为的人,都要处以死刑。""凡是勾生吃熟、吃里爬外的人,也要处以极刑。"类似的规定还有:"烧寨里房子的,在山坳抢人的,在路上杀人的,我们撵他翻高岭,越大山,'杀其身、要其命'。"②

死刑的执行方法也多种多样。如烧死。在清中期孝弟乡交密村的白里劳与反排寨的九保右等七人多次偷盗仓内粮食和牛,当时召开大会,议定将白里劳和九保右二人烧死,其他轻犯释放。在清末,反排寨的唐老由于多次偷盗本寨村民土布与粮食,被烧死。③ 再如投河。在清中期,孝弟乡脚拱寨的当业就因为盗窃被处以"投河"。他死前还在唱了一支歌:"脚拱寨的当业就,偷窃就在这地方。'六方'名叫卡九双,捉我当业就,把我投到河里去。死我一个当业就,还是会有个把偷东西的人。脚拱寨就没有偷东西的人了吗?还是会有个把偷东西。脚拱寨还会死个把人的,脚拱寨才不会再有人偷窃了。"④ 这支歌反映了当业就虽然认为自己的行为不对,但是认为这样的处理过于严格却又不敢反抗的心理。在西江控拜村附近就流传着这样一个典故,有个叫"仰谢"的姑娘,由于盗窃且屡教不改,最后被溺死在一个叫"仰谢干进"(苗音)的深水潭。这个典故在控拜村一带苗族老幼皆知。⑤ 目前根据学者们在苗族的历史调查,可知处以死刑的方法还有吞钢针、乱棍打死、投悬崖、活埋等。这些案例分散在黔东南苗族不同的亚分支中,足见死刑在苗族法文化中占据了重要的位置。

同处罚财物相似,死刑的适用也不是绝对的,很多案件的处理往往可以和

---

① 全国人民代表大会民族委员会办公室编:《贵州省台江县苗族的家族(贵州、湖南少数民族社会历史调查组调查资料之四)》,全国人民代表大会民族委员会办公室1958年版,第39页。
② 刘黎明:《中国民间习惯法则》,四川人民出版社2009年版,第55页。
③ 贵州省编辑组编:《苗族社会历史调查》(一),贵州民族出版社1986年版,第394页。
④ 贵州省编辑组编:《苗族社会历史调查》(一),贵州民族出版社1986年版,第395页。
⑤ 徐晓光:《苗族习惯法的遗留、传承及其现代转型研究》,贵州人民出版社2005年版,第4页。

财产赔偿结合起来。例如，康熙四年，贵州总督杨茂勋在奏折中就提到，"苗蛮在山箐中自相仇杀……止须照旧例令该管头目，讲明曲直，或愿抵命，或愿赔偿牛羊、人口，处置输服，申报存案。"① 这就提到了一些杀人案件，并不是杀人就直接处死，也不是仅仅处罚财产，而是存在抵命与财产赔偿多种形式，往往根据本地的历史习惯以及案件的具体情况或者双方力量的博弈而定。

综上所述，各种惩罚形式是苗族社会最为传统的惩罚制度的代表，包含了对过错人财产与人身的惩罚。惩罚在适用时也并不是机械适用，也会根据理老对于古法的理解，当事人过错程度、经济实力、家族力量而适度调整②。清廷写入《大清律例》里的"苗例"是对这一惩罚机制中其财产性惩罚的部分承认；对于人身性的惩罚，有些诸如开除、羞辱等，不易被察觉，影响较小，因此没有引起国家的重视；而对于死刑这样的刑罚，往往成为国家法禁止的对象。但是苗疆开辟后，整个苗族社会在国家法植入上也不均衡，在相对开放地域的苗族社会，死刑逐渐受到限制；在相对封闭的地带，民国时期仍然能够看到死刑这样的惩罚形式的实施；而"苗例"所包含的经济上的惩罚方式由于国家法的承认而保留下来。但"苗例"并非一成不变，随着国家法的影响，"苗例"也逐渐发生变迁。

第二节 清朝对"苗例"的确认、实施与废止

一、清朝确认"苗例"的原因

如上所述，"苗例"是清廷对于苗族一些习惯法的特有称谓，特指处罚财物的惩罚机制。"苗例"之所以被国家纳入国家法之中，主要是因为苗疆开辟之初，国家法与苗族习惯法存在众多差异，为了维护苗疆的秩序，清廷不得不采取的这种怀柔政策。

---

① 《清实录·圣祖实录》，康熙四年七月乙未条。
② 即前文所提到的"其苗例杀人伤人赔牛十余条、数条而止，弱肉强食得谷十余石、数石而止"。

第三章 "苗例"的变迁

在黔东南苗族地区开辟之前，苗民对于国家法一无所知。例如，康熙四年，贵州总督杨茂勋在奏章中称："贵州一省在万山之中，苗蛮穴处，言语不通，不知礼义，以睚眦为喜怒，以仇杀为寻常。"① 雍正十年，贵州按察使方显也提到："（苗人）每有命案多不报官，或私请寨老人等理讲，用牛马赔偿，即或报官又于转报后彼此仍照苗例讲息，将尸掩埋，相率拦捡，不愿官验，倘地方官径行准息，即违例干处，若必欲起验，而原、被等又往往抛弃田宅，举家逃匿，以致悬案难结。"② 同年，湖南镇箄总兵杨凯在陈奏苗疆要务六条中称，对于苗民的凶杀案件的处理只能顺应苗民的习惯处理。如果想"按律得偿者，实不可得也。"③ 即苗民完全不能接受国家法。乾隆元年六月，贵州布政使冯光裕也在奏折中称："苗人前此不知礼义法度，其苗例杀人伤人赔牛十余条、数条而止，弱肉强食得谷十余石、数石而止。"④ 甚至乾隆六年，距离苗疆开辟已经经过十余年，贵州总督张允随还奏称："贵州荔波一县……前隶属粤省时，因其辟远，知县终年不至，苗性不知有官，以仇杀抢劫习以为常。"⑤

可见从清朝建国一直到苗疆开辟初期，虽然国家力量在不断地向苗疆渗透，但整个苗族社会对于国家法是陌生且排斥的。在国家法与习惯法互动的过程中，清政府最初的方法是加大国家法的实施力度，用国家的力量禁止习惯法的实施。清雍正时期，逐渐强调国家法制的统一，如雍正三年曾规定，"凡苗彝有犯军、流、徒罪折枷责之案，仍从外结，抄招送部，应论死者，不准外结，亦不准以牛马银两抵偿，务按律定拟题结"。⑥ 这种指导思想延续到了开辟后黔东南苗疆的治理。但是从实施效果来看，这样一以贯之的治理方法，将国家法楔入苗疆社会，导致国家法与苗族的习惯法产生了无间隙的

---

① 《清实录·圣祖实录》，康熙四年七月乙未条。
② 中国第一历史档案馆编：《雍正朝汉文朱批奏折汇编》（第22册），江苏古籍出版社1989年版，第717页。
③ 中国第一历史档案馆编：《雍正朝汉文朱批奏折汇编》（第23册），江苏古籍出版社1989年版，第203页。
④ 中国第一历史档案馆：《朱批奏折》，民族，胶片编号70。
⑤ 《清实录·圣祖实录》，乾隆六年二月乙丑条。
⑥ 马建石、杨育裳主编：《大清律例通考校注》，中国政法大学出版社1992年版，第1117页。

接触。国家法由强制力保障实施，但此时习惯法仍是苗族所认可的规范，两种存在诸多差异甚至相互冲突的规则，被要求在同一个群体间适用是非常困难的。

为了解决这一困难，当时的苗族在权衡利弊后采取了多种方法。其一是消极抵制国家法。如上文谈到的关于杀人事件的处理，苗族不愿报官，实现对国家法的回避。即便报官后也不愿适用国家法，如果地方官要按照律例"起尸勘验"，还要向官员抱怨，死者家属"也不以为地方官代为申冤"，还认为起尸勘验"与通寨不利，谓地方官不肯体恤，烦扰贻灾"①。"苗民不胜其烦苦，以为归化之后，反不如当时之自在任意也。"其二是逃离。有些苗民自觉国家法力量强大，在法的选择上不能自主，但是又想遵循习惯法处理问题，为了逃避官员勘验，甚至出现了"原被告双方抛弃田宅，举家逃匿"的现象。其三是反抗。国家法的植入，除了同原有的习惯法在处理纠纷上存在冲突，还给苗民附加了多种负担，特别是赋税与夫役，苗民苦不堪言。这种法律的内在冲突直接外化为人行为上的冲突，表现为苗民对清廷统治的不满，成为苗民起义的重要原因之一。起义平息后，清政府与苗民都付出了惨重的代价，这也是法背后力量博弈的后果。此时清政府认识到，强制推行国家法的成本过高，困难重重，不得不改变策略。在利害权衡与双方博弈的情况下，乾隆元年，乾隆专门下谕旨："苗民风俗与内地百姓迥别，嗣后苗众一切自相争讼之事，俱照苗例完结，不必绳以官法。至有与兵民及熟苗关涉之案件，隶文官者仍听文员办理，隶武官者仍听武弁办理，必秉公酌理，毋得生事扰累。"②至此，黔东南地方"苗例治苗"的政策被确立起来。

二、"苗例"的实施与废止

"苗例治苗"是国家法与苗族习惯法在博弈的过程中做出的让步，在此需要指出的是，"苗例治苗"不是完全否定了国家法及国家司法权的存在，

---

① 中国第一历史档案馆：《朱批奏折》，民族，胶片编号71。
② 《清实录·高宗实录》，乾隆元年七月辛丑条。

而是在肯定国家司法管辖权的基础上，以苗族的习惯法作为准据法处理生苗之间的纠纷。例如，乾隆十四年，云贵总督张允随向乾隆皇帝奏报贵州苗疆时写道："遇有犯案，轻者夷例完结，重者按律究治，地方官随时斟酌办理。"①湖南巡抚蒋溥称："苗人户婚田土、偷窃雀角等细事，各令具报到官，责令寨头、甲长照苗例理处明白，取具遵依存案。"②之所以采取这样的方法，一方面是能够对"苗例"的执行情况进行监管，使"苗例"的实施处于政府的监管之下，另一方面也是使苗民接触、了解国家司法程序，逐渐熟悉并接受国家法。

虽然制定了"苗例治苗"的政策，但是从司法实践来看，"苗例"的适用并不是绝对的，地方官员往往结合案件的影响范围、社会危害性等，从国家治理等角度来灵活做出判决。例如，乾隆十四年，湖南巡抚蒋溥奉上谕，回应湖南按察使要求对湖南苗人逐渐加强国家法，限制"苗例"的适用时谈道："如事犯恶逆，有关伦常者，地方官自应权其轻重，通详请示，不准外结。若必逼别其颜心，为惟此应照律例定拟，反使蠢苗视有关伦常之外可以无所不为，反失治苗本意。"③即苗人事犯恶逆，关系伦常时，属于国家法中的重罪。地方官有权根据情况向中央请示处理，不必拘泥"苗例"的规定。如果做出硬性规定，反而于统治不利。④也就是说，对于"苗例"，地方官员可以掌握尺度，灵活适用。对此我们可以列举相应的案例。

根据《外纪档》的记载，嘉庆年间，黄平州（属于今天黔东南苗族侗族自治州）的潘老牛推搡其父，导致其父摔倒死亡，地方官员的判决是"殴父母杀者凌迟处死律，拟凌迟处死"。由于黄平州距离省城超过300里，"即在省垣正法，仍将首级解回犯事地方枭示"⑤。另外，根据《外纪档》的记载，

---

① 中国第一历史档案馆编：《清代档案史料丛编》（第十四辑），中华书局1990年版，第179页。
② 中国第一历史档案馆：《朱批奏折》，民族，胶片编号71。
③ 中国第一历史档案馆编：《清代档案史料丛编》（第十四辑），中华书局1990年版，第173页。
④ 苏钦：《"苗例"考析》，载《民族研究》1993年第6期，第101-102页。
⑤ 《外纪档》（台北"故官博物院"藏）嘉庆二十二年十月，第197-199页，转引自钟千琪：《清朝苗疆例之研究》，东吴大学历史学系2004年硕士学位论文。

道光二十一年，台拱（属于今天黔东南苗族侗族自治州）的老鸟误伤其母，导致其母死亡。地方官员在判决中提到，这种行为按律应该凌迟处死，但是考虑其不是故意犯罪，判处了"斩监候"。① 这两起案例都发生在黔东南苗疆，都是儿子伤害父母导致死亡。虽然是苗民，地方官员仍然按照国家法处理，并且还将犯人的头颅带到犯事地点"枭示"，将国家法的影响直接植入苗疆。

除了直接适用国家法，地方官员在依据"苗例"处理案件时，也会借机推广国家法。例如，乾隆三十一年，湖南永绥厅官员在处理一起苗民因为赔命价执行纠纷时，就将"苗例"并国家法一同适用。这起苗民间的纠纷可以分为三个阶段。第一个阶段是乾隆二十八年，当事人一方——龙章六的亲戚石老文被龙长受打死，在百户的主持下，按照"苗例"，由龙长受赔偿石老文七两六钱银子。第二个阶段是乾隆三十年，经过两年，龙长受仍未将赔偿款交由石老文家人，为此龙章六与亲戚龙五月牵走了龙长受放牧的四只山羊。龙长受因为欠钱理亏，便让岳父石晚儿谎称羊为石晚儿所有，代自己去讨羊。石晚儿找回两只羊，并在龙章六家找回七条羊腿，又趁龙章六家中无人，背走了一名幼女。龙章六回来后，误以为是自己牵错羊导致，故主动认错，请中讲理，按照"苗例"赔偿一头猪给石晚儿。第三个阶段，几日后，龙章六发现自己受骗，气急败坏，牵走龙长受亲戚家的四只羊，龙长受报官。官府抓人时，却又出现了误抓事件，引发众苗人救人聚观的"群体性事件"。案件步步升级，此时官府只得介入案件处理。当地官员根据苗民"求照苗例"处理的请求，以及国家法中关于"苗例"适用的规定，在牙郎（即理老）的参与下，处理了案件。即要求龙长受还清石老文家的欠银；龙章六赔偿龙长受六只羊，作价三两三钱银子；石晚儿因为在上次纠纷中诓骗龙章六一头猪，并背走幼女，故分别赔偿银一两二钱与一两一钱。此时"两造允服"并按照苗族的风俗"吃血盟誓，永相和好"。② 这一案件的处理结果上报时，湖南巡

---

① 《外纪档》（台北"故宫博物院"藏）嘉庆二十二年十月，第197－199页，转引自钟千琪：《清朝苗疆例之研究》，东吴大学历史学系2004年硕士学位论文。

② 黄国信：《"苗例"：清王朝湖南新开苗疆地区的法律制度安排与运作实践》，载《清史研究》2011年第3期。

抚认为案件当事人龙章六、龙五月、龙长受、石晚儿等人，具有滋事的情节，在处理结果上又要求依国家法对案件当事人重杖八十，只是"时逢热审，照例减折发落示儆"处理。由此，这一案件的处理除了参照"苗例"外，还将国家法的规定也掺杂进去。类似这样的判例，有助于苗民逐渐知悉、了解并执行国家法。

到了清后期，鉴于国内外的形势，新政开启，国家逐渐开放了半封闭的苗疆，此时很多汉人涌入苗地，加之咸同起义后取缔了土司，改变了"以苗治苗"的策略，清廷开始推行流官制度与保甲制度，导致苗族传统法文化受到了很大的冲击，"苗例"适用的空间越来越小。即由乾隆初年的"苗众一切自相争讼之事，俱照苗例完结"，到中期"轻者夷例完结，重者按律究治"，到清后期国家法逐渐加大适用范围，除了重罪，还逐渐扩至婚姻、家庭、商事纠纷等；最终，在1910年颁布的《大清现行刑律》中将"苗例"予以删除。沈家本对删除"苗例"的说明是："苗夷有犯似应照民人办理……此例所称外结及苗人争讼，俱照苗例各层，均属无关引用，应即删除。"[①] 此时"苗夷"已经完全可以等同于"民人"了。这是清廷近200年在苗疆的经营的结果，亦是黔东南地方的生苗已经转化为熟苗进而转为民人的结果。

需要注意的是，清廷取消了"苗例"，并不是说明苗族习惯法就随着"苗例"的取消而全部消失。苗族习惯法的国家法形式虽然取消，但是在苗族社会内部，其影响力还是有留存的，虽然此时不能再被称为"法"，但是却以习惯法的形式存在，其对于国家法的实施还是有一定的影响的。只不过，经过近200年的开拓经营，苗族对于王化秩序已经越来越熟悉，国家法观念渐次走进苗疆，逐渐被苗民接受，特别是苗族习惯法中严重影响王化秩序的内容逐渐被国家力量所约束，再强调"苗例"已无必要。黔东南最终由"苗例之治"走向了"国法之治"。

---

① 《续修四库全书》编委会编：《续修四库全书》（第663册），上海古籍出版社1996年版，第394－395页。

第三节 "苗例"变迁的原因——苗民国家法观念的转变

"苗例"的变迁与国家法的渐进是同步的。在清朝开辟后的100多年间，黔东南地方的苗民逐渐开始认同国家的法律，认同国家的司法权威，这些是导致"苗例"变迁的主要原因。对于国家法观念在苗族社会的逐渐确立，本书选取了三个方面进行论述。

一、价值取向的转变——从"杀人赔牛"到"杀人抵命"

有关"苗例"的观念转变，就是由"苗例"中的"杀人赔牛"的观念逐渐转向为"杀人抵命"的国家法观念。如前文所言，苗族早期的习惯法中存在着杀人与伤人用财产赔付的惯例，不认可国家法中的杀人抵命的规定。如果地方官严格按照国家法办理，则苗人认为，报官后"今又多杀一人，上则怨官不公，下则仍图报复，彼此互杀辗转不休"[1]。可见此时苗民习惯法中对于杀人案件的处理与国家法"杀人抵命"的精神相去甚远。如果地方官员坚持执行国家法，反而会"彼此互杀辗转不休"，导致地方秩序更加混乱。这也是乾隆时期主张实行"苗例"的原因之一。但是随着王化秩序的构建，这种观念也发生了变化，在此以民国初年的"姜纯镒杀人抢劫案"[2]的诉状稿为例进行分析。

民国十年左右，姜纯镒同合伙人贩卖木材，在回家的路上，姜纯镒杀死两人，杀伤一人，掠夺卖木材公款及合伙人钱财共计白银四百余两逃逸。为此死者家属及其他合伙人向官府告状，请求追责。从抄录的诉状稿来看，整个案件的办理分为三个阶段。第一个阶段，被害方告官，政府对死者及伤者

---

[1] 中国第一历史档案馆：《朱批奏折》，民族，胶片编号71。
[2] 在《清水江文书》第三辑中记录有"姜纯镒杀人抢劫案"的一系列诉状稿，共计十余页，包含了案件进展不同阶段的被害方家属的诉状以及官府的批复与判决诉状稿。由于篇幅的原因，不能将所有诉状列举，在此仅对案情及诉状稿中的内容进行提炼。全部诉状稿详见附录D。载于张应强、王宗勋主编：《清水江文书》（第三辑5），广西师范大学出版社2011年版，第354-369页。

第三章 "苗例"的变迁

进行勘验,抓获了姜纯镒,并要求姜纯镒家人将赃物返还给被害方。第二个阶段,姜纯镒家人寻找托词,拒不返还赃银。原被告双方长期留驻于县城,并根据案情进展情况与官方进行数次沟通。具体表现为,被害方几次向政府请求姜家退还赃银,并建议拘役姜纯镒的父亲与兄弟的方式索要银子。而姜家又向政府反诉被害方的家人在案子审结前牵走家中耕牛三头,并在姜家耕地上插牌强占。为此被害方家属又对耕牛及插牌占地的事向官方辩白。第三个阶段,判决姜纯镒死刑并执行。在这一过程中,被害方共有七份诉状稿[①]。通过被害方的诉状稿,可以窥探此时的苗族对于"杀人"案件处罚的观点。

整个诉讼过程充分体现了在此地苗族法文化中"杀人抵命"置换了"杀人赔牛"的观念。在改土归流初期,"杀人赔牛"这种习惯法还广为流行,甚至为了逃避"以命抵命",被害方与加害方双双抛弃家产逃跑。100多年后,同样的杀人事件,在被害方家属向官方提供的诉状稿中却提到"杀抢之银而不退,杀毙两命而不抵,国家无此律乎?"以及"姜纯镒谋财数百金,杀毙两命,已属盗伤失主,死有余辜"。此时被害方完全没有提及用财物来赔偿人命,主要是强调"抵命"。特别是第四份诉状稿,由于在案件的审理中,其中一位死者的妻子曾经从姜家牵过三头牛,姜家对此提起反告,认为被害方强夺财产。这位死者的父亲对此答辩,牵牛是因为死者的妻子与姜纯镒有亲属关系,回到娘家后去姜家哭诉,姜纯镒的母亲与妻子哀其可怜遂赠与,即"以慰哀泣之用,而周目前之急";接下来死者的父亲又特别强调,"民一家父子在城听候,何希小补"。可见此时的"赔牛"已经远远不能迎合苗民对于杀人的赔偿标准了。出现这样的观念改变,一方面是因为国家法的影响逐渐深入;另一方面也在于此时此地的苗族社会经济得到了很大的发展。此时清水江流域的苗族社会由于国家水道的疏通以及木材商业的发展,早已不是以物易物的时代了。大量的白银、商品流入苗疆,也逐渐改变了苗民的价值观。如前文所述,苗族传统法文化中,对待侵犯人身的犯罪,注重财产的惩罚与补偿;对待盗窃等侵犯财产的犯罪常常会出现"开除""死刑"等

---

① 清水江文书上留存的诉状都是以稿件的形式存在的,主要的原因是诉状已经上交衙门,只是将诉状稿留存。但是这些诉状稿所记录的内容同诉状基本相符,也反映了当时人们诉讼的真实情况。

刑罚，似乎认为财产的价值超越生命价值。这不是苗族法文化出现了逻辑的混乱，而是艰涩的经济环境影响了苗民的价值观。但是到了清后期，黔东南东部的苗族社会中，经济已经得到了很大的发展，木材商业带动当地经济空前繁荣，人的价值也不是简单靠"赔牛赔马"就可以解决的。此时对国家司法权威的承认以及外在社会经济的影响是"杀人抵命"观念形成的重要原因，"杀人抵命"观念的形成也是苗民国家法观念形成的一个缩影。

二、国家法中伦理观的影响

国家法中的"伦理观"是汉文化的一个重要内容，并逐渐演化为一个庞大复杂的法律制度。随着王化秩序的构建，国家法中的伦理观也对苗族的法文化产生了重要影响。例如，在剑河柳川区德威乡奉党村留有"凤党碑"，记录了国家法中的伦理观在当地的影响，碑刻内容如下：

> 特授贵州镇远府正堂加三级记录十二次凌，为出示晓谕事案。据清江鸡凤党苗民往色引兴控伊外甥赏容赖乖伦，笼娶伊侄女为媳一案。当经□□本府提集原被人证列案讯明，赏容赖系往色引甥，说娶往色引之侄女为媳，班辈不符，本应断离，因往色引、羊包引等之母主婚许配，兼已成婚日久，羊包引等不敢违抗母命，恳求免折等情，姑准俯顺苗俗，仍令羊包引之女仰羊包与赏赖之子马登科成婚，嗣后不准为例，取结备案，出示晓谕，为此示仰该寨苗民人等知悉。嗣后该苗等凡嫁女娶媳，务须查明尊昏长幼，班辈相符，始准婚配。如敢效赏窖赖荣颠倒紊乱，定即严行惩办，决不宽贷。毋违。特示，右仰通知。
>
> 道光四年三月十九日立①

这一碑刻的主要内容是说苗民往色引状告其外甥赏容赖乱伦，因赏容赖娶了往色引的侄女作为儿媳妇。也就是出现了表哥家娶了表妹作儿媳妇，出现了班辈不符的现象，属于乱伦。这种婚姻是不符合儒家的伦理观的，也是不符合国家法要求的。对于深受儒家教育的官员来讲，这样的婚姻是难以认

---

① 贵州省民族事务委员会、贵州省民族研究所编：《贵州"六山六水"民族调查资料选编·苗族卷》，贵州民族出版社2008年版，第153页。

同的，于是专门写道"本应断离"，但是因为"成婚日久"，婚姻早已是既成事实，所以如何处理也是个矛盾的过程。最终地方官采取了灵活的处理方式，依据"苗俗"认可了这一婚姻，但是又特意说明下不为例，要求以后本地方苗民婚姻必须要"班辈相符，始准婚配"，否则"定即严行惩办，决不宽贷"，最后强调"毋违"。为了保证这种"立法"的持久力，地方官还"出示晓谕"并专门刻碑，进行宣传。

这一起判例发生在道光四年，距离苗疆开辟已近百年，此时随着王化秩序的构建，国家法已经深入苗疆。碑刻中当事人的姓名都是传统的苗族姓名，可以判断这些人都是没有完全被汉化的苗人，但是却出现了苗人兴控自己家人婚姻"班辈不符"，违反国家法的案子。而且按照碑刻的说明，这种婚姻虽然不符合国家法中的伦理观，但是符合当地苗族的法文化——"苗俗"。可见此时黔东南苗疆的苗民已经很熟悉国家法了，甚至有关"婚姻"的内容都能详知，而且还能够采取了"兴控"的方法来阻挠本家族中的婚姻，足见随着王化秩序的构建，伦理观念已经渐次推广到苗族的社会生活中去了。地方官及时抓住了"个案"，因势利导，以前的既往不咎，以后的严行禁止，按照国家法的规定在苗地重新确立婚姻规范，并刻碑"晓谕"，将"法"宣告出去。这则碑刻也反映了"因俗而治"逐渐转向了国家法之治的过程。

除了上文官方的记录，在苗族民间也能看到这样的伦理观在苗地的普及情况。在《清水江文书》中，有一篇关于强奸的诉状稿，就能准确地反映出国家法中伦理观对苗民观念的影响。诉状稿内容如下：

> 告状民姜凤池、姜凤德、姜恩宽，为强奸侄媳，悖理乱伦，告恩严究，免伤风化事，缘民子恩焕娶妻杨氏过门数载，夫妻合好□异情，因本年五月三十日民媳因往松野耶蓣地离家三里许，突遭惯行强奸凶佑、虎霸一方之嫡堂弟姜凤来探知民媳前往，预先佩戴马刀藏匿被（背）处，民媳适至，胆将马刀架住强奸。嗟民媳女流，兼系孕妇，被恶凶扭在地甘受侮辱之奸，哭泣回家，几欲投河自缢，民等再四讯诘，知被恶强奸，当即申明族人姜兆璠、凤岐等欲以家法处置。奈系光天之下，法网难逃。前于光绪十七年强奸侄姜恩光之妻，现有戒约可凭，赏调即白。

今天又仍蹈前辙，不悔前惩。明系藐国家法而轻视王章，乱大伦而有伤风化。若不告恳严究，诚恐相袭成风，□情切戡心不已，告乞。告前请主赏准差拘严惩以端风化施行。①

这篇诉状稿虽然没有说明告状的时间，但是通过被告上次行凶为光绪十七年，故推断此次状告的时间应该也在清末。这篇诉状稿体现了苗民对伦理观念的认同。在诉状中，被害方除了说明强奸一事外，还特别注明强奸犯为被害人的"堂叔"，堂叔强奸侄媳，这样的行为"悖理乱伦""有伤风化"。而悖理乱伦、有伤风化本是中原国家法中的内容。此事在苗民的诉状稿中反复提及，说明经过100多年的经营，在国家法治以及外来移民、客商的影响下，中原的汉文化对苗族文化产生了很大的影响，国家法中的伦理观已经逐渐渗透到苗族地方，逐渐被苗民所接受。同样前文所举"往色引状告外甥家婚姻班辈不符"一案，也反映了伦理文化成功植入苗疆。此时的苗民已经不再是被动地接受地域秩序，国家法的诸多精神也不再是外在的"他人之法"，而是转化为苗民内在的"自我之法"了。

认可了国家法中的伦理观，也包括认可了国家法对这种"乱伦"行为设定的处罚标准。从诉状稿来看，被害方显然认为苗族习惯法中原有的惩罚是不够的。按照苗族的习惯法，这种行为可以用财产进行惩罚（如本书第二章介绍的苗族贾理中就有希雄公强奸妇女最终被罚得倾家荡产的判例）。这篇诉状稿中也提及，即此案被告在光绪十七年也在本寨强奸妇女，也只是私下处理，写下认错字，对于被告来讲震慑意义不大，所以才会再犯。大家也担忧"诚恐相袭成风"，因此更希望国家法的严惩。所以事发后被害人一家开始找到族人要用习惯法"宗法"处理，但是综合考虑后，认为"光天之下，法网难逊"，最终还是选择了报官。诉状稿中出现了"法网""国家法""王章"等内容，甚至案件审理前就请求"赏准差拘严惩以端风化施行"，就是希望按照国家法制定的准则来处理犯罪人。当然从诉状稿中还可以看出苗族习惯法的留存，到光绪十七年时，即便是清水江流域，王化势力较重的地方，

---

① 张应强、王宗勋主编：《清水江文书》（第一辑8），广西师范大学出版社2007年版，第330页。

依然存在着"宗法"也就是苗族习惯法，可见国家法的植入是个漫长的过程。

中原的伦理观念的影响是深远的，在中华人民共和国成立初期的历史调研显示，苗族的观念中也有了伦理的痕迹。如"不同辈份的人互不结婚也是一种限制，在黔东南的苗族中一对青年男女尽管年龄、情感、家世都适合于婚配，如果两人原来在姻亲关系中属于不同的辈份，那舆论就不支持这种联婚，婚姻往往就不能成立"[①]；也有些地方是部分限制，例如，在对"从江县加勉乡的社会历史调查"时发现，"选择配偶时对辈分也有一定的限制。但仅限于姻亲之间的直系血亲，旁系血亲却无此限制"[②]；考察苗族流传下的百多篇理辞、古歌等内容，并未看到婚姻中对辈分的限制，另外，前文所述"往色引状告外甥家婚姻班辈不符"一案的"凤党碑"中也提到了苗族婚姻不论辈分是"苗俗"，故不排除现在苗族社会中出现的"辈分限制"是受到了"国家法"及汉族伦理观的影响，只不过各个地方受到的影响不同，从而在随后的历史中表现出些许差异。

三、对国家法权威的认同

（一）苗疆开辟初期苗民对国家法的陌生与抗拒

苗疆开辟前，黔东南苗族与中央王朝长期处在隔绝的状态，被称为"化外之地"。此地的苗族与其他少数民族处于不担徭役、不纳粮税、不知有官的状态。前文已述，从清朝建国一直到苗疆开辟初期，整个苗族社会对于国家法是陌生且排斥的，甚至到了乾隆六年贵州有些地方"知县终年不至，苗性不知有官"，更不用提国家法的适用了。即便有了国家官员，苗族还是愿意使用自己的习惯法。例如，本章第二节提到的关于杀人事件的处理，苗民不愿报官，报官后也不愿适用国家法。如果地方官要按照律例"起尸勘验"，即便是死者家属"也不以为地方官代为申冤"，还认为起尸勘验"与通寨不

---

① 全国人民代表大会民族委员会办公室编：《贵州省清水江流域部份地区苗族的婚姻（贵州、湖南少数民族社会历史调查组调查资料之三）》，全国人民代表大会民族委员会办公室1958年版，第13页。

② 《民族问题五种丛书》贵州省编辑组、《中国少数民族社会历史调查资料丛刊》修订编辑委员会编：《苗族社会历史调查》（二），民族出版社2009年版，第60页。

利,谓地方官不肯体恤,烦扰贻灾"①。对于反复的勘验与取证,苗民不胜其烦苦,甚至为了逃避官员勘验,原被告双方抛弃田宅,举家逃匿,反映了苗民对于国家法中"杀人偿命"规则的陌生与排斥。

实际上,新辟苗疆的苗民对于国家法的不解与排斥并不仅仅体现在惩罚制度方面,而是体现在对于国家法整体的陌生与不适。苗疆开辟初期的一起案例就能充分说明这一点。雍正九年二月十八日,张广泗向雍正皇帝奏报,在铜仁府附近的"三不管"的生苗区,刚刚招抚成功就出现了因为"吏目、把总收粮太紧,每户索银钱余,以致苗人衔怨滋事"②的事件。即稿平等寨纠集一二百苗人将前去勒索催粮的吏目、把总二人打死,并把随去的兵役一并捉住。虽然苗人只是将催缴的两名官员打死,随去的兵役"尚不敢有一员死伤",张广泗也提到"该吏目、把总,藉端勒索,祸由自取",但是依然认为"已经归抚,却因事纠党、殴毙职官,何可宽宥",动用大批官兵,要将"所有凶手及随行不法者,必应擒剿示敬"。这"一带均系新抚苗人",从苗人的动机来看,他们并不是恣意起衅或者造反,是有所考量与克制的。他们只是对勒索的吏目、把总进行了"惩罚",所扣押的士兵"毫发未损"。如果从苗民的法文化出发,以这样的方式处理勒索的行为是恰当的。如果死者一方认为不平,可以讲理,如果杀人方确有过错还可以用赔偿补救。当时的苗民并不认为会有什么不良后果,所以在后续的抓捕过程中,并没有看到苗民"逃逸"的现象③。此时的苗民根本不知道,国家法对于这种行为是严行禁止的,特别是"因事纠党、殴毙职官"属于极为严重的犯罪,触犯了国家统治最为敏感的神经,是国家法极难包容的,双方在"法"的理解上发生了错位。同苗民的"淡定"相比,地方官员则表现得极为震惊与紧张。事情一发,紧急上报给皇帝,地方官员又密集调遣大兵,初步定3000人。尽管在随后的抓捕过程中基本上没有见到抵抗的描述,但是仍然留用几百人进行镇守

---

① 中国第一历史档案馆:《朱批奏折》,民族,胶片编号71。
② 中国第一历史档案馆、中国人民大学清史研究所、贵州省档案馆编:《清代前期苗民起义档案史料汇编》(上册),光明日报出版社1987年版,第66页。
③ 参见中国第一历史档案馆、中国人民大学清史研究所、贵州省档案馆编:《清代前期苗民起义档案史料汇编》(上册),光明日报出版社1987年版,第39-40页。

弹压，防止生变①。这两种不同的表现说明了两种法文化之间的陌生与冲突。从国家法的观念出发，苗民"已然就抚"，成为国家的子民，竟然出现这样大的"反叛"事件，必须要用国家法严处。而苗民按照自己的理解，并不认为这件事会有如此严重的后果，所以丝毫没有逃避，然而最后涉事苗民还是按照国家法被"擒剿示儆"。在国家法与苗民习惯法存在诸多隔阂的情况下，清廷的处理结果完全超出了苗族的预判，国家法的强制实施严重伤害了苗民的"正义观"，苗民恐怕难以接受。

从这件事情可以看出，黔东南地方的开辟者与苗民的法观念有严重的隔阂，双方都在秉持着自己的"法"为事，在社会治理上就表现为冲突不断，这个案例只是冰山一角。再加上在这片原本"向无统属"的地方，苗民突然被苛以赋税，且又被国家管理体制牢牢束缚，当官兵仰仗国威，有恃无恐，恣意勒索，而苗民又不能通过有效的方法实现心中的正义时，社会秩序中爆发冲突就在所难免了。从历史来看，这种治理模式导致当时国家法与苗民习惯法之间形成了无间隙接触，导致了激烈的碰撞。规则的内在冲突，外化为人的冲突，不利于国家治理与地域安全。虽然当时清廷也极力树立国家法权威，但是欲速则不达，反而引起苗民的反抗。

（二）清中后期国家法权威的树立

苗疆开辟初期在苗疆出现了国家法"水土不服"的现象，但是随着国家治理的深入，国家法的权威逐渐树立起来。历史上也有了相关的记载，如《贵州苗族林业契约文书汇编：1736—1950 年》上的一则嘉庆年间的文书就有所体现。全文如下：

> 立断卖山场并杉木约人姜文升、之林、明伟、启姬、启谟、昌林、天德、有连、应颢、廷仪、之英、之宝、启瑞、之模、文贤、启动、维周、世贤、兴文，五十番户文荣、老明、文杰、姜俊、文望等；情因向姓与谭姓二比斗伤人命，彼今自赴府投报，恐委官到尸场勘验，耐我等山土名东养凹，列近尸场，诚恐带累，我等情愿将此山（山之四界略

---

① 中国第一历史档案馆、中国人民大学清史研究所、贵州省档案馆编：《清代前期苗民起义档案史料汇编》（上册），光明日报出版社 1987 年版，第 58 页。

去）贴补四甲众等费用，日后用成多少，俱在众等开销。不至重复山主，自今以后，其山杉任凭众等管业发卖。恐后无凭，立此断约存照。

代笔姜延周立契三纸，姜廷仪、应头、化龙各存一纸

嘉庆七年正月十七①

这张契约是嘉庆年间黔东南文斗地方的卖山林契约，主要是为了应付官司而将山上木材出卖。文斗苗寨在地方文献的历史记录中常被称为"生苗"区。清代清水江下游形成了大型的木材市场。文斗虽地处偏僻，但毗邻清水江，便于将木材借航道输送出去，加之出产木材，频繁的木材贸易产生了大量的契约，所以为后人了解清代苗族历史提供了重要素材。在这张卖林契约中，透露出多种要素，如产权、交易、保甲制度等内容，在此不予讨论。本节更为关注的是卖林的原因。这张契约透露出来以下几点信息。其一，在山主的山场附近发生了一起命案，发生命案后，没有请中人按照"苗例"来处理，也没有发生家族维权械斗、复仇的现象，而是"自赴府投报"。虽然不排除向姓与谭姓可能为外来文斗佃山的外地人，但也反映了在同一地域中，发生这样的命案时人们已经知晓官法，要去官府"投报"。其二，人们对于官府处理命案的流程已经很熟悉，提前就能知道出了人命官司，官府就会来"尸场勘验"。可见即便是地处偏僻的苗族小山村，由于地域秩序的重建，官员也会经常进寨处理这类案件。苗民对于生活中经常涉及的国家法已经相当熟悉。其三，山主虽然并没有涉及人命案，只是其山场在"尸场"附近，就"诚恐带累"，甚至将山上的木材发卖变现，应付官司。从这一侧面也反映出来，历史上记载的清代黔东南地方的土司、吏治的苛索扰民等问题，对苗民来说已经司空见惯，甚至已经了解了其中的"潜规则"，提早卖杉得钱去应付官员。这张契约反映了苗疆开辟 70 多年后，国家法秩序已经逐渐走进苗族社会，为生苗所接受。虽然在王化的势力下，黔东南地方公共秩序的维护上存有诸多弊病，但是用官法解决社会治安与犯罪问题，禁止了聚众斗殴与复仇，这无疑是历史的进步。

---

① 唐立、杨有赓、武内房司主编：《贵州苗族林业契约文书汇编：1736—1950 年》（第一卷），东京外国语大学 2003 年版，契约编号第 A0067。

第三章 "苗例"的变迁

再如前文中提到的"姜纯镒杀人抢劫案"的诉状稿中，也体现了苗民对国家司法权的承认与遵从。在第一份诉状稿中，被害方家属首先提出"为谋财杀命，人财两空，喊恳验究事"，请求"坐落凶父姜作干，缉拿凶手到案律办，追赃失物"；可见，从开始诉状，被害方直接请求的就是"到案律办"，要求按照国家法处理，却没有提及按照传统习惯法来解决纠纷。这同苗疆开辟时，苗族遇到命案愿请寨老讲理、愿意适用"苗例"形成强烈对比。后因姜纯镒家也提交诉状，说被害方牵走他家耕牛三头，其中一位死者的父亲在续状中答辩，牛是姜家见其儿媳丧夫可怜而赠与的，还提出"民等遵候在辕，未敢妄动""民虽至愚，曷敢妄为，始终惟有叩恳"，可见此时的苗民已经完全接受了国家的权威以及法律秩序，对于这种"杀人"案件，一切按照法律程序，请求国家对案件进行处置，自己不能妄为。如果对比乾隆十七年，贵州提督丁世杰在奏折中提到的"苗人竟有官司传唤不至，因公役使者不从"，就会发现强烈的反差，苗民早已经由"抗法不遵""传唤不至"转变为"惟有叩恳"了。尤其是在诉状稿中提到，"今作干见得伊子押办，欲意抵骗民等之银，如此杀抢之银而不退，杀毙两命而不抵，国家无此律乎""若不续恳执行追究，依法抵偿，诚恐谋财害命，效尤日多，国家法律，虚悬无补"。苗疆开辟初期黔东南苗民地处封闭，"不隶版图""不知有官"，是不知国家法为何物的"生苗"，经过开辟与经营，到民国初年已经能够提出"国家无此律乎"以及"诚恐国家法律，虚悬无补"，说明经过长期的经营，早已经由"生苗"变为"国民"。此时的苗民已经认可了国家法，形成了国家法治观念。

清朝王化秩序在黔东南的构筑，使得从来没有接触过国家法的苗民渐渐认同了国家法的权威，以至于锦屏等地方的苗族由"不知有官"、畏惧诉讼，发展成为"好讼之乡"。现在清水江流域的苗族村寨保留的大量文书中还有很多诉状稿，涉及杀人、强奸、买卖、欺诈、婚姻等多种纠纷，说明随着苗疆的开辟，这些地处"化外之地"的苗民已经认可了国家的权威、国家法的权威，这是苗民法文化变迁的重要过程。

综上所述，经过清廷在苗疆不遗余力的开拓与经营，到了清后期，苗民已经逐渐形成了国家观，认可了"臣民"身份。从法文化的变迁中看，早期苗族法文化中排斥国家法中的"杀人抵命"逐渐置换了"杀人赔牛";早期苗族法文化中并未出现的伦理观念,渐渐因国家法的实行补充到苗族法文化中来;国家法的权威也逐渐确立起来。虽然这只是苗族法文化变迁中的三个视角,但是从中我们可以窥探出国家法治观念从形式到精神都对苗族的法文化产生了诸多的影响,这也是"苗例"变迁的深层原因。

第四章

"讲理"与"神判"的变迁

良好的社会秩序,是人类生存与发展的重要条件。在一个国家之中,社会秩序的维护往往是国家治理的重要内容,法律、行政机关以及国家暴力机关无不为其服务。但是苗疆开辟前的黔东南地方没有国家王权的介入,没有国家法,也没有形成国家法治下的公共秩序。苗族先民既生活在以房族为中心的小家族内部,又生活在多房族、多分支、多民族杂居共处的大社会中,这种环境不可避免地会遇到人类社会中普遍存在的各种问题,诸如纠纷、利益冲突、文化冲突、犯罪、安全等。在这种背景下,古代苗族为了维护社会秩序形成了独特的解纷机制——"讲理"[①]与"神判",来化解纠纷。"讲理"与"神判"互相衔接,一般纠纷都首先采用"讲理"的方式,但当案件处于事实不清的情况时,往往会采取"神判"的方法来判断输赢。这些方式在苗族社会中流传了千百年,是非常成熟的纠纷解决机制,即便在今天也仍有借鉴价值。随着苗疆开辟,苗疆地域秩序发生了巨大的改变,拥有国家强制力的流官与土司也开始处理纠纷,"讲理"与"神判"受此影响发生了变迁。

[①] 目前学术界常将这种纠纷解决方式定义为"调解",但是"讲理"与"调解"是存在诸多不同的。讲理比调解程序严格得多,其程序类似于今天的审判程序,流畅规范,当事人需要严格恪守,但是调解一般没有严格的程序要求;调解一般不收费,但讲理需要提前提交"理金";调解解决的纠纷以民事纠纷为限,讲理不作案件类型的区分都可以处理;等等。所以以调解命名这种古代的纠纷解决方式是不准确的。故本书参照苗族对这种纠纷解决方式的称法——"讲理"("理"不是理由或道理,而是苗族传统法文化中的"法"——理辞)。

第一节 "讲理"与"神判"

一、"讲理"

(一)"讲理"的简述

"请中讲理"是苗族社会中解决纠纷的一种方式。在古代苗族社会,一般有"理老"等作为"中人"结合证据,以"贾理""榔规""道德""习俗""情理"等为依据,经过严格的讲理程序,判断双方过错输赢,来解决纠纷。讲理中,纠纷当事方的意见往往能够得到充分尊重与评估,故而一旦达成协议,往往履行良好。请中讲理在苗族社会中具有悠久的历史,汉族文人对此多有记载,如嘉靖《贵州通志》曾细致地描述了这一现象:

> 苗俗有争,则用行头媒讲,以其能言语者讲断是非。凡讲事时皆用筹记之,每举一筹则曰,某事云云;其人不服则弃之,又举一筹,则曰云云,其人服则收之,令其赔偿。讲杀人谓之筹头,讲偷盗牛马者曰犯瓦,盖苗以一火为一瓦也。谓之媒讲者,如婚姻用媒以通两家情好之意。凡请行头讲事,先用银、布以纳之,名曰缚行头,使不二心也。大概苗易生衅,凡事因媒讲,亦息争端,此乃御边之一术矣。①

清康熙四年,贵州总督杨茂勋疏言:"贵州一省在万山之中……苗蛮在山箐之中自相仇杀……止须照旧例令该管头目,讲明曲直或愿抵命、或愿赔偿牛羊、人口,处置输服,申报存案。"②到清中期在清水江流域的碑铭《约条碑记》中也有这样的记载:"寨中大小事件,当听凭中寨长处理,如若二比俱功不下更讼,请到邻寨长秉公切解,寝息其事。"③

---

① 黄家服、段志洪主编:《中国地方志集成·贵州府县志辑》(第1辑),巴蜀书社2006年版,第268页。
② 《清实录·圣祖实录》,康熙四年七月乙未条。
③ 吴才茂:《清代清水江流域的"民治"与"法治"——以契约文书为中心》,载《原生态民族文化学刊》2013年第2期。

类似这样关于讲理的历史记载比较多见，据此可以简要总结出讲理的特点。其一，讲理时居中裁判的人为理老。苗疆开辟之前，在没有国家与公共秩序的背景下，理老是苗族社会中的权威，因此一般由理老来处理这样的纠纷。其二，讲理是有固定的程序的，即"讲事时皆用筹记之"，并以此断定输赢。其三，讲理中注重当事人的意愿，理老讲解，当事人服则认错。其四，这种方法在苗族社会中普遍存在，甚至可以用来作为"御边之一术"。但是这种讲理的记述仍稍显简单，对于今天的很多学者来讲，古代苗族讲理的过程还是一个难解的课题，很难对讲理做一个详细的研究以解析其中的奥秘与价值。在笔者研究苗族法文化的过程中，从一本《中国苗族古歌》中发现了一篇"婚姻纠葛"[①]的古歌，这首古歌详细记录了古代苗族对于一场婚姻纠纷的讲理过程。其内容庞大全面，分为十个篇章，约2300多行，2万多字[②]，涉及理老的责任、代理权限、讲理的程序、讲理中的辩论、理老的说理与评议、"败诉"方的责任及结论的形成等，其将苗族的讲理制度完美地呈现出来，堪称讲理中的经典案例。故以此为例，以分析古代社会苗族法文化中讲理制度的特征。

(二)"讲理"的法理分析

苗族古歌中的这篇"婚姻纠葛"同明代《炎徼纪闻》不同，这是苗族用古歌详细地记录、真实地还原了解决纠纷的讲理过程，其更能全面地反映"讲理"的特征。苗族没有文字，这首古歌是苗族口承文学的代表，由苗语记录，汉语翻译而来，也有个别词句存在瑕疵，但基本上能够很好地表达原意。笔者在反复阅读后进行了梳理与总结。

这是一起婚姻纠纷，婆家不中意儿媳妇，请来理老将儿媳妇送回娘家，娘家不同意，又找了两位理老将自己的女儿送回，导致娘家与婆家发生的纠纷。双方请四位理老共同讲理。

从这个案例来看，讲理过程可以分为四个阶段。

---

① 石宗仁收集翻译整理：《中国苗族古歌》，天津古籍出版社1996年版，第311-418页。
② 苗族没有文字或者传说有文字但是最终流失。能够以口承的方式记录一起纠纷的处理过程是非常不容易的。在本书所收集的素材中，这是对苗族纠纷解决记录得最为详细的一篇。

第一阶段：讲理前的要求

据"婚姻纠葛"这首古歌记载，讲理前，理老说道："我们要把理规讲在前面，我们要把理款说在前面。"理老对双方当事人的告知事项以及需要准备的工作主要包括两个方面：其一，双方交付理金与准备其他花费；其二，告知双方讲理程序启动后应当遵守的规则。具体内容如下：

[告知1] 关于理金①与其他花费。

讲理程序正式开始前，理老告知纠纷双方需要拿出理金，在这起纠纷中"两家愿出四百四十钱财，双方共出八百八十钱米"。需要说明的是，钱并不是全部归理老。"说理"后"谁赢了就退钱财四百四十，谁输了一文钱也不能退，他那四百钱财啊，就用来买鸡羊猪鸭杀吃，向赢家道歉，向赢家赔礼"。理老只要剩下的四十钱，这种费用负担的设计是相当科学的。一方面，四百钱财可以买"鸡羊猪鸭"，可见其价值不低，这是双方参与讲理所要负担的风险。讲理不是无成本、无风险的。发生纠纷时，不及时处理导致矛盾扩大，求助于理老讲理，就会有破财的风险。古代苗族以这种方法督促当事人要做好利害权衡，及时化解矛盾而不要任意扩大。也就是今天诉讼法理论中，在一定程度上抬高纠纷解决成本，以督促当事方主动"息诉"，防止滥诉。另一方面，输理的人不是把钱给理老，也不仅是作为现金直接支付给获胜方，而是要把钱拿出来摆酒席宴请对方及理老、亲朋，以这种方式进行道歉，弥补双方破损的关系。酒席除了有输理方的歉意表达，还有理老及众亲友的捧场与助兴，有助于双方关系的缓和，彻底地解决纠纷。

其他花费主要是指纠纷双方要共同负担理老的伙食，"一天要四餐饱食，一天要四餐好酒""两家要一样的承担""做了早饭就做中饭，供了晚饭再供夜宵"。一天四次饭，表达了对理老的尊重以及对纠纷解决的重视。理老的伙食由双方共同负担，这样分配是合理的。因为这是理老为双方家庭解决纠纷，无关输赢，理应由双方平均负担，体现了讲理程序的公正。

[告知2] 讲理程序启动后双方应遵守的四个规则。

[规则一] 理老不再代理任何一方发言。

---

① 调解中需要交付的费用，因为是说"理"，也就是苗族的"法"，所以被称为"理金"。理金包含给理老调解的费用，以及说理失败一方对赢方的赔偿。

在整个讲理过程中，理老的身份是随着解纷过程的发展而变化的。讲理前，理老是以代理人的身份参加到纠纷中的。如纠纷开始时婆家找了两位理老将儿媳妇送回娘家，并代婆家陈述理由。但是纠纷一旦进入讲理阶段，双方各自选的两位理老，就不能再当双方的代理人了。"我们四个理郎啊，不能为哪一方添语加言，理要由双方的嘴讲，话要你们自己的口说。"此时他们的身份转换为裁判者，负责评议而不能再做代理。这样的转换是必要的，否则既当裁判员又当运动员，就失去了中立性，难以保证结果的公正性。

［规则二］理老仅负责居中评议与主持公道。

"娘家就坐在贝宗这边，婆家就坐夯果那边①，我们四个理郎啊，就坐在你们双方的中间；用耳来倾听你们讲理，用眼来看你们双方陈情。""我们评议是非"；"你们的理不让它漏掉一条，两家的理不让失落一款"；"谁无理谁就会输，谁有理谁就会赢"。此时理老强调双方自己陈情，他们居中评议。他们的职责是保证评议的质量，保证有理一方获胜，没理一方"败诉"。

［规则三］讲理中禁止恶言恶语，禁止反言与反悔且受公众监督。

理老在讲理前反复强调，"你们说话要合理规"；"不要耍横栽诬、恶语伤人"；"众人也从旁来听理"；"说赢了搭帮自己的嘴才，说输了怪自己的理亏"；"说出的话不能翻脸不认，说了的理不能反悔"；"谁说了不算就有背不起的铁链，谁说了反悔就有受不起的绳索（即反悔有惩罚）"。这是对纠纷双方的要求，出言不逊会导致矛盾激化，不利于讲理。另外，双方不得反悔，保持讲理中的诚信。

［规则四］双方陈述要将"理"分条叙述。

"你们双方陈述理情，要一条一条地讲；像量米要量满升满碗，讲理啊要讲出条条款款。"要求双方一条一条地讲是苗族法文化特殊的要求，也就是《炎徼纪闻》中的"筹"。理老在讲理时要分条进行评议，看看在这一条上哪家输、赢或平。最后计算谁赢得多，谁就最后胜利。所以自己的理由要分条陈述。

最后理老还交代讲理的期限，此次讲理要求的是："日落时要结束这桩事，黄昏时要了结这场纷争。"

---

① 贝宗、夯果为苗语方位词，指代婆媳两家分别坐在火炕的两边。

第二阶段：讲理开始后的双方陈述阶段

根据"婚姻纠葛"古歌的记载，提完要求后，理老说："该交代的都已说明了啊，这场理规你婆家先讲。"按照理老的要求，此次讲理首先由婆家陈述，接下来是娘家陈述。双方都提出了自己讲理的目的和相应的理由，其中婆家阐述退婚的理由12条，娘家阐述婆家亏待自己女儿并不能退婚的10条理由。这样交互陈述，类似于今天民事诉讼程序中的法庭陈述的过程，分别陈述有助于双方及理老了解当事人的主张，有条理且不混乱，这样的程序设计是科学的。由于篇幅的原因，双方陈述的内容在下文予以提炼，在此不再详细记述。

第三阶段：双方辩论与理老的评议阶段

第三个阶段是双方就婆家提出的12条理由与娘家提出的10条理由展开了激烈的辩论。由于篇幅的原因，在此只针对婆家的前7条陈情的辩论以表格的方式进行整理，婆家其他5条以及娘家的10条陈情的辩论过程与之相似，不再列举。通过表4-1可以清楚地看到纠纷双方辩论以及理老评议的过程。

表4-1　双方辩论与理老的评议（针对婆家提出的前7条理由）

婆家退婚的理由	儿媳妇（娘家）的辩驳	理老的评议
1. 儿媳妇不会做人（暗指儿媳妇没有做到儿媳妇应尽的本分）	儿媳妇回答：晴天我去砍柴，雨天我去打草，晴天一身汗，雨天一身泥（指其已经尽到儿媳妇的职责）	四位理郎异口同声，这一条两家没有说出高低，这一款双方难分输赢（即双方平局）
2. 儿媳妇摊磨乱泼米，春碓乱撒谷物；打乱家里的米桶，打通家里的谷仓（暗指儿媳妇偷东西）	儿媳妇回答：他捡得我偷的小包没有？他抓得我盗走的大包没有？叫婆家快拿出赃证。（指婆家没有根据与证据）	由于婆家没有证据，经过理老的激烈辩论，婆家输了这一条
3. 儿媳妇挑水不挑满水桶	儿媳妇回答说：为了整治媳妇啊，婆家做的水桶太大；为了撵媳妇啊，婆家做的水桶太重，挑满桶太重了，挑半桶又轻了，我才挑水挑不满桶，我才一担分作两担挑	娘家的理郎说：她人小挑不起啊，才一担分作两担挑，这条过失不成过失，这条理啊，就算双方不输不赢

续表

婆家退婚的理由	儿媳妇（娘家）的辩驳	理老的评议
4. 儿媳妇打柴不满背笼，割草不满背笼	儿媳妇回答：割满了背笼背回到家，他家用脚踏紧才没满笼，打柴装满背笼背回家里，他用脚踏紧才没满背笼	理老评议：两家都没有说出高低输赢，只能算双方说了平理
5. 儿媳妇放牧放过远处的荒山，儿媳妇拔笋越过边远的峻岭（暗指儿媳妇故意走远不回家）	儿媳妇回答：牧草长在遥远的荒山，野笋长在边远的峻岭。所以才去	理老评议：双方没有说出高低，双方没有说出输赢，两家说了一条平理
6. 儿媳妇不喊亲朋不待宾客	儿媳妇回答：才来不久，不认识所有的亲友，家里人事先不告知，不知怎么称呼	理老评议：双方没有说出高低，双方没有说出输赢，两家说了一条平理
7. 儿媳妇在屋里摆人坐的椅子，媳妇在屋外摆鬼坐的板凳（苗族的习俗，晚上不能把椅子摆在屋外，会招来鬼坐，不吉利）①	儿媳妇回答：我在屋外摆椅子是晚上乘凉坐的，只见老人坐，没见鬼来坐。问婆家可曾见过鬼坐	婆家为难地说：我从来没见过鬼是什么样子，我是顺口打着比喻。 婆家的理郎说：乱打比喻当这条讲理你输了。 婆家急着回答：输了就输了，就算我输了一条

随后关于婆家提出的，儿媳妇背后说悄悄话（即可能说婆家坏话）；去阴暗的地方坐（即怀疑干了隐瞒婆家的事）；到处玩儿不回家；吹口哨举止轻浮等条，双方一一辩论。理老评议后认定这几条都是平理。② 接下来又对娘家提出的 10 条控诉，即打姑娘、给剩饭吃、辱骂姑娘、娘家来不接待、不让姑娘回婆家等进行辩论与评议。婆家又输了 7 条。

第四阶段：总结阶段

双方辩论结束后，输赢已经很明显。婆家回答说："……那是我家的不对；请你们四个理郎啊，求你们四位理老，帮我转告娘家，请娘家把肚量放

---

① 石宗仁翻译整理：《中国苗族古歌》，天津古籍出版社 1996 年版，第 387 页。
② 详细内容可以参见石宗仁收集翻译整理：《中国苗族古歌》，天津古籍出版社 1996 年版，第 311－418 页。

宽些,请娘家的好心再能发出友善,希望娘家的心胸宽阔明亮,希望他质朴的心胸不计前嫌,我承认我做错了事,我承认我走错了路,这样啊,我用好话来求情,我用真情来求义。"理老说:"你自己承认理输了啊,不是我们说你理输,鸡若不想喝水,我们无法按住鸡头";"你输理输了几条,要把它一条条数通,你输理输了几款,要把它一款款数"。婆家难为情,想请理老代算,但是四位理老强调,讲理后过错的计算必须由本人来做,保证其输理输得心服口服:"打人家的姑娘你会打啊,你怎么不知道输了几款?""要是我们四个理郎帮算,日后你会说啊,我们对你落井滚石,日后你会讲啊,我们乘机对病倒的人放鬼,你自己算出论理的输赢,日后不会再有是非。"婆家只好自己总结:"……我自己输了两条,输给娘家七条大理,总共输了九条重理。"① 理老接下来按照事前的说明,将娘家的四百四十钱退还,收下婆家四十钱的费用,并要求婆家将剩下的四百钱用来赔礼道歉:"称肉要成块啊,打酒要用酒桶,买鸡要买大的,买猪要买肥的,要杀鸡向娘家赔礼,要杀猪向娘家道歉。"

"这样,婆家遵从理规,就杀猪宰羊啊,婆家向娘家道歉赔理,请四个理郎来吃,请四个理老来喝,请众人亲友来吃。"娘家对理老感激道谢,纠纷完满化解。

(三)对"讲理"的评析

从这起纠纷的"讲理"过程可以看出,古代苗族社会法文化中的讲理制度是非常成熟与规范的。具体表现在以下几个方面。

首先,中人选择的程序能够保证"讲理"公平。在讲理的过程中,作为评议者的理老至关重要,他们的评议关乎双方的输赢。为了实现公正,这种类似于审判"合议庭"的组成就非常关键。在这起婚姻纠纷的讲理中,"合议庭"的组成是四位理老,两位由娘家找来,两位由婆家请到。他们都是德高望重、有威信的人,更为重要的是,是娘(婆)家自己找到的人,都是他们自己信任的人,不会担心不公的问题。当然不能排除婆家请的理老与娘家

---

① 此处可以很好地理解明代《炎徼纪闻》中关于苗族讲理的描述:"凡讲事时皆用筹记之,每举一筹则曰,某事云云。其人不服则弃之,又举一筹,则曰云云,其人服则收之。"

请的理老在评议时也许会有所偏向①,所以双方各选两位,在评议时也会形成力量均衡的情况,不会出现因评议而有失公允的问题。② 这一点同现代的仲裁制度相似,在申请仲裁时,对于选择仲裁员的规则是双方各选一人,再共同指定一人作为首席仲裁员。但同讲理相比,仲裁的当事人即便可以选择仲裁员,但他们当中有些人对于仲裁员也是陌生的,而生活在熟人社会中的苗民对于自己选择的理老是充分了解与熟悉的,因此对于讲理更为信任。

其次,讲理程序设计科学。古代苗族讲理流程可以同现代民事诉讼庭审相媲美,如图4-1所示。

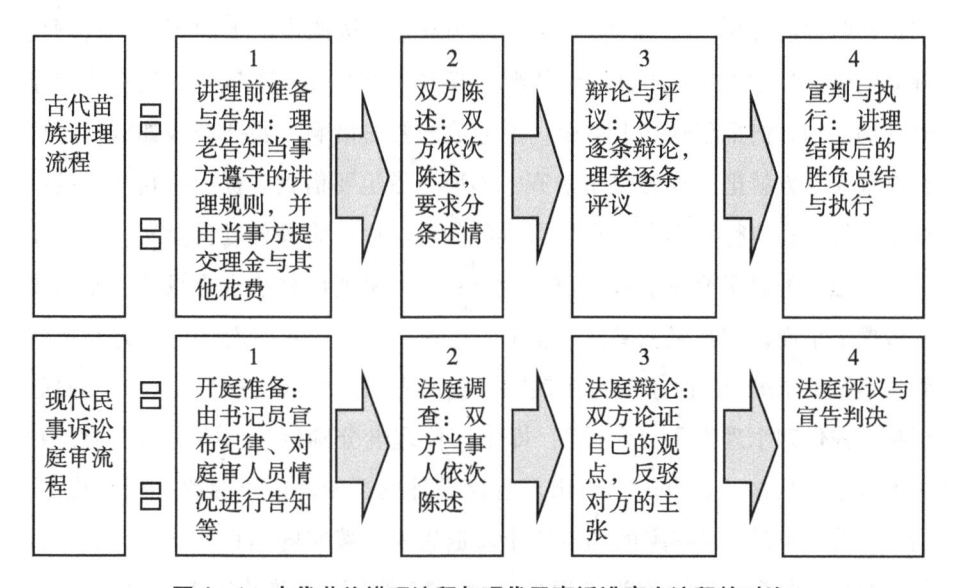

古代苗族讲理流程	1 讲理前准备与告知:理老告知当事方遵守的讲理规则,并由当事方提交理金与其他花费	2 双方陈述:双方依次陈述,要求分条述情	3 辩论与评议:双方逐条辩论,理老逐条评议	4 宣判与执行:讲理结束后的胜负总结与执行
现代民事诉讼庭审流程	1 开庭准备:由书记员宣布纪律、对庭审人员情况进行告知等	2 法庭调查:双方当事人依次陈述	3 法庭辩论:双方论证自己的观点,反驳对方的主张	4 法庭评议与宣告判决

图4-1 古代苗族讲理流程与现代民事诉讼庭审流程的对比

通过对比可知,这种程序的设计,同现代审判制度非常相似,科学设计的程序能够给予纠纷当事人充分的机会表达主张并对对方的主张进行辩驳。

---

① 此为人之常情,自己找来的理老都是自己熟悉与信任的,同样理老也对委托自己的当事人了解与熟悉,不排除在讲理时会有倾向性。
② 这次讲理中就出现了这种情况,婆家说媳妇偷东西,没有证据,婆家理老替婆家找理由,娘家理老驳斥婆家的理老:"护得人啊,护不得理,不能违背世俗的理规""要记住世理啊,会做理郎身带花,不公正的理郎身带枷""无凭证他从理的根苋上输了,没有物证他输理输了一条"。从而确定婆家输了一条。

加之第三方的评议,公众的监督,所以能够对双方的陈述做出合理评价,从而得出公正的结论。

再次,逐条讲"理"更能提高程序的效率与实现程序上的正义。逐条讲"理"是要求争议的当事人将自己主讲的"事实"逐条明晰,这些"事实"是对其的主张——类似于"诉讼请求"——的支撑①,如果其主张的事实与理由都能成立,建立其上目标也就顺理成章,否则请求成为无根之木,难以立足。故讲理中要求当事人将自己主张的事实一一陈述,并逐条进行辩论与评议,这样没有遗漏,越辩越明,当事人的目标或要求能否成立也就清楚了。

最后,执行有保障。从这次讲理来看,还有一个亮点是纠纷双方当事人在讲理前提前交付了"理金"。关于这些理金,按照古歌上的记载,讲理前理老就讲:"两家愿出四百四十钱财,双方共出八百八十钱米,现在呀快拿到理场上来,快把理钱摆上桌面;不够数的要去借啊,要把理钱如数凑齐!"在讲理前双方就把讲理的费用拿齐,哪怕是借也要借到。提前交付最大的好处是,将来在执行时不会存在执行难的问题。而且讲理处处讲规范,防止出意外,理金的提交要在众人的监督之下:"两家把钱财拿进理场来,双方把理钱摆上桌面;摆在桌上供众人瞧瞧,摆在桌面让大家看看……"理金的保管也是有要求的。"两家的零头钱啊,我们先收进私人的腰包……这八百钱财啊,我们四个理郎平分拿着",即由四位理老分别保管,降低钱财意外损失的风险。从这一点也可以看出其程序设计的严密。由于提前交付了理金,所以讲理结束后,"娘家的四百四十就退娘家,婆家的四百四十啊,四十我们四个理郎分享,四百钱没有退的理由,婆家要用来赔礼道歉"。执行得非常顺利,这样的规范有效防止了"执行难"的问题。

综上所述,通过这起纠纷的"讲理",我们不得不感慨古代苗族的睿智,讲理程序的设计非常发达。从讲理的"合议庭"的组成,到讲理时设置的辩论与评议的规则,再到最后的执行,都有精心的设计。讲理时,双方当事人能选择自己信任的人来主持,理老对自己的主张逐条评议,每评议一条后还

---

① 在这起纠纷中婆家要求退婚的主张,提出了12条理由;娘家就其不退婚的主张,提出了10条理由。

要听取当事人的意见，还有众人的监督，对于这样细致地处理纠纷得到的结论，当事人容易信服。另外，不仅是双方进入辩论与评议阶段的程序堪称完美，讲理前的理老的组成、理金缴纳、理金保管、讲理规则的提前告知等细节都有考虑，防止风险发生，务必保证公正。特别需要注意的是，讲理的执行亦有讲究。讲理不仅仅是判断完输赢就算结束，其考虑的更为长久，还要负责当事人关系的恢复。输方请饭赔礼，众人参加，烘托气氛，为以后双方关系的恢复打下基础。如果讲理结束后，双方成为仇人，反而丧失了讲理的意义。这一点往往是我们现代诉讼中存在的普遍问题，赢了官司，输了人情，有些人甚至因此结仇，导致双方矛盾升级。因此，可以说苗族的"讲理"程序完全符合程序正义的要求，不输于现代任何一种纠纷解决方法，是苗族法文化中的精华。其在苗族法文化中占据了非常重要的地位，为化解矛盾纠纷、维护地域秩序发挥了重要的作用。

二、"神判"

（一）"神判"简述

神判也是苗族法文化中的重要部分，常常作为讲理制度的补充。神判是指当纠纷处于事实不清、真伪不明的情况下，讲理也难辨真伪时，借助神灵的力量来裁判纠纷的一种方式，是在人类历史上普遍存在的一种现象。尤其是苗族"善其信巫鬼之心甚于畏法"[①]，故在古代苗族社会存在的用"神判"来解决纠纷的方式，是苗族法文化中重要的组成部分。

"神判"的方式有多种，早在清初，方亨咸的《苗俗纪闻》中就有"捞斧"的详细记载。

> 若小隙争论不已，则彼此期以日以地，辨曲直。地必酌道里之中，无偏近。届期，两寨之人及两家戚属，以弓刀从左右列。中设一大镬，满贮水，于中置一斧，燃以沸，沸热不可执。两造各言是非，言竟，互鸣金，声震林谷。金尽，彼此仰而呼天。移时，各以手入沸汤中取斧，

[①] 《黔南识略·黔南职方纪略》，杜文铎等点校，贵州人民出版社1992年版，第223页。

得斧而手无恙者为直，焦烂者为曲。如直在左，则右者奔。奔不脱者，群执而杀之。虽死数人者，不敢校。死者家亦不敢向怨主偿，云天所命也。曲者复备多牛马以请成，右直亦然。①

如果有矛盾争论不清，纠纷双方举办捞斧的仪式，双方或代表各自到沸水里把斧子捞出来，哪方的手没有烧坏就是胜方，焦烂的就是败方，以此判断胜负。胜败分出后，失败的一方及其亲属需要立即逃跑，跑不脱的就被胜利的一方杀死。失败的一方即便死了很多人，也不敢提出异议，"云天命也"。几日之后，失败的一方还要多多准备牛马，向胜利的一方请求和解。在神判制度中，捞斧这种方法是最为常见的，有时略有区别，有的是往锅里注入油，有的是稀饭等，大同小异，胜负判断的方法亦相似。

除了捞斧外，黔东南地区还有其他形式的神判——盟誓。如清代《苗防备览》中有关于"吃血"的记载。

> 偶遇怨忿不能白，必告诸天王庙。其入庙，则膝行股栗，莫敢仰视。[双方]设誓，其誓词曰："汝若冤我，我大发大旺；我若冤汝，我九死九绝。"犹云："祸及子孙也。"誓毕，刺猫血滴酒中，饮以盟心，谓之"吃血"。"吃血"后则必无悔，理屈者逡巡不敢饮。既三日，必宰牲酬愿，谓之"悔罪"，事无大小，"悔罪"而罢。有司不能直者，命以吃血，[理屈者]则惧，盖苗人畏鬼甚于法也。②

另根据民国时期《麻江县志》及相关的记载，类似这样的神判还有"捞油"③"砍鸡头"④"剁狗""滚经"⑤"背菩萨"⑥走热铁⑦等，都是借助神灵

---

① 吴永章：《中国南方民族史志要籍题解》，民族出版社1991年版，第130页。
② （清）严如熤著，罗康隆、罗振兴编著：《〈苗防备览·风俗考〉研究》，贵州人民出版社2010年版，第153页。
③ 同捞斧相似，只不过锅里放的是油而不是水。
④ 砍鸡头为传统的"神判"，即市井有不白事，自明其心，求神鉴察，曰"赌咒"。其争执不决，执雄鸡当彼门前，或神祠中，口称负者如之，随将鸡斩，又曰"斩鸡"。
⑤ 其向神祠请其藏经，平铺于地，赤身由经上滚过，呼冤求报，曰"滚经"。
⑥ 负神像至人门首，朝暮焚香，求罚其过，曰"背菩萨"。
⑦ 将铁斧三把烧得通红放于地。先由鬼师赤足从斧上踏过，以显示自己的"神"功。然后，再令嫌疑者照样踏过铁斧，若被烧伤，则认定其为盗贼。如果嫌疑者都无事，则失主为诬陷，款待全寨。

的力量，双方盟誓，以求神报应理亏一方；或者以一方受损等为标志，来判断胜负或了结纠纷。即便是中华人民共和国成立后，学者进行调研时依然能够发现类似的纠纷处理方式。①

"神判"之所以流行，与苗族社会一直信奉"万物有灵"的信仰有关。在"万物有灵"观念的支配下，任何一种物象，包括人、动物、植物、山川、河流、巨石乃至人造物，都具有两面性。一方面是有形的，可以感知的；另一方面是具有灵性的。他们相信每一种物体都有看不见的"灵"存在着。②在张澍的《续黔书》中记载："宋代《遵义军图经》记载，'民信巫鬼，好诅盟'，嗟乎，此不独遵义也，黔之民类然。"③ 黔东南苗族这种信仰渗透到苗民社会生活的方方面面。除了"神判"，还有医病，即"病不服药，惟宰牲盛馔祷于鬼，虽至败家无悔焉"④ 以及向神物祈福，即向视为神物的桥、石头等祈福；结婚前要"杀鸡看眼"，即通过煮熟后的鸡的眼睛闭合情况来断定婚姻能否达成；遇有事情需要卜卦等。总之婚丧嫁娶、生老病死、生产生活无不与神鬼相关，直到民国时期还有"在边胞的意识中，鬼神笼罩了一切，支配宇宙乃全系神灵，人之命运，亦完全操诸鬼神之手，举凡贫贱富贵，皆为神灵所操纵，故其信神信鬼之观念甚强"⑤ 这样的记载。可以说神鬼观念渗透到社会生活的方方面面，法文化中的"神判"亦是受苗族宗教文化的影响而形成的。

（二）对"神判"的评析

如果从现代科学的角度出发，"神判"的结论似乎是偶然的，胜败的概

---

① 如费孝通先生20世纪50年代在黔东南调研时发现一起赌咒的事例。一个女青年未婚生育，但男方不承认。女方就携男方到神石前诅咒："我俩不乖，现在养崽。他不答应我，第一害我，第二害崽，第三害爹娘，第四害我养饭。现在我拿他来报石头，让你石头帮我做主，请你向上'雷'报，向下'龙'报。他害我一辈，他以后生产不好，打野兽也不得，我坐月只四十天，他记四代人。"参见费孝通等：《贵州苗族调查资料》，贵州大学出版社2009年版，第246页。
② 石朝江、石莉：《中国苗族哲学社会思想史》，贵州人民出版社2005年版，第45页。
③ 《黔书·续黔书·黔记·黔语》，罗书勤、贾肇华、翁仲康等点校，贵州人民出版社1992年版，第153页。
④ 刘锋：《百苗图疏证》，民族出版社2004年版，第22页。
⑤ （民国）王嗣鸿：《台江边胞生活概述》，载《民国年间苗族论文集》，贵州省民族研究所1983年版，第179页。

率各为50%，没有科学依据，没有价值与意义。但"神判"的存在在当时历史条件下是具有一定合理性的。

第一，"神判"是其他解决纠纷方式的重要补充。"神判"作为请中讲理的必要补充，其存在是有合理性的。在人类社会的纠纷处理过程中，难免会存在纠纷中证据不足、事实不清的情况。如果因为不能断明，就不做处理，会导致案件久拖不决。双方长期在纠纷中拖耗，生产生活难以正常维系，甚至可能导致矛盾激化。此时需要有一个超越人类认识能力的化解纠纷的方式。在崇尚神鬼的社会背景下，仰仗神灵来解决纠纷自然顺理成章。"神判"避免了双方的冲突，使得双方能够相对和平地解决纠纷，避免了不必要的危险，在当时的社会环境下是必要的。

第二，"神判"的结果往往能够得到很好的认可，从而彻底化解纠纷。为了防止纠纷长期不能平息，需要找到一个能够彻底解决纠纷的办法。例如，《苗俗纪闻》中关于捞斧的记载的最后一句话就很耐人寻味。捞斧之后，失败的一方还要用牛马向胜利方"请成"，体现了人们对"神判"权威的尊重。虽然之前多有争议，但是一经"神判"，便认为是神的旨意，出于对神灵的敬畏，内心甘愿接受，即"云天所命也"。再如，吃血"悔罪"后的"事无大小，'悔罪'而罢"。可见，不论纠纷解决结果如何，只要人的内心对纠纷处理结果信服，不再争执，纠纷也就不会再"复发"了，从而彻底地化解了纠纷，维护了社会的基本秩序。当然化解纠纷并不是以牺牲一方的合法权利为代价的，只是在这种情况下不得已的选择。

第三，"神判"的结果具有一定的科学性。"神判"也不仅仅是"撞大运"，其也有一定的科学成分。看起来神灵与科学似乎是一对矛盾的概念，但是在对神灵充满崇敬的背景下，"神判"能够对"理亏"的当事人施加心灵震慑，特别是在有先例的渲染下[①]。地方官员在处理这种是非不清的案件时，有司也命以吃血，此时"[理屈者]"则惧，从而可以分辨是非。可见即

---

① 例如，《榕江县志》中就记载，清光绪时期有苗民用碑刻的形式记载了一起光神判，其内容大意是，两寨居民因为山界发生争执，采用了"神判"方式——盟誓，几天后一方当事人中果有人暴病身亡、有人嘴歪，由此没有报应的一方获胜。获胜方用石碑记录下来经过与结果，警示后人。参见贵州省榕江县地方志编纂委员会编：《榕江县志》，贵州人民出版社1999年版，第919页。

第四章 "讲理"与"神判"的变迁

便看似是"不科学"的"神判",但是因为对"鬼神"的畏惧而产生了强大的心理震慑力,也可能产生相对公正的结果。

不过,根据有些学者的分析,虽然有捞油这样的"神判",但是亦有人为操作的空间。比如,通过向油锅里放置不同的物质如冷米、醋酸以及苗族巫师所持有的"托生"的药物,都能够使得油温骤降或者油锅的沸点降低,出现锅内水沸腾但是温度不高的现象。巫师也是平时寨中生活的群众,虽然没有证据,但是熟知纠纷当事人的情况,再通过"神判"的威慑,可以洞察纠纷当事人的心理变化,理直则气壮,理亏则显得犹豫与畏惧,通过当事人心理的变化可以判断出谁是"理亏"者。[①] 另外,巫师掌握着捞油仪式的节奏,利用不对外人示的技巧,控制着捞油者捞取的时间,可以人为地干预获胜方或者失败方,将自己的判断用"神判"的方式表达出来,以取得裁决的权威。[②] 所以"神判"也并不是各有50%的获胜概率,通过对神灵的敬畏,以及巫师对人心理的观察及人为的操作,得到的结论应该更接近公正。

总之,苗族的"神判"是历史条件下的产物,有其存在的合理性与科学性,是苗族社会和平解决纠纷的最后一道防线,在苗族法文化中具有不可替代的作用,有效地维护了社会的秩序。当然"神判"适用的前提是纠纷处于事实不清、真伪不明的情况下,且双方不愿意或不能以暴力的方式来解决。换句话说,"神判"是双方当事人进行了利害权衡后采取的解纷方法。如果不采用"神判",要么放弃权利与利益,要么只能选择暴力抗争,都要付出极高的代价。依托对神的敬仰,采取"神判"是一种有一定合理性的解纷方式。

综上所述,古代苗族社会在历史的发展中逐渐形成了"讲理""神判"为代表的纠纷解决机制。这些机制体现了不同的社会生活环境、不同的历史传承对苗族法文化带来的深远影响。这两种机制互相补充与衔接,为维护社会的稳定与规范发挥了重要的作用,是苗族法文化的代表。

---

① 在《月亮山地区民族调查》中就记录了这样一起"神判",1943年加宜寨的辛老龙怀疑自己的弟弟辛老寿偷了自己的银项链,双方争执且说不清楚,约定以砍鸡头的方式进行"神判"。等到举办仪式的那天,辛老龙一到现场脸色就变了。一旁的保长见他神色不对,有点心虚,于是便劝说二人放弃"神判",二人同意,放弃了砍鸡头。参见:贵州省民族研究所:《月亮山地区民族调查》,贵州省民族研究所1983年版,第314页。

② 徐晓光、吴大华等:《苗族习惯法研究》,华夏文化艺术出版社2000年版,第133-137页。

第二节 国家法秩序下"讲理"与"神判"的变迁

"讲理"与"神判"是法文化理论中重要的内容,其变迁过程也是法文化变迁的写照。苗疆开辟后,清廷在苗疆完善了行政建制,实行了军屯,设置了土司,派驻了流官,虽然采取了"因俗而治"的政策,给予苗民社会一定的自治权,但是国家法依然缓慢地向苗疆渗透。苗族法文化出现了流官、土司处理纠纷的内容,这些新兴的纠纷解决方式与传统的纠纷解决方式并存、博弈、互动、交融,促动了"讲理"与"神判"的变迁。

一、国家权威参与下纠纷解决机制的变化

在苗疆开辟之前,黔东南属于外化之地,没有国家政权的进入,自然也不会有国家权威机关处理纠纷。即前文方显所说的"良苗控诉无所"。苗疆开辟之后,对苗族传统法文化带来的重大影响的就是"国家权威"开始植入这个"向无统属"的社会以处理纠纷,主要表现为流官与土司对纠纷的处理。

（一）流官对纠纷的处理

如前文所述,苗疆开辟之初,由于苗民的起义,清廷的治疆政策逐渐转化为"因俗而治""以不治治之",使得苗族社会有了一定的纠纷处理权,即"苗人户婚田土、偷窃雀角等细事,各令具报到官,责令寨头、甲长照苗例处理明白"。但这些政策并没有否定流官对于案件的主管权力,反而更加自主。凡是严重影响地域秩序、威胁国家统治的必定按照国家法严处,其他"细事"则在是否受理、如何选择准据法（国法或苗例）及如何处理纠纷上非常灵活。

从历史文献以及民国与中华人民共和国成立后对苗族的历史调查来看,由于黔东南不同分支的苗族在开辟后王化秩序的进展不同,各个地方的司法裁判也呈现不同的状态。黔东南的三个苗族分支中,锦屏县、天柱县、湖南靖州苗族侗族自治县等地方的东部亚支系受王化势力影响最大,案件较多。

因此，在此以东部亚支系作为主要的研究对象。

1. 官府调解

在案件的处理过程中，官员需要根据纠纷当事人的情况、案件的影响力以及纠纷的特点考虑其他的纠纷解决方式，特别是有些刚刚归化的生苗，不通国家法，以调解的方式来化解纠纷更为妥当。在《楚南苗志》中就有这样的记载：

> 苗人案件，不肯轻易出官听审，必须文武官弁齐赴两造适中之地，就近唤集，质讯排解。夫所谓排解者，盖取排难解纷之义也。其时，两造鲜不倔强，官为之理谕而劝导之，牙郎又复从中解说之，争论逾时，然后渐就消释。否则今日不结，继以明日。明日不能，俟之后日。毋欲速，毋执己见，从容办理，乃获归结。然当排解之时，两造既畏官长擒拿，又畏仇家捉获，各带亲属子侄多人，持枪露刃以相防护。偶有不谐，即起争端，兵戈相向，骤难禁遏。且人多势众，器械环列，貌复狰狞，若非娴习苗情之人，老成持重，镇静有方，亦未易言此也。①

这篇《排解》详细记录了归化不久的苗地的情况。此时苗民还对官员极不信任，苗民"不肯轻易出官听审"，官员只好"送法下乡"，由于担心"官长擒拿"，为了安全起见，调解时双方都带有众多亲属与兵刃进行防备，剑拔弩张，随时可能刀兵相向，这都反映了苗疆原生的社会秩序。调解时仅仅是官方理谕劝导还不够，还要借助中间人"牙郎"即苗民本地的社会权威参与才可行。这对主持调解的官员要求极高，官员要极有耐心"毋欲速"，要讲究技巧"从容办理"，不能因秉持官威而"执己见"，争论逾时，矛盾才能慢慢消解。这篇文章生动再现了苗疆开辟之初，国家权威走向基层苗地的情况。为化解矛盾，维持地域秩序，初入苗疆的官员在面对古朴的苗民时，也需要放下"威严"走进基层，将国家秩序与法律慢慢植入苗疆。调解这种方法自然是"首当其选"。

2. 官府审判

随着清廷在黔东南王化秩序的构建与权威的确立，苗民也逐渐学会主动

---

① 谢华：《楚南苗志·湘西土司辑略》，岳麓书社2008年版，第177页。

"鸣官"来解决纠纷。在目前的清水江文书中，诉状类的文书非常多见。如下一篇诉状稿就反映了当时官员对于民间纠纷的受理与审判的过程。

> 诉状生员姜荣，二十九岁，系循礼里，居文斗，距离城百二十里，录情备诉，叩究奸捏：
>
> 绿父于乾隆二十八年去田二丘、银一两，掉得姜乔包土名阳球山场……阴阳历管数十余年无异。今岁被姜绍吕等勾奸王宏玉，藉以砍伐故叩山木跨砍生山木植。生情控仁台蒙准，公差票提，登山查验，越砍生木一十八株，原差可讯。仁天验契集审，断令各管各业。两造遵依在卷。孰知海波复扬，纵奸王宏玉捏纵案下。但生于五月二十六日，凭保长塘汛理阻伊木，七月十一日，仁天审结，二十二日凭汛保将故伐木植概已交讫，汛保活据。况木出河售卖日久，人人共知，阻伊何木？明系姜绍吕等跨谋不遂，窥生于阳球山自伐有木，纵令混控，希图拖累，独不思，山名故叩，生山名阳球，地虽毗连，土名各别，界限攸分，不惟生契柄存，即姜绍吕执生掉约合同，仁天明验，山界愈明。不顾虚实，只知纵捏，沐赏票传，录情上诉。……
>
> 嘉庆十四年十月①

这是一篇嘉庆年间的"答辩状"，姜绍吕控诉姜蓉阻碍其卖木，官府受理并票传姜蓉到案，姜蓉为此事向官府呈上答辩状。这一文书，清楚地回顾了姜蓉与姜绍吕上一次纠纷的审理过程，即姜蓉鸣官，告姜绍吕盗砍树木一案的审理经过。据文书中的内容，我们可以还原黔东南官员处理该案的流程：情控（起诉）—蒙准（受理）—公差票提（传唤对方到庭）—公差登山查验（核实）—验契集审（审理、核查证据）—断令各管各业（判决）。可见此时官员的审判流程简洁规范，完全符合律例的要求。虽然答辩状提交者姜蓉所住的文斗寨，在清代属于生苗之地，但是官员审理案件的标准还是非常高的。这与前文所述对于苗疆官员的选派、考核与奖惩措施有很大关系。此案虽小，但以小见大，足以显示地方官员对案件裁判的能力。

---

① 唐立、杨有赓、武内房司主编：《贵州苗族林业契约文书汇编：1736—1950年》（第三卷），东京外国语大学2003年版，契约编号第F0030。

有国家权威保障的审判，远远超过了过去依靠家族力量与地域力量的执行力。《清水江文书》中还能看到当事人执行时的"遵结约"：

>　　具遵结家池寨民□□，今遵结到青天太爷台前，为具诉唐东姜文才等"贿奸揑控越界强砍一案"，蒙恩审讯公断，蚁等受过，龙口矮木价银八两追给与文才数人。皇皇无语，敢不恰遵，今且遵结并银一并呈缴，日后不敢滋事，遵结是实。
>
>　　　　　　　　　　　　　　　　　乾隆二十六年三月□日　　具①

这是一起案件判决后，败诉方按照判决将卖木银两呈交于官府，表示履行完结的文书。败诉方之所以及时履行并表达"日后不敢滋事"，正是司法判决有国家强制力保障执行的效果，这种国家强制力远远超越原有的地域势力，任何人都没有能力抗拒。

但是随着大量的诉讼案件流入官府，也给地方官员执政带来很多压力，很多地方不得不规范与限制苗民的诉讼行为。例如，锦屏县大同乡大同村沙坝河边现今还有一块"申明条约"碑，里面就规定"凡一切词讼，非万不得已者，不准控告"，其中还对诉状的内容与格式进行了要求，即诉状必须整洁、简洁、不得"粉饰"，还要留有一定的余尾以便于粘贴批词，并要说明书写者。② 再如，光绪《天柱县志》记载："如民告状，务先投保长、保甲、乡老伸理，倘事出难已，必有保长、保甲、乡老、包告人等二预先禀明，方准投词。"③ 这一内容可以理解为"说理前置"。

综上可见流官处理案件对于苗疆秩序维护的重要性。仅从清代的清水江

---

① 张应强、王宗勋主编：《清水江文书》（第一辑5），广西师范大学出版社2007年版，第160页。

② 锦屏县大同乡大同村沙坝河边现今还存有一块"申明条约"碑，这是当时贵州布政使衔署贵州分巡黔东道兵备总办兼下游（清水江）游击易佩绅，在自己工作范围内，就一些约束事项订立的申明条约，其中就案件受理问题规定："巨士民有便利欲陈疾苦欲达，凡一切词讼冤抑欲伸者，皆省用白呈。向收入文所投递不拘格式，不限日不准差弁书役受文需费。但各士民等，除地方利弊外，凡一切词讼，非万不得已者，不准控告"；（诉状）"□□务须整洁幷留有余尾，以便批粘，其叙事但取明白，不准拖踏粉饰。凡投呈词讼者，须先寻歇户口送收文，所收文者验明，仍投词人交歇户，俟批示发落，其歇户幷所呈之词，或自叙，或系何人代作，皆于词后注明。"参见《锦屏碑文选辑》，姚炽昌选辑点校，第113－114页。

③ 黄家服、段志洪主编：《中国地方志集成·贵州府县志辑》（第16辑），巴蜀书社2006年版，第76页。

流域来看，小案件数不胜数，大案件也可圈可点。著名的"清江四案"——争江案、皇木案、夫役案、白银案，几乎都是绵延数十载，范围包含了清水江下游诸多地域。这些案件涉及人员极广，"生苗""熟苗""客商"沿江多个村寨的人员都包含在其中。这四案中，有的是多方当事人争利的纠纷，如争江案①；有的是苗民向官员禀报社会中存在的问题，涉及公共秩序与公共利益，请求加强管理，如白银案②。可见民众的"禀"与官府的"批""判"等不仅仅是涉及具体个案，还涉及地方公共秩序的维护，甚至要根据社会发展、情势变更而制定新法，这也是地方官员政务的一种方式。

当然，清代国家司法权的行使也有诸多弊端，在清水江文书中也记载了诸多救济不力的情况。例如，为某一件事鸣官后无应答，不得不"又求讯断事""再求讯断事""四求讯断事"……"八求讯断事"③。再如，"因此案听候数月（不得归家），又加吃用十有余金，即使追清，所偿不得所失矣，只得泣恳台前"④。除此之外，历史上还有大量的权力寻租、诉讼欺诈与盘剥的记录，如乾隆《镇远府志》记载："往往民间小有隙少有忿怨，遂多方交构，酿成祸胎，此必有主唆之人，而胥役与之通，同土豪籍其罗织，或两欲息而蛊之使缠，或阳主甲，而阴输于乙，用意侵渔，则费一而匿十……愚民刷骨可为流涕。"⑤ 这种情况非常普遍，再如在黔东南与广西交接之地，黔东南苗族南部亚支系，这种情况也很常见：

> 苗民以官能生杀人，畏之如虎。然尚气斗很，动罹刑辟，讼案未起，苗头团总之不肖者，辄把持之，借以渔利，故此辈俨然操官府之权。地方官以形格势禁之故，无从查知。其中有桀黠者，不服听断，则鸣于官，

---

① "争江案"：自雍正朝以来，茅坪、王寨、卦治三寨轮流值年"当江"（作为木材交易市场）的制度，一直被相关的各级官府不断地认可或一再重申，但由于当江设市的丰厚利润的巨大诱惑、地方社会形势的不断变化，沿江的诸多村寨也想利益均沾，引起纷争不断。

② "白银案"：是道光七年七月十五日，李荣魁等人向贵州布政司衙门呈禀，贩木商人用掺假的低潮银买木，引发上游种植杉树的苗民与山贩的抗议。布政使于次日即转批由黎平府处理，并要求一个月内查清。黎平府查明后于道光七年十一月下文禁革低潮银。

③ 转引自侯晓娟：《清代黔东南文斗苗寨纠纷解决机制研究》，西南政法大学2010年硕士学位论文，第11页。

④ 张应强、王宗勋主编：《清水江文书》（第一辑5），广西师范大学出版社2009年版，第163页。

⑤ 黄家服、段志洪主编：《中国地方志集成·贵州府县志辑》，巴蜀书社2006年版，第86页。

第言语不通，情事不习，事必仰赖讼师，而讼师乃得以射利居奇，以售其欺骗之计，交结隶役，表里为奸。计诱威胁，无所不至，故逊清之际，以三江蕞尔一县，差役竟达百四十余人，衙门不发工食，彼等亦乐为之，传案之日，差役造讼者门，怒掷锁链于地，锵然有声，苗人相顾失色，所索无不承矣。惟苗民不谙汉语，凭差役为舌人，差役之黠者，每每因缘为弊，略变其语，即足以颠倒是非，审判官苟不察言观色，未有不为其所欺者……①

这样的弊端也往往使得苗民深受其苦，有些甚至"因婚户田土银钱细故动辄兴词告状以致荡产倾家"。为此，很多村寨也逐渐强化以传统的方式来化解纠纷。"（我团）毋论大小事件，两边事主……请口首人齐集，各将争论事件事情一一说明……众首恩廉得其情，当面据理劝解，以免牵缠拖累播弄刁唆之弊。如两造各坚执一词势难了息，即投营上团首再将一切情节详细告诉……"② 从这一点来讲，苗族社会与基层官员在社会治理方面达成了一定的共识，使得鸣官与传统纠纷解决方法能够较好地相处，出现了官批民调以及传统纠纷解决方式的保留。

3. 官批民调

官批民调主要是诉至官府的案件，由官府批至地方解决，如下一文书：

> 立担承了事字主家王勉旅为因龙隆章女剪妮具控姜佐章一案，蒙批词证，处覆亲友于中劝解，令姜佐章出银二十四两与剪妮生养死葬之资，剪妮自愿了事。因请主家出具担承字样，据到姜佐章名下，日后不得丹生枝节反悔，如有此情，执字赴公，隆章自干领罪，承担是实。
>
> 凭中：李宗科（等）亲笔
>
> 乾隆三十六年九月初六③

---

① （民国）刘锡蕃：《苗荒小纪》，载《民国年间苗族论文集》，贵州省民族研究所1983年版，第11页。

② 此文书来源于民间文本《参后必要》，推测立于光绪十八年后，由学者在贵州锦屏文斗苗寨村支书家寻获。转引自潘志成：《清代贵州苗疆的法律控制与地域秩序》，西南政法大学2010年博士学位论文，第153页。

③ 张应强、王宗勋主编：《清水江文书》（第一辑5），广西师范大学出版社2007年版，第162页。

这是《清水江文书》第一辑中的一篇，同时还有一篇与此相对应，阐明了纠纷的原因。剪妮丈夫英年早逝，留有一女。因为死后家产的问题，剪妮与公婆发生了矛盾，双方曾经互诉至官府。从此文看，官府的处理方法是批给亲友劝解，了结了这宗纠纷。这样"官批民调"的方式在《清水江文书》中常能得见，"官批民调"是建立在国家权威的基础上，利用民间力量化解纠纷的有效方法。

综上所述，官府调解、审判、官批民调是清代黔东南地方官员处理案件的主要方法。通过这些方式，清廷在这片"向无统属"的外化之地逐渐建立起国家的权威，这是苗族社会中前所未有的。国家的审判植入苗疆是苗族法文化变迁的重要内容。

（二）土司参与下的纠纷解决

除了流官，土司也参与了纠纷的处理。如前文所述，开辟苗疆后为了解决国家法与苗俗的矛盾，清廷在苗疆设立了大量的懂得苗族语言，熟悉苗族风俗的世袭土司以协助治理。土司的权力都是由国家赋予的，也就是说土司依仗国家权威治理苗民，国家借助土司之力间接控制苗疆。

对于土司是否能够受理词讼，从清代文献上看，并不一致。云贵总督张允随在乾隆十四年谈道，由于苗疆新辟，苗民多有野性，且语言不通，习俗各异，因此如果有纠纷一向交由头人、土司处理。而同一时期，也有地方官员认为土司只是负责公差徭役以及拘拿人犯等事，"所有一切苗词，概不准其擅受"[1]。可见立法上对此限定不清。但从实践来看，土司逐渐参与到诉讼中来是事实。例如，独山州的"烂土司信照条约碑"[2]是土司向苗民约定其履行职责的规范，其中有一条："婚姻田土以及小衅者，打不到二十杖，不得全套枷号、压床、脚镣、肘手。其余盗贼邪淫，任律施治。"说明了土司是有相应的纠纷处理及处罚权力的。在清代，土司享有处理苗族纠纷的权力

---

[1] （清）但湘良：《湖南苗防屯政考·均屯五》，转引自谭必友：《19世纪湘西苗疆半职业管理阶层与乡村社区权力结构的近代性变迁》，载《青海民族大学学报（社会科学版）》2014年第2期。

[2] 黔南布依族苗族自治州文化局编：《黔南文物志稿》（一），黔南布依族苗族自治州文化局1983年版，第35页。

是普遍存在的，这是清代乾隆年后实施"因俗而治""以苗治苗"政策的结果。"因俗而治"的政策实施后，流官、土司、苗民形成了分权与制衡的体制，土司成为苗民与流官之间的中间地带。虽然随着王化力量的渐进，这种状况有所改观，但是苗民直接接触的主要还是土司。土司同官员一样代表着国家权威。再加上苗语与汉语的差异，以及对于外界的陌生与恐惧，苗民很少与外界沟通，流官对于苗族社会也知之不多。土司参诉成为当时苗族法文化中的一部分。

土司参诉形成了诸多弊端。道光二十八年，陈岱霖在奏折中称："查各处苗寨，例不准衙门书役人等私入，其设立苗守备、千把等官，不过令其催取苗租，传唤苗户。所有一切苗词，概不准其擅受，均归该管厅员审理。乃闻近日该苗备弁……遇有苗词，先行收审，横加需索，并私设刑具，任意凌虐。追至解厅审办，该苗官从中颠倒是非，苗民言语不通，往往曲直莫辨，遂致结气衔冤，无所控诉。"[1] 甚至"另立衙署私置刑具，苗民称为权爷，畏其威与土司等，实为陋例相沿"。[2]

土司在一定程度上阻断了苗民与流官之间的信息流通，为其权力寻租创设了条件，这是土司参诉积弊的根本原因。苗疆开辟后，黔东南地域秩序发生了变化，流官、土司的设置改变了原有的地域秩序，削弱了原有的社会权威，增设了国家司法为主的解纷机制，导致土司制度衰落而逐渐退出历史的舞台。但是在长达百余年的时间里，土司对于苗族社会的纠纷解决的参与，亦影响了传统的纠纷解决机制。

二、"讲理"制度的变迁

在王化秩序的大背景下，随着国家权威对于苗族社会纠纷的参与，苗族传统的纠纷解决机制发生了一定的变迁。如前文所述，请中讲理是苗族社会

---

[1] （清）但湘良：《湖南苗防屯政考·均屯五》，转引自谭必友：《19世纪湘西苗疆半职业管理阶层与乡村社区权力结构的近代性变迁》，载《青海民族大学学报（社会科学版）》2014年第2期。

[2] （清）艾茂、谢庭薰纂修：（乾隆）"独山州志"，载《故宫珍本丛刊》（225册），海南出版社2001年版，第322页。

最为传统的纠纷解决方式。主持纠纷解决的主要是理老，因为其熟知苗族的习惯法"理辞"与"榔规"而成为讲理主持的主体。理老自然产生，并没有任何特权。但是随着王化权威在苗疆的构建，苗族社会中的权威主体发生了变迁，从而影响了讲理主持者的身份，使得讲理主体呈现出一种多元混合的状态。

（一）理老"中人"身份的留存

从历史上看，理老作为苗族解决纠纷的主体身份是恒定的，其中最主要的原因是理老熟知理辞等习惯法，是苗族传统社会的"法学家"，是地方性权威，在解决传统纠纷时不可或缺。如《从江县孔明公社苗族习惯法、乡规民约调查》中记录了这样的内容：李老景的祖父是理老，李老景回忆其小时候（约为清末民初），"看见堂屋挂着许多猪下巴，约有300块"（按照苗族古理，违反法规受罚的人，必须杀猪挨户去送串串肉，猪下巴送到理老家，以示执行）。① 可见李老景的祖父处理案子的数量之多。从江县属于苗族南部亚支系，只是苗族社会的一个缩影，关于理老的记忆在苗族社会生活中是普遍的现象。在黔东南其他亚分支中也有这样的记载。例如，根据清水江文书的相应记载②，请中讲理亦是最为常见的纠纷解决方式。文书中所记录的中人，主要就是理老这样的村寨中原有权威人物。例如，下面这篇文书就能够反映出来：

> 立错字人姜朝望、朝吉、光禹、光照、光宗、光典、广珍、大振、绞生、光限、锺英、老宋、广□……为因错卖姜相荣等人之山，地名加十塘，别名冉抵，卖与客人彭太和砍伐。相荣兄弟等查出，将木阻止，当请乡保理论。我等自知理虚，蒙寨老、乡保求到相荣等，念在知之详

---

① 贵州省民族研究所：《月亮山地区民族调查》，贵州省民族研究所1983年版，第458页。
② 清水江文书（又称"锦屏文书"），2010年2月被列入《中国档案文献遗产名录》，是中国贵州清水江流域苗族侗族人民创造和保藏的一种民间文献遗产，目前至少尚有十多万件遗存于民间，内容涉及林地和土地的买卖、租佃关系、木材的砍伐与发卖，借贷、典当、分家析产、讲理、诉状稿、账册、官府告示、乡规民约、书信、账单等，主要分布和保藏在清水江流域中下游黔东南苗族侗族自治州的锦屏、黎平、天柱、三穗、剑河、台江、岑巩等县苗族侗族农户家中，故此主要反映了黔东南苗族东部亚支系的清代的社会生活。

情，朝望、光照众等自愿登门赔谢，出立错字为据，使日后我等不得藉故生端。例如有此情，自干不便。立此错字为据。

凭中：范锡寿、姜永发、绍齐、德宏
保长：罗老龙
代笔：李天才
道光二十八年十一月十八日①

这是一起因为错砍山木导致的纠纷，双方请中人理论，由错砍方向山主赔钱道歉的文书。"认错字"是清水江文书中的一种，表达的是有过错的一方向另一方陈情认错，求得另一方谅解的一种文书。这篇文书记载了姜朝望等人错砍他人木植，被木植山主发现后请中讲理的过程。讲理时必须邀请第三方——中人到场主持。此次的中人就涉及寨老（理老）与保长等人。在清水江文书中，中人身份常常多元，没有特别说明时，往往指代村中自然的权威人物理老等人，当中人身份特别时，文书中往往有说明，这篇文书就是这样，在签名时，有保长身份的罗老龙被单独列明，理老等人仅仅注明"凭中"。再据梁聪在其博士学位论文《清代清水江下游村寨社会的契约规范与秩序——以锦屏文斗苗寨契约文书为中心的研究》中对姜元泽家藏契约文书进行的数据统计：相应的纠纷文书 31 份，其中经过请中讲理程序的有 27 份，这 27 起纠纷中对中人身份特别说明的有 7 起，其余 20 起只提到中人，没有特别说明，此时的中人常常是指村寨中自有的权威人士，包含了理老等人物。②

理老这类原有权威在村寨的纠纷解决中得以保留是有原因的。主要是因为理老熟知理辞与榔规，且长久以来存有威信，所以在解决纠纷时其地位往往不可替代。例如，在 1957 年对从江县加勉乡苗族社会历史调查的资料中，村民在介绍相当于理老的"该歪"③时说："（国民政府时期）'保甲长'调解纠纷时需要"该歪"的协助，因为保甲长不了解古理古规的内容，

---

① 潘志成、吴大华编著：《土地关系及其他事务文书》，贵州民族出版社 2011 年版，第 221 页。
② 梁聪：《清代清水江下游村寨社会的契约规范与秩序——以锦屏文斗苗寨契约文书为中心的研究》，西南政法大学 2007 年博士学位论文，第 84—87 页。
③ "该歪"是苗语，即寨老、理老之意。

所以要请'该歪'帮助……如有纠纷发生，到保长处去告状，当进行处理时还得请'该歪'来加帮助。"① 可见理老在苗族村寨中往往有不可替代的作用。

（二）"中人"身份多元的形成

理老作为自然权威一直存在，但由于国家力量的进入，苗族村寨中的权威主体也逐渐发生了变迁，进而影响到中人的身份。特别是苗疆开辟后，由于各个地方经济发展情况不同、水路交通情况不同及王化秩序影响不同，社会发展情况也有差异，导致参加讲理的人员往往呈现不同的状态。上文所提的从江县加勉乡地处从江县的西部，属于高山寒区，以农业经济为主，经济不发达。距离县城二百余里②，交通极为不便，清代王化势力进程较慢。所以在中华人民共和国成立之初对其调研时，理老仍然作为纠纷解决的重要主体，村寨新树立起来的权威"保甲长"不能完全替代理老的位置。通过村民的介绍可知，理老不可替代的一个重要原因正是其熟知古法古规。这也说明，像加勉乡这样偏远的乡村，因地处偏僻、封闭，社会生活受外界影响比较小，社会发展缓慢，导致纠纷类型没有太大的变化，所以传统的古法古规依然能够发挥重要的作用。即便如此，理老在主持讲理时"本来可以不通知保甲长，但为了给一点面子，有时也请他们来参加"③。可见到了清末民初，国家对于黔东南地域的控制力逐渐加强，即使在偏远的村寨，也确立了保甲制度。而且保甲长虽然不是理老，但是其在村寨中的地位已经可以和理老相当，即便保甲长不懂"理辞"，理老也要"照顾保甲长的面子"，因其代表政府的权威而被邀请参加诉讼。这反映了国家法秩序在苗族村寨渐进的过程。

与从江县加勉乡相比，地域开放、经济发达的东部亚支系变化更为明显。比如地处清水江流域的一些村寨如文斗寨，历史上曾经"古木阴稠，虎豹据

---

① 《民族问题五种丛书》贵州省编辑组、《中国少数民族社会历史调查资料丛刊》修订编辑委员会编：《苗族社会历史调查》（二），民族出版社2009年版，第125页。
② 《民族问题五种丛书》贵州省编辑组、《中国少数民族社会历史调查资料丛刊》修订编辑委员会编：《苗族社会历史调查》（二），民族出版社2009年版，第134页。
③ 费孝通等：《贵州苗族调查资料》，贵州大学出版社2009年版，第244页。

为巢，日月穿不透，诚为深山箐野之地乎""万历年，只知道开坎砌田，挖山栽杉，问之四礼皆昧然罔觉"①，但苗疆开辟后，由于守望清水江的航道，便于政府管理，国家法势力渗透较早。②再加上由于能够盛产木植，能方便木材疏通到下游的木材市场，所以经济得到了很大的发展。还有些村寨甚至有其他地方的汉民到寨佃山栽树，所以受外来文化影响比较大。可以说，清代开辟苗疆使这些村寨进入一个重大的社会转型期。社会转型导致村寨权威发生了变更，村寨中的权威呈现多元化的态势，进而影响了纠纷解决。以下两篇文书（见图4-2和图4-3）就为我们做了很好的说明。

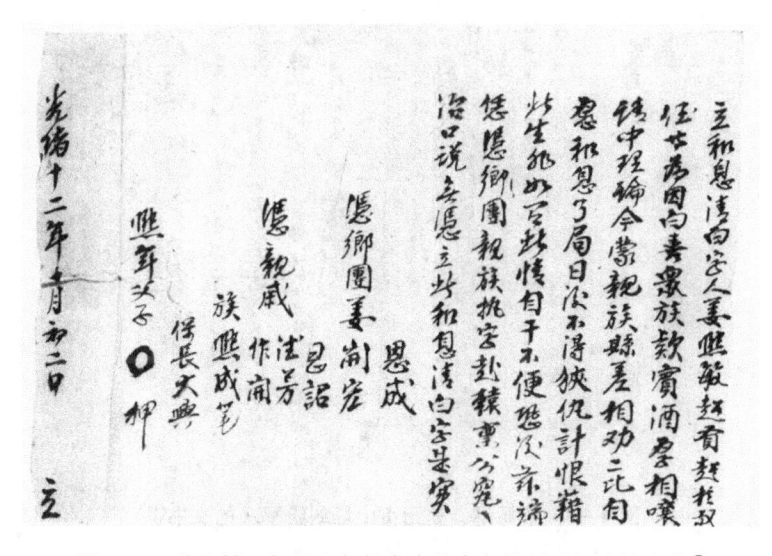

图4-2 姜熙敏、超贤、超柱在丧礼中争执纠纷解决的文书③

第一篇文书正文：立和息清白字人姜熙敏、超贤、超柱叔侄等，为因白喜众族款实（食），酒厚（后）相嚷，请中理论。今蒙亲族县差相劝，二比自愿和息了局，日后不得狭（挟）仇计（忌）恨，藉此生非。如有此情，自干不便，恐后滋端，恁凭乡团亲族执字赴辕，禀公究治。

---

① 潘志成、吴大华编著：《土地关系及其他事务文书》，贵州民族出版社2011年版，第135页。
② 天柱县清代清水江下游的苗族村寨，早在明代就已经成县，在咸丰年间被编入团练，参加抗击苗族起义军的战斗多达几十次，多人被政府授予军功。
③ 唐立、杨有赓、武内房司主编：《贵州苗族林业契约文书汇编：1736—1950年》（第三卷），东京外国语大学2003年版，契约编号第F0036。

口说无凭，立此和息清白字是实。

凭乡团：姜恩成　姜开宏　姜恩诏

凭亲戚：德芳　作开

凭亲族：熙成笔

保长：大兴

熙年父子〇押

光绪十二年十月初二　立

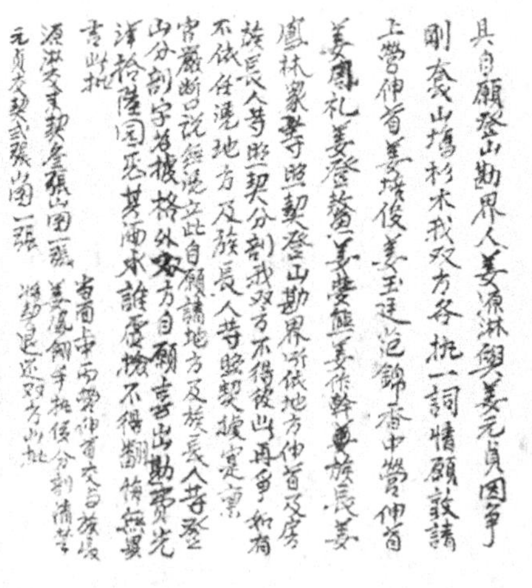
具自願登山勘界人姜源淋與姜元貞因争
剛□山塲杉木我双方各执一詞情願敦請
上營仲首姜培俊姜玉廷范錦香中營仲首
姜周礼姜登鰲姜夢熊姜作幹族長姜
鳳林众等照契登山勘界听依地方仲首及房
族長人等照契分剖我双方不得彼此再争如有
不依任凭地方及族長人等照契據實禀
官嚴断口説無凭立此自願請地方及族長人等登
山分剖字為據格外双方自願□出勘費光
洋拾陸元整其洒水誰虛捡不得翻悔無異
言此批
源淋交契叁張山图一張
元貞交契贰張山图一張
民国十七年十一月廿八日　源淋親筆　立

图4－3　姜源淋、姜元贞山场纠纷解决的文书①

第二篇文书正文：具自愿登山勘界人姜源淋与姜元贞因争刚□山场杉木。我双方各执一词，情愿敦请上营伸（绅）首姜培俊、姜玉廷、范锦香，中营伸（绅）首姜周礼、姜登鳌、姜梦熊、姜作干，族长姜凤林众等照契登山勘界，听依地方伸（绅）首及房族长人等照契分剖，我双方不得彼此再争。如有不依，任凭地方及族长人等照契据实禀官严断，口说无凭，立此自愿请地方及族长人等登山分剖字为据，格外双方自愿□出勘费光洋十六元整，其洒水谁虚捡，不得翻悔无异言此批。

① 张应强、王宗勋主编：《清水江文书》（第一辑3），广西师范大学出版社2007年版，第263页。

源淋交来契三张，山图一张。

元贞交契二张，山图一张。

当面上中两营伸（绅）首交与族长姜凤翎手执后分剖清楚将契退还双方此批。

民国十七年十一月廿八日　源淋亲笔　立

这是两起普通的纠纷，在解决时都涉及了请中讲理。第一起是在办丧宴的时候，姜熙敏、超贤、超柱等人发生争执相嚷，结果村寨中的亲族以及县衙中的县差都来相劝。另外一起是山场地界不清，双方请到族长以及绅首帮助勘验山界，确定地权，解决纠纷。同从江县加勉乡的纠纷解决相比，请中的主体呈现出一种多元化的状态。包含了亲戚、亲族、团（团练）长、县差、乡绅、族长等人。

之所以出现这样的现象，主要有两个原因。第一个原因是这两起纠纷都发生在清末民初。此时经过清朝的近200年的开拓经营，国家王化势力已经牢牢地控制了这一地区。因此，仅仅是在丧礼上"相嚷"这样的纠纷都可以看见"县差"身份的人出现在现场；另外，随着经济的发展，在文斗附近的村寨出现了很多富商，成为村寨的乡绅，其对于村寨的事务处理也有很大的影响力。这些变化使得村寨与地域的秩序复杂起来。此时村寨中有权威身份的人不仅仅局限于理老这样的人物，权威主体呈现多元化的状态。但是权威主体多元还只是中人的身份多元的原因之一。第二个原因是纠纷类型的变迁。随着王法之治与外来文化的冲击，文斗这类村寨社会变化较大，比如由以前的"汉族商人到清朝尚未接管的'生苗'区购买木材时多以黄牛、水牛来交换"[1] 发展到以大量白银作为一般等价物的交易。类似这样的发展导致村寨出现了很多新型的纠纷，如"木材买卖""山地租佃""雇佣""借贷""土地买卖""合股与分红"等，这些是苗族传统社会以前未曾得见的。原有的法文化在面临新兴的社会问题时也显露出来诸多不足。故在请中讲理时，我们不仅能够看到熟悉习惯法的权威人物，也能够见到这种熟悉"国家法""经商规则""产权规则"等新兴法文化的代表——县差、团长、保甲长、乡

---

[1] 唐立、杨有赓、武内房司主编：《贵州苗族林业契约文书汇编：1736—1950年》（第三卷），东京外国语大学2003年版，第26页。

绅等出现在纠纷解决中，他们的出现是一种时代发展的必然。

（三）"讲理"与"赴官"的共存与融合

开辟后逐渐进入王化秩序中的黔东南地区，再也不可能置身于国家力量之外。随着国家司法权的覆盖，原有的纠纷解决方式逐渐和国家司法审判衔接。同传统的讲理相比，开辟后的苗疆讲理制度中常常融入"告官"的内容。这在王化势力进入较深的地方表现得更为明显。

在清水江文书中的各类契约文书中常见到"如有违背，任凭执字赴官""禀官究治""如有反悔，执字赴公，自愿领罪""倘有负固不服，逞刁抗公，立即联名禀官重究"等。需要注意的是，这些内容常写在契约文书的最后，协议双方写入"赴官"并不是约定纠纷解决方式，而是利用司法权威对一方进行威慑，或者是一方对另一方保证其将践行诺言，否则任由对方告官，自己承担"告官"后的不利后果。这充分反映了此时的国家司法权威已经在黔东南苗族社会的某些地方建立起来了。下一文书就涉及了这样的内容。

> 立挟嫌妄阻字人龙里所王治浩、治泽弟兄二人。情因于嘉庆十五年，错阻加池寨姜佐具之血侄姜松乔，□□溪之木……佐具在开泰县主李具控我弟兄一案，审得我弟兄情非理莫，当堂断山场杉木与姜姓管业。……回家我兄弟复行阻号，佐具欲上城禀告，我兄弟见事不谐，请中苦留，自愿立有错阻字样与姜姓执照，又于今岁五月内……我兄弟又胆将姜姓之木阻号。……佐具欲执前所书之悔错赴官，我兄弟求中劝解……我弟兄原再立挟嫌妄阻字样，日后再不敢勾串妄行滋事，如有此情，任凭姜佐具叔侄执字赴官，自甘领罪，恐后无凭，立此挟嫌妄阻字样，姜姓存照。
>
> 凭中：吴秀忠等
>
> 嘉庆十七年八月十三日①

这篇文书是王治浩、王治泽兄弟二人所立的认错文书，原因是在嘉庆十五年王家兄弟二人阻碍姜家叔侄卖木，被姜家告到官府，判兄弟二人败诉。回到家后，二人心有不甘，还去阻碍卖木，姜家被迫要再去"告官"。此时

---

① 张应强、王宗勋主编：《清水江文书》（第一辑），广西师范大学出版社2007年版，第8页。

王家兄弟二人已经验过吃官司的苦楚，也害怕再次告官带来更大的惩罚，所以请中"苦留"，并写下"认错字"。两年之后，姜家卖树，王家兄弟二人又来阻碍，双方请中后，还是认为兄弟二人无理。此时姜家气愤，要拿上次的"认错字"去告官，王家兄弟二人惧怕，表示"再不敢妄行滋事"，立下文书，如有违背，姜家"执字赴官，兄弟二人自甘领罪"。

这篇文书真实还原了清代中期黔东南清水江流域附近苗族生活的情况，包含生计经营、纠纷冲突、请中讲理、赴官告状等现象。从这篇文书来看，这起纠纷经历了赴官、请中两种方式来解决纠纷。第一次的赴官，对于王家兄弟来讲记忆深刻，也了解了赴官的后果。所以，虽然王家兄弟仍然对姜家的木材念念不忘，但是只要一提到"赴官"，王家弟兄二人就再也不敢妄为。可见即便在偏远的苗疆，基层政府的管辖权限已经有效到达。从这篇文书来看，姜家叔侄的诉讼相对顺利，县长又做出了公正的判决。这从一个侧面反映了"赴官告状"有很强的震慑效果，故这种方式逐渐受到了苗民的普遍认可。随着国家权威对地方权威的取代，求助于最高的权威是最有力的权益保障方法。否则清水江文书中就不会出现大量的诉讼文书，还有其他文书中也不会出现大量的"禀官"的字样，甚至后来的文斗地区就不会被称为"好讼之乡"了。实现了传统解纷方法与"告官"的有效结合。

当然赴官也不是普遍现象，在中华人民共和国成立初期对苗族的社会历史调查中发现很多地方的苗族群众根本都没有打过官司。这些地方主要是交通不便的北部与南部的雷公山、月亮山等相对封闭的地方。可见地域发展的不平衡也导致苗族法文化变迁的不同。

三、"神判"制度的变迁

（一）"神判"的留存

同"讲理"一样，"神判"作为传统的纠纷解决方法在苗族社会一直得以保留。对此黔东南三个亚分支中都有相应的记载。比如，在黔东南州北部的台江县，光绪年间，反排寨农民张老东和张老格因为争田发生纠纷。两人是堂兄弟，张老东认为张老格所种"脸相疟"（地名）的八挑田是应当分给他家的。张老格认为这田是自己的。但是谁也不能提出有力的证明或证据，理老无法调解，只好进行"烧汤捞油"。由张老东出烧汤，张老格亲自在锅中捞斧。翌日检验张老格的手臂，并没有烫脱皮。张老东自认输了"理"，田归张老格所有。①又如，在咸丰七年五月初八，黔东南部的天柱县平鳌寨发生了一起地界权属不清的纠纷。平鳌寨的张荣吉早年失火烧毁姜启柱所砍木材，以自己田地及荒坪四块作为赔偿。赔偿数年后，双方对于赔偿地方的地界又发生争论，请中讲理，中人断张荣吉败。张荣吉不服，随后又找到了新的有利于自己的证据，再次找到中人讲理。但是中人说"即断即断，如或不遵，任汝二比鸣神"。随后双方举办了"神判"的仪式，以此了结了纠纷。②类似这样的纠纷解决方法还有很多。道光二十七年，地处黔东南中东部的文斗寨，姜东贤兄弟与启略因为地界不清发生混争，请中理论，未获清局。所以二人鸣神，并写有文书约定二人为鸣神约定的日期、二人"鸣神"的程序，以及"鸣神"的后果。③再如，黔东南州南部的榕江县加宜公社的社会历史调查中记录了多起在清末民初时期的"神判"，包括砍鸡头、捞稀饭、踩铧犁、赌咒等形式。④可见，当纠纷处于是非不清时，"神判"仍然是黔东南苗族常用的纠纷解决方法。

  这些记录都是在清晚期，有些甚至是20世纪三四十年代的记录。其与清早期的"神判"方式极为相似，没有太大的变化，而且依然是作为请中讲理的一种补充方式。即当纠纷处于事实不清、真伪不明时，理老就会提议用"神判"方式解决。当然"神判"制度的存在往往是有条件限制的，即在没有其他和平解纷的方式且双方不愿意或者不能采用暴力的方式来解决纠纷时，

---

① 贵州省编辑组编：《苗族社会历史调查》（一），贵州民族出版社1986年版，第399页。

② 契约原文参见唐立、杨有赓、武内房司主编：《贵州苗族林业契约文书汇编：1736—1950年》（第三卷），东京外国语大学2003年版，契约编号第D0030。

③ 原文为："立请字人姜东贤、东才兄弟等，为因有祖遗山场杉木地名冲讲葱，被启略越界强卖盗伐，以致我等混争，央中理论，未获清局。今我二比情愿宰牲鸣神，我等实请到中人姜宗友、文光以并劝中姜怀义，言定明晨初六日，各带堂亲遗体养至冲讲木处，宰牲鸣神，毋许大声毒骂，更毋许伸手揪扭等情。此乃我二比心手意愿，并非中等强押。照宰牲之后言定限于四十九日内，如神明鉴察，报应昭彰一家人将此木头共二十六棵输以为未受报之家。复定各比堂亲之名务要实名列案。无如，以输定。决非异言，立此为据。代笔、凭执人东卓。道光二十七年六月初五日立冲讲。"契约原文参见唐立、杨有赓、武内房司主编：《贵州苗族林业契约文书汇编：1736—1950年》（第三卷），东京外国语大学2003年版，契约编号第F0033。

④ 贵州省民族研究所：《月亮山地区民族调查》，贵州省民族研究所1983年版，第340页。

"神判"才会被采用。"神判"方式得到保留,一方面,是苗族崇鬼尚巫的文化所致,苗族对鬼神的敬畏是恒定的,作为鬼神文化的附属品"神判"制度也得以保留;另一方面,"神判"制度本身在纠纷解决方面的合理性与科学性,也是"神判"制度保留的重要原因。对此本书已经在上一节进行了详述,此不赘言。

清廷开辟苗疆后,国家王化秩序逐渐在黔东南地方构建,国家司法权也开始植入,但是由于"神判"制度在苗族社会中的特殊地位,所以并没有被完全取缔。同讲理制度一样,"神判"制度也保留了很大的存在空间。

(二)"神判"的式微

虽然"神判"一直在黔东南苗族社会中得以留存,但是随着社会的发展,特别是国家司法权的植入,人们在纠纷解决方式上又多了一种选择。特别是国家司法权是建立在国家强制力的基础上,不管当事人是否愿意,只要程序启动,都要参加;而"神判"必须建立在双方自愿的基础上,"鸣官"看似有更强的执行力,虽然求助于司法的成本比较高,但是这种看似陌生的方式还是受到了欢迎,导致"神判"制度的地位略显衰微。对此,苗族民间的文书常有记录。如下面两起纠纷就体现出"神判"的无奈。

第一例是民国四年加什寨姜源淋诉姜元翰的诉状稿,内容如下:

> 具理由人加什寨姜源淋,年去岁距区二十里,为横争混罩凶阻强封由肯禀案调阅澄渭攸分事。绿淋情于祖上在嘉庆十年用价得买山场杉木一块,地名番贵顺,屡屈新旧契据并栽手字。四抵朗然⋯⋯不料于今年八月内价卖客人砍伐,陡被本寨姜元翰等凶阻。淋实骇异当经请过地方中人姜梦麟等理讲,而伊等之契虽是地名相同,而四抵各异,在中人等莫不直斥。伊等之非不服,又约伊等盟神而伊等不愿,约伊等登山勘验,而伊等亦不从,一味横争凶阻⋯⋯为此情切不已,具由肯乞区长台前作主⋯⋯
>
> 中华民国四年十月　具①

这是一起双方对于山权争议导致的纠纷,表现为姜元翰一方阻碍姜源淋

---

① 张应强、王宗勋主编:《清水江文书》(第一辑1),广西师范大学出版社2007年版,第380页。

砍卖杉树。姜源淋请中讲理后，中人支持姜源淋的主张，对另一方进行了斥责。尽管被中人斥责，姜元翰方依然如故。姜源淋无奈请对方鸣神，但对方不愿意，再次请中上山勘验，对方依然不同意，只是"一味横争凶阻"。姜源淋被迫告状到政府，请求救济。

第二例与第一例相似，民国十八年，平鳌寨的姜海琰等在伐杉卖木时与同寨宣梓发生纠纷。宣梓首先下江阻止卖木，未成；随后又通过其他手段扣留了买木客人其他钱款，以此为要挟。为此姜海琰请中讲理，未成；姜海琰又提出"大家自愿到庙凭神，任他宰牲，我等领受，彼亦不允"。此时出现了"我等无奈，中亦无奈"的情况。最后姜海琰只得告到了政府，寻求救济。①

这两起纠纷都描述了清末民初时黔东南东部苗族的社会情形。种植杉树，出售木材成为当地苗民重要的经济来源，也因此产生了诸多的纠纷。在纠纷发生时，人们首先选择的还是传统的方法——"请中讲理"，当讲理不成时，为了表达自己主张的事实确实可信，也情愿"鸣神"。这两种方法便捷、熟悉、成本较低。但是"鸣神"的前提是"大家自愿"。当一方拒绝时，"鸣神"就无法进行了。按照苗族传统的法文化，"鸣神"是和平解决纠纷的最后手段，但是如果"鸣神"都失效，采取的方法要么放弃权益，要么依靠亲缘与地缘力量来维权，此时就会出现"仇杀"或者"打冤家"这样的现象。如前文所言，随着清朝王化力量的进入，"仇杀""打冤家"基本上是被禁止的，为了维护权益，"鸣官"就成为最后的选择了。"鸣官"虽然成本较高，但是只要"鸣官"程序启动，不管当事人愿不愿意，都会有官差提讯到衙，不能违背，体现出国家法的权威性。而且"鸣官"的结果往往是有事实根据的，总体还是符合公正标准，因此在纠纷解决中"鸣官"逐渐占据了重要的位置。这也是村寨中"鸣神"在与"鸣官"博弈时处于下风的原因。

从相应的历史材料来看，"鸣官"有时是无奈之举，有时又是当事人刻意为之。特别是黔东南的中部，随着木材经济的发展，很多村寨因木材生意

---

① 契约原文见唐立、杨有赓、武内房司主编：《贵州苗族林业契约文书汇编：1736—1950 年》（第三卷），东京外国语大学 2003 年版，契约编号第 F0039。

第四章 "讲理"与"神判"的变迁

产生了诸多的富户、富商，他们在村寨中地位显赫，成为新的权贵——乡绅。乡绅成为政府治理苗疆的依靠力量，乡绅在与政府打交道时也积攒了自己的人脉。利用"鸣官"来实现自己利益的最大化成为这些乡绅的手段。

清水江文书中，有些书信涉及一些"鸣官"后的隐情，这对于我们了解当地的纠纷解决是极有帮助的。如下面这封书信（见图4-4）就反映了诉讼中运作的现象。

图4-4①　反映诉讼中运作现象的书信

书信正文：姜恩瑞叔台阁下启者，身别为因具控姜春年一案。今原差已将春年提获到衙，奈姜昆相现在亲兵棚内帮春年忙，摆布作钱调理。本欲即时请官审讯。奈叔台又不到堂，官不能讯问。只得书信专人走赶，信到望叔台请齐。

这封书信提到，姜恩瑞家（或亲友）因故状告姜春年，姜春年已经被差役提讯到案。但此时有姜昆相帮助姜春年"摆布作钱调理"，为了防止夜长

---

① 张应强、王宗勋主编：《清水江文书》（第一辑8），广西师范大学出版社2007年版，第95页。

梦多，姜恩瑞之侄（或者其委托之人）催促其尽快赶赴，及时审讯。这封书信反映了即便在偏僻的乡村，人们已经开始通过关系来影响审判，实现自己的利益最大化。"鸣官"已经不是简单的事实之争、利益之争、准则之争，而是体现为背后的"关系"之争。随着国家司法权的普及，开辟之前对国家审判从未接触过的生苗已经深谙"疏通"之道了。正是由于"鸣官"具有一定的可操作性，所以一些当事人在选择纠纷解决方式时，抛弃了"鸣神"。

《贵州苗族林业契约文书汇编：1736—1950年》（第三卷）中记录了一篇《道光十六年八月文斗寨姜光裕诉姜吉兆诉状词稿》，其中就提到了为了解决纠纷，"鸣神""鸣官"的交错进行，最终只能"鸣官"的情况。据文书记载，原告方姜光裕称，道光七年，其与姜志远（姜吉兆之父）合伙做木材生意，但是生意后的股金与盈利一直没有给姜光裕分派，姜光裕"屡讨屡延"，请中讲理又被搪塞。道光十五年三月，姜光裕与姜志远约定"鸣神"，姜志远心惧，答应再做商量，可惜四月姜志远就过世了。丧毕，姜光裕向姜志远丁忧回家的儿子姜吉兆（姜吉兆为举人，曾任四川什邡县知县）继续索要股金与盈利，仍然被拒绝。姜光裕被迫再次抬出神像请求"鸣神"，可姜吉兆置之不理，反而向县衙控诉姜光裕勾串匪徒抢劫木材，"欲陷蚁（'蚁'为诉状中自谦之词，代指原告姜光裕）于死地"。[①] 通过这篇文书可以看出，做过知县的姜吉兆熟知官府的能量，早已跻身社会上流，也不难想象其拥有大量的社会关系，所以可以对于对方的"鸣神"要求置之不理，而且利用"告官"打击对方。"鸣神"在这些拥有"社会关系"的人物面前已经很难有约束力了，这些苗族社会中的上层人物早已不受村寨规范的限制，他们拥有的资源能使他们低风险、低成本地获得最大的利益。因此遇有纠纷时，"鸣官"成为首选。可以说，在国家司法权的冲击下，"鸣神"表现出相对衰退的现象。

综上可见，古老的苗疆植入了国家司法权后，"讲理""神判"与"官判"发生了互动与融合，由于不同的纠纷解决方式可能会出现不同的结果，

[①] 唐立、杨有赓、武内房司主编：《贵州苗族林业契约文书汇编：1736—1950年》（第三卷），东京外国语大学2003年版，第107-108页。

所以苗民会根据自己的利益与能量来权衡选择纠纷的解决方式，法文化变迁中的利益选择与力量博弈由此可见。具体表现为，国家司法权具有强权性、一定的公正性以及一定的可操作性，而被一些苗民所选择，原有的纠纷解决方式与"鸣官"在博弈中常常处于下风，从而对原有的"讲理"与"神判"造成了冲击。这是古老的地域被植入了国家司法权后，破坏了村寨内原有的秩序与平衡，才会出现的现象。但是传统的纠纷解决方法还是有价值的，村寨之中绝大多数村民还是本分地经营与生活，遇有纠纷还是选择熟悉且成本低廉的"讲理"以及"神判"方式。这也是为什么在大量的清水江文书中，纠纷解决仍然是以"请中讲理"为主，"赴官"主要是写在文书后面，起到告诫与警示的作用。另外，由于"鸣官"的存在，"鸣神"受到一定冲击，但它存在的根基在于苗族"崇鬼尚巫"的文化，这种文化在苗族社会源远流长，至今仍被信奉，故"鸣神"至今依然可见。这些纠纷解决方法的存在、竞争、融合成为苗族法文化变迁的重要内容。

第五章

财产所有制的变迁

在苗疆开辟之前,黔东南苗族的生活环境多为深山野箐之地,苗族先民主要以农业生产为主,火种刀耕,广种薄收,经济比较落后。在财产所有制方面,已经出现了私有财产,但公有财产仍然大量存在。苗族的传统观念中没有经商的意识,甚至以经商为耻,此时的黔东南地方,其腹地几乎没有市场,很少有商业贸易;只有在交通要道或者清水江、都柳江的天然航道附近,由于历史上王朝的开拓经营,特别是木材市场雏形的初现,使得当地的苗民有零星木材贸易,但是交易数量极为有限,没有货币,仅以木材换取牛马,契约也只是"刻木为契"。苗疆开辟后,清廷设置了屯军、流官、土司,加强了水路交通与陆路交通的建设,进而汉民大量涌入,这都对地方经济带来了影响,特别是黔东南东部,因为木材市场的兴盛出现了商业上的繁荣。黔东南苗族社会也出现了经济发展不均衡的现象,经济法文化也呈现了地域差距,特别是在清水江流域,守望水道并融入木材市场的苗族,在财产所有制等方面都发生了极大的改变。

第一节 开辟前黔东南苗族社会的财产所有制

一、开辟前黔东南腹地苗族的财产所有制

在苗族的传统社会中,财产公有一直占有很重要的地位。在苗疆开辟前,特殊的自然环境与社会环境使得苗族形成了以血缘为纽带的家族社会,人们依靠集体的力量生存与发展。在财产所有制上,集体公有财产的观念一直很

强烈。在清代初期，已经有了私有制的现象，但是公有制的意识依然存在。中华人民共和国成立初期，有学者在对黔东南苗族主要聚集的台江县进行田野调研时，就收集到了在乾隆年间，基于公有观念，集体收回私有土地并再次分配的事例——"养猫应议榔分配土地案"①。在此以此案为例进行分析。

这个案例大约发生在乾隆年间，在黔东南台江县的反排寨，早期移民而来的苗民先辈们经过大约八代的发展，出现了生产资料与人口发展不协调的现象。主要是由于便于农业作业与生产的耕地（有水源或地势平缓的地带）已经被人们开发殆尽，再加上人口发展，个人劳动能力的差异，以及个人懒惰勤劳等原因，所以出现了较为明显的贫富差距。这种差距主要表现在田产占有数量以及土地产能方面，即"有人田多，有人田少，有人田好，有人田坏"。作为主要的生产资料，耕地的差异直接影响了大家的生活，很多人吃不饱或者没有饭吃，很多村寨都出现了相似的问题。② 面对日益严重的贫富差距，反排寨的养猫应率先发动"议榔"，组织大家协商解决土地问题。参加这次"议榔"大会的共计有几十个村寨，最后形成了解决方案。解决的方案分为两个步骤。第一步是大家共同开发新的耕地。具体方法是，没有耕地或者耕地较少的人家去开垦荒地，已经占有好耕地位置的人家由于地势好，水源好，由他们扩修田土。这次反排寨开垦的荒地与扩修的田土共计850挑（6挑约为1亩，此次约开垦土地141亩）。第二步是分配田地。分配的原则是原有田的田主保留原田地的20%，剩余的80%同新开垦的土地加在一起，进行二次分配；按照村寨人口均分，实行远近搭配，好坏搭配的原则。除了分田，还有分山林，也是按照分田的原则进行的，分配后立石为界。这次分配土地及山林，触及土地过多的人的利益，也出现了个别反对者。当时本寨的羊纠由于占有田产最多，所以不愿意参加分田，也不愿意垦荒。虽经全寨进行了挽留，但羊纠还是带领全家迁走。这个案例涉及诸多财产所有制的问题，对此我们可以做如下分析。

---

① 贵州省编辑组编：《苗族社会历史调查》（一），贵州民族出版社1986年版，第160页。
② 猫养应之所以能号集多个村寨进行议榔，是因为这是这一地域普遍存在的问题。这次参加议榔的地区范围很大："计有剑河县属的所有的"虾"（久仰服装类型）大小13个寨子；剑河县城附近的必树、必项等寨；台江县属的今登交、交密、东扛、南官、交下、巫脚、番召、九摆、红梅等公社所属各村寨。"参见贵州省编辑组编：《苗族社会历史调查》（一），贵州民族出版社1986年版，第161页。

一方面，这个案例体现了苗族社会中存在财产私有制。当时的苗族社会，虽然是宗法家族社会，但是已经出现了私有财产。正是因为私有财产的出现，乾隆时期反排寨才会出现因土地资源占有不平等导致的贫富差距问题。特别是分地时出现了羊纠这样的富户的反对，说明当时已经有了较强的"私权"意识，甚至因为他原有土地较多，大家也进行了妥协，只要他象征性地开垦一点土地就仍然给他按照人口分配土地。可见集体中生活的人们也意识到这次分地给羊纠家带来不少的损失，通过这种方式表达对私有财产的承认与尊重。另外，在分配山地时，立石为界，确定地权的范围。这种立石为界的方法，早已经是苗族社会习惯法的内容，也说明了集体对私有财产权的承认。因此，可以推断此时苗族社会是存在财产私有制的。

另一方面，这个案例也反映了在当时的苗族社会中，集体经济观念依然占有重要位置。根据对此案的描述，养猫应要求重新分配土地，是因为集体中经济发展出现了问题，涉及大多数人的生存，这就要求个人利益直接让步于集体利益，以保证集体的发展。可以肯定的是，这是当时绝大多数人的观念，所以养猫应在分配时，能够得到大多数人的支持。记载当时分地的古歌可以加深我们对这一事件的理解："（土地不均导致贫富差距，有的人没有饭吃）……我们都是一个娘养，我们都是固央①的后代……大家回去再修田，修完田后把田分，个个有田种，大家有吃穿。"② 这种法文化中的家族观与集体观是对养猫应能够分田的最好说明。即便有羊纠这样的反对声音，但是反对是无效的，土地分配还是进行下去了。羊纠的反对只是个别的声音，没有形成主流。这也说明，在当时的苗族地区，私有财产权已经产生，但是人们的观念中依然认为集体发展的重要性超越了对个人财产权的保护，分地方案得到几十个村寨的响应，也反映了当时绝大多数苗民对这种观念的认同。

---

① 又一译"姜央"。在苗族的文化中，姜央，苗语称 Jangx Vangb，有时亦简称 Vangb，是苗族古歌中人类的祖先。苗族古歌中说，他与龙、雷公、老虎等一起从蝴蝶妈妈的蛋中孵出，后来雷公施放洪水，淹死了地上的人类。他与妹妹成了婚，过了一些年，生下一个儿子，是个肉坨坨。姜央气坏了，找来一把弯弯镰和一块杉木砧，把孩儿砍成肉片。砍在谷仓边，装满九粪筐，撒遍九座山。肉片变成许多许多人，从而完成了人类的再造，使世间重新有了人类。

② 贵州省编辑组编：《苗族社会历史调查》（一），贵州民族出版社1986年版，第160-164页。

二、开辟前黔东南东部区域苗族的财产所有制

相比封闭的台江地方,处于黔东南东部的苗族由于木材初步商品化而出现一些商业经济的萌芽。同封闭的苗疆不同,清水江下游的锦屏、天柱等地由于盛产"大木"且水道便捷,所以早在改土归流前就因为木材交易而与外界沟通。从明朝中期开始,就有关于中央政府派朝廷官员于四川、湖广、贵州采办木植的记载,在民间被称为"皇木"。贵州多峻峰与丘陵,气候温暖湿润,雨水充沛,土壤肥沃,适合树木的生长,特别是杉木"干端直,大者数围,高七八丈,纹理条直,有赤白二种,赤杉实而多油,入土不腐,作棺不生白蚁"①。所以明清两代在京城修建土木工程的过程中,贵州清水江流域的少数民族地区一直是木材征派的地方。据康熙六年四川巡抚张德地奏称:"故明初年,专官采办(皇木),及至末年,信用木商,领银采办。"根据《姜氏族谱》②中的记载,黔东南文斗地方早在明代万历年间就"开坎挖田,挖山栽杉",人工育林。苗族社会自用木材需求有限,之所以出现人工育林的现象,主要是为了待木植长大后将其作为商品出售。

从苗疆开辟之前看,地处生苗区的苗民确实已经开始经营木材。雍正九年,在《黎平府古州理苗同知关于王寨、茅坪当江控案呈文》中提到了木材交易的历史,写道:"王寨、茅坪、卦治三处,皆面江水而居,在清江之下流,接地生苗交界,向者生苗未归王化,其所产木放出清水江,三寨每年当江发卖……"以上两则记录都谈到在改土归流前,未被"王化"的苗族已经通过特定的方式出售木材。

但这些不过是零星的木材交易。康熙初年,出任黔阳知县的张扶翼便对这种早期的清水江木材交易有过清晰的记录:

---

① 黔东南苗族侗族自治州地方志编纂委员会编:《黔东南苗族侗族自治州志·林业志》,中国林业出版社1990年版,第27页。

② 《姜氏族谱》是黔东南苗族村寨文斗寨中姜姓家族的族谱,记录了苗疆开辟后该家族中的重大事项,是从"小社会"的视角研究苗族文化变迁的重要材料。其中部分族谱由学者收集整理出版。可参见潘志成、吴大华、梁聪编著:《清江四案研究》,贵州民族出版社2014年版,第135页。

相传峒木出天柱清水江者为胜。清水江，木所以出，而非其产也。由清水江入生苗板岩，数百千里，悉皆苗寨，各有分界……又经诸生苗寨，必与其首长交欢，递相传送，递者稍侵其界，即执刀相杀。虽有佳者，尝苦不得出，此其所以难也。①

可见虽然能够进行木材交易，但是由于木材运出需要借助水路，但是清水江流域附近的苗寨早已经形成了自己的分界，木材"虽有佳者，尝苦不得出"，交易规模不大，且处于初始阶段，此时的交易多以牲畜等实物作为一般等价物。即"汉族商人到清朝尚未接管的'生苗'区购买木材时多以黄牛、水牛来交换"②。在没有王化一统的情况下，往往只能进行零星的木材交易。这有助于保持苗族传统的公有制的经济形态。

从历史材料来看，在商业规模扩大前，公有制仍然是一个重要的财产制度。相应的民间文书中也留下了诸多的线索，如下两篇文书。

文书一：

> 立断卖山场契人族弟（姜）老路、老岩，为因要银使用无出，兄弟商议，情愿将已受分祖遗公山一股，坐落地名井食，其山原作十二股均分，岩路兄弟实占一股，央中出断卖与兄兴周、佐周兄弟名下承买为业。今恐人信难凭，立此断契存照……
>
> 卖主：老路　老岩
> 凭中：范文德
> 代书：姜国昌
> 乾隆四十一年九月十五日③

文书二：

> 立卖山场杉木约人姜老官，为因家下要银使用无从得处，自愿将到

---

① （清）张扶翼：《望山堂文集》（卷四），清光绪十二年刊本。
② 唐立、杨有赓、武内房司主编：《贵州苗族林业契约文书汇编：1736—1950年》（第三卷），东京外国语大学2003年版，第26页。
③ 罗洪洋：《法人类学的理论与实践》，中国政法大学出版社2013年版，第228页。

共山一所，地名四里塘横岭杉木并地一股，出卖与族叔兴周弟兄名下承买为业……

凭中：姜老相

代笔：陆云辉

乾隆四十四年三月二十八日立

卖主：姜老官[①]

这两篇文书记录了姜老路、姜老岩兄弟出卖"已受分祖遗公山一股"、姜老官出卖"共山一所"，显示所卖山场的原有性质"公山"或"共山"。这两篇文书订立的时间是乾隆四十一年与四十四年，说明在契约订立之前的一段时间，这些山地与林地也是存在公有制的，山场是由公有转为私有的。

综上可见，在苗疆开辟之前，整个黔东南地方的社会环境较为相似，清代的黔东南苗族地区在改土归流前私有制已经有所发展，但是集体财产权观念仍然至上。这是当时法文化中财产关系最为重要的特点。实际上，在苗族的传统观念中，财产公有的意识一直存在，直到中华人民共和国成立前夕，在对黔东南的雷山、丹寨、凯里、都匀、剑河、台江、从江，以及广西的大苗山区域和湖南等地的苗族村寨进行田野调查时，发现很多村寨依然残存着"公田""族山""族地""祭祀田""学田"等农村公社集体所有制经济形式。

第二节　开辟后财产所有制的变迁

清代苗疆开辟以后，黔东南封闭的地域被打开，清廷开始了对黔东南苗疆的管理与经营，但是各个地方的经济发展并不同步。从大环境来看，黔东南东部的苗族受木材市场的影响，在开辟后得到较大的发展，社会经济关系中的法文化发生了巨大的变迁；相反处于黔东南北部亚支系与南部亚支系的苗族由于国家对苗疆的隔离政策，加上交通隔绝，所以很多地方的经济发展

---

① 罗洪洋：《法人类学的理论与实践》，中国政法大学出版社2013年版，第228页。

比较缓慢，直到清后期，在新政的影响下经济才得到发展，法文化变迁的幅度也不大。从小环境来看，即便是处于同一亚支系，由于地缘等原因经济发展也不平衡，交通便利的城镇、驿站、码头等附近的苗族同本地其他苗族相比，社会经济发展也不相同，法文化也呈现出不平衡的状态，财产所有制因此也并不均衡。故对于黔东南苗族的经济法文化，不能混为一谈，一概而论。本节重点讨论受木材市场以及汉族封建地主经济影响的苗族社会经济形态的变化以及法文化发生的重大变迁。

一、木材市场影响下的集体公有制向家庭私有制的转变

（一）黔东南苗疆木材商业的兴盛

谈及清代的黔东南苗族的木材经济，有一条水路必须要提及，就是贯穿了整个黔东南的清水江。清水江发源于今天黔南布依族苗族自治州都匀市境内的苗岭山区，一路向东汇入沅江。其主要干流经过今天的麻江、凯里、丹寨、黄平、施秉、镇远、三穗、天柱、锦屏、黎平、榕江、雷山、剑河、台江等县市，在黔东南境内的河段有将近400公里。且"（江面）瀇洄宽阔，上通平越府黄平州之重安江，其旁支则通黄丝驿，下通湖南黔阳县之洪江，其旁支又通广西"①，是交通要道，具有重要的战略意义。清廷开辟苗疆后，立即着手实施了对清水江的疏浚工程，约至乾隆十一年，整个河道才疏浚完毕。随着河道的疏通，其沿岸生长的大量优质木植能够借助清水江运出，逐渐转化为商品，南方最大的木材市场逐渐形成。②清水江把这一区域性的木材市场经由沅江、洞庭湖与长江水系连接，从而成为全国市场的组成部分，清水江逐渐变得喧嚣与繁华起来。到19世纪50年代，每天放出的木排布满江面，木材贸易每年达二三百万两左右③，甚至出口到国外。由于木材的商品化，清水江沿岸世代相沿的生苗的经济生活发生了很大的变化，与经济相关的法文化也发生了变迁。

---

① （清）方显：《〈平苗纪略〉正文》，载马国军编著：《平苗纪略研究》，贵州人民出版社2008年版，第117页。
② 《黔南识略·黔南职方纪略》，杜文铎等点校，贵州人民出版社1992年版，第177页。
③ 杨有耕：《清代锦屏木材运销的发展与影响》，载《贵州文史丛刊》1988年第3期。

第五章 财产所有制的变迁

在早期苗族的传统法文化里，对于经商是非常排斥的。梁聚五就认为"苗族"是由礼品的往来发展到以物易物的。在苗族的语言中并没有买、卖的区别，"买""卖"都被称为"蛮"，即交换之意，"商人"的这个词也没有产生，他们被称为"客人"，足见其商业文化的不发达。苗族文化中常常把粮食看得像金子一样珍贵，钱财是次要的，要以农业生产为本。他们认为"做生意游手好闲，不务正业"。[①] 直到近代，苗族本民族内部很多地区商品交换的现象也很少发生。偶有交换，也多是以物易物，且不计得失。又由于在与外族的商品交换中常常吃亏，故不少苗族群众认为经商不道德。直到今日，苗族群众从事商业活动的人仍是极少的。[②] 例如，一些比较大型的苗族传统节日的活动正是做生意的好机会，但却很少见到苗族群众摆摊设点。做买卖的大多为其他民族的人。[③] 从目前取得的材料来看，苗族这种观点是普遍存在的，很多现代的学者在苗地调研时，苗家都不会收费，"当地人没有收钱的意识"。[④] 相比而言，在清代清水江的部分区域，因为木材市场的繁荣，苗族人在与外界交往的过程中学会了经商，所以其法文化中"厌商"的观念得到了很大的转变。

苗疆开辟后，随着水路建设的发展，特别是清水江等河道的疏浚，极有利于木材的运输，所以清水江流域一下变得喧嚣与繁华起来。

> （黎平府）郡内自清水江以下至茅坪二百里，两岸翼云，承日无隙，土无漏阴，栋梁亲桷之材靡不备具，坎坎之声，铿訇空谷，商贾络绎于道，编巨筏放之大江，转运于江淮间者，产于此也。[⑤]

清水江下游的茅坪、王寨、卦治三寨，因为其特殊的地理位置而获得当

[①] 贵州省民族事务委员会、贵州省民族研究所编：《贵州"六山六水"民族调查资料选编·苗族卷》，贵州民族出版社2008年版，第103页。

[②] 例如，在1985年对摆榜地区的苗族调查中发现，在上摆和下摆两个乡的6114人中，从事商业餐饮的只有一人，说明在摆榜苗族社会，经商的人很少。有经济收益低的原因，也有轻商观念上的原因。参见贵州省民族事务委员会、贵州省民族研究所编：《贵州"六山六水"民族调查资料选编·苗族卷》，贵州民族出版社2008年版，第180页。

[③] 贵州苗学研究会编：《苗学研究》（一），贵州民族出版社1989年版，第174页。

[④] 张中奎：《改土归流与苗疆再造——清代"新疆六厅"的王化进程及其社会文化变迁》，中国社会科学出版社2012年版，第227页。

[⑤] 《黔南识略·黔南职方纪略》，杜文铎等点校，贵州人民出版社1992年版，第177页。

江的权力。"(三寨)皆面江水而居,在清江之下流,接地生苗交界",即三寨由于地处清水江水路要道附近,便于木材疏散,上接生苗所控制的大片林区而占据了优越的地理位置,在苗疆开辟时即以承担夫役为代价换取了"当江"的权力。所谓"当江",即三寨以年为单位,轮流作为木材的交易市场,设置木行(牙行的一种),为客商提供食宿、中介等服务,并抽取交易的提成为中介费,除三寨外其他地方不许开市。下河水客(外地客商)与上河山客(苗侗等族的木材商人,林区采购木材运集三寨卖给水客)的木材的交易必须在当江的寨子进行,不得越界,特别是不允许水客随意上山,进入生苗区。自此,以三寨为界的族群划分形成,三寨以上多为生苗,三寨以下即为熟苗、汉族等。① 由于水客不能上山,为了将生苗区的木材贩运出山,很多苗族逐渐成为"山客"或者参与其他经营,一改"厌商"的观念。这从清水江苗族林业契约中常可得见。在此举四则文书为例:

文书一:

　　分关字人九家有山场一块,地名冉皆什,分为三幅……光绪二十九年六月二十六日卖与本寨卖林砍发、照抄老合同。②

文书二:

　　立分关合同字人本寨姜梦麟、姜承堂、广德、贞银、姜元琳、文举等,所有共山一块……今将此山之木,卖本寨姜春魁、纯道二人砍伐下河作贸,当凭中南怒村马配赢喊卖此山木价大洋十四元零八仙,当凭兑足。……照此合同分关字为据是实。③

文书三:

　　光绪三十四年六月十九日,众等自家斫井都山……木卖与本寨姜海顺,议木价银一十八两八钱八分,内除各食砍工用费银二两三钱八分,

---

① 地方政府设立三寨当江制度,也是出于政治的考量。清代对于苗疆主要是对内因俗而治,对外封锁隔离。设立当江制度,成立了一个无形的隔离区,防止汉民与苗民频繁往来发生纷争。
② 张应强、王宗勋主编:《清水江文书》(第一辑3),广西师范大学出版社2007年版,第115页。
③ 张应强、王宗勋主编:《清水江文书》(第一辑3),广西师范大学出版社2007年版,第271页。

存银一十六两五钱四分。①

文书四：

咸丰七年卖砍一界……光绪十七年卖与姜盛广砍……光绪二十二年卖与文斗姜正魁，至今（民国十八年）八月初一日，又卖与本寨姜必元，必皆砍伐生理，凭中姜宜化喊定价钱一百零四千八百文，当即照股分清。②

这些文书分别记载了苗寨中很多木植砍伐后都是交由"本寨"或者相邻村寨的苗族进行砍伐经营，这些砍伐经营者就是所谓的"山客"。很多苗族山客也显示出卓越的经商才干。

桥公生仕朝，幼失怙，惟母教是从，及长，兴家创业，生理大顺。晚年，值垒处与卦治争江，两年不通买卖，吾祖（仕朝）罄其所有，广囤木植。嗣事结，沿江半属我家印木，以一二年购进万数之木，四五旬尽卖之，获利数倍。其时，田山虽未广置，黄白已冠千家。③

这是清水江下游的文斗寨姜家族谱记录先辈的内容。从记录来看，由于嘉庆年间的争江纠纷④，很多木材不能出售，姜家先辈借此价格低廉、货源充足的机会，"罄其所有"囤积了大量的木材，等到两年后争江事件平息后将木材出售，获利数倍。可见此时作为山客的苗族，已经能够很好地把握市场规律，借助商机，敢于冒风险，取得商业的成功。

随着木材贸易的日益繁荣，清水江下游的广大苗族都受到了影响，如天

---

① 唐立、杨有赓、武内房司主编：《贵州苗族林业契约文书汇编：1736—1950 年》（第三卷），东京外国语大学 2003 年版，契约编号第 E0050。
② 唐立、杨有赓、武内房司主编：《贵州苗族林业契约文书汇编：1736—1950 年》（第一卷），东京外国语大学 2003 年版，契约编号第 F0039。
③ 《姜家族谱》之《世纪纪略》，此处记载的是嘉庆十一年，清水江下游的垒处与三寨"争江"，也要开设木材市场，为此阻拦了河道，因此木材不能流通，木材市场不能运行。族谱参见《锦屏县河口乡文斗寨姜氏族谱之二》，载潘志成、吴大华编著：《土地关系及其他事务文书》，贵州民族出版社 2011 年版，第 145 页。
④ 争江纠纷是指自雍正朝以来，茅坪、王寨、卦治三寨轮流值年，作为木材交易市场。当江的制度一直被相关的各级官府不断地认可或一再重申，但由于当江设市丰厚利润的巨大诱惑、地方社会形势的不断变化，沿江很多村寨也在争取当江的权利，并以阻断河道要挟，导致木材不能从产地运出，木材交易受到很大影响。

柱县的瓮洞镇，在清代后期，每日出入的商船多达百余艘。除了经营木材生意，过往商人服务的有3个客店，1个屠宰场，多家烟酒店、饮食店。① 天柱瓮洞镇约千户苗民，半数以上人家在江边、镇内开有商店，每天均可交易，很多苗族山客因此而发家致富。例如，乾隆年间，锦屏瑶光的苗族山客姜志远，经营木材生意致富后，购置田产约4000多亩，地跨黎平、清江、天柱、锦屏四县。② 至清末民初，在外地商号、商会、帮会的影响下，苗族也开始兴办专门经营林业产品的商号和帮会。例如，黔东南下司镇的"益祥商号"，就在贵阳、重庆和洪江等地设有分号和联庄，与长沙、武汉、上海、广州的洋行商行，都有购销往来。③ 为使木材等林业产品产销顺利，民国初年，黔东南一带的黑苗"成立厂行会，俗称'斧头帮'，并在洪江、常德、长沙、汉口、南京等地设有会馆"。④ 道光八年，湖北汉口、湖南洪江的钱庄分别印制发行了"汉票"和"洪兑"，在当时的中国是非常领先的，"可以和中原、江浙一带的汇兑形式一比高低，甚至更胜一筹"。

经济的发展使得苗族冲破了原有法文化的束缚，由厌商、耻商到积极经商，这是清水江下游木材市场繁华带来的影响。这种"经商"观念的出现，不仅仅受到外来汉族经商观念的冲击，更主要的是因为经济模式发生了变化，使得商业文化逐渐进入了苗族社会，经商观念的转变也变得主动起来。今天这些地方的苗族仍然秉持经商的理念而显得与别处苗族不同⑤。相比而言，在没受到商业文化冲击的苗族地方依然保留着传统的观念。

（二）木材市场影响下的财产所有制

如上所言，在清代以前，清水江流域的苗族还保留林场家族公有制的经济模式，但是木材市场的出现，导致清水江流域苗族社会的林场逐渐由"财产公有制"转化为"家庭私有制"。这从清水江流域的苗寨留存的大量出售林地的契约中可以看出。在此摘选两例进行分析。

---

① 伍新福：《中国苗族通史》（下），贵州民族出版社1999年版，第537页。
② 伍新福：《中国苗族通史》（上），贵州民族出版社1999年版，第373页。
③ 《苗族简史》编写组：《苗族简史》，民族出版社2008年版，第216页。
④ 《苗族简史》编写组：《苗族简史》，民族出版社2008年版，第186页。
⑤ 石开忠：《明清至民国时期清水江流域林业开发及对当地苗族侗族社会的影响》，载《民族研究》1996年第4期。

文书一：

　　立断卖杉木地人文堵寨姜银启三，为因家下无银使用，自愿将杉木一块，地名坐落皆列山，请中出卖与姜香乔、今保、今三三人承买为业永远，当面议定价银四钱整，卖主房族兄弟等不得异言。来路不清俱在卖主理落，不干买家之事。今恐无凭，故立此字为据。

卖主：姜银启三
代书：邓世科
乾隆二十九年三月二十日　立①

文书二：

　　立断卖杉木山场约人本家姜及龙为因缺少粮食无处得出，自愿将到杉木山场一块，地名冉皆龙出卖与姜台保名下管业……倘有不清俱在卖主理落。……

咸丰元年七月初三②

这两份文书都是出售林地的文书，都是将自己的山场卖给别人。说明此时的苗族已经将林场的权属转换为私人所有，因为拥有所有权是买卖的前提，才会出现以私人的名义进行买卖。类似这样的出卖林场的契约非常普遍，说明了此处的清水江流域的苗族由于木材市场的冲击，导致村寨内原有的经济共有模式发生了变化。在木材市场兴建以前，广袤的原始森林主要是为苗族提供了生活所需要的木材，如建房、取暖、做家具、放牧等。由于地理气候适宜，木材生长得非常快，公有山场的木材对于苗族来讲取之不尽，没有私有的必要，而且公有形式还能集全寨之力阻挡外来力量对于山场的觊觎。但是木材市场兴建后，木材不仅仅是生活中所需要的自然资源，而且还能变为商品出售，其所换取的粮食、物资可以保障与提升生活的质量，其价值已经远远超过了其在本地的使用价值。木材价值的提高不可避免地带来集体与个

---

　①　陈金全、杜万华主编：《贵州文斗寨苗族契约法律文书汇编——姜元泽家藏契约文书》，人民出版社2008年版，第9页。
　②　张应强、王宗勋主编：《清水江文书》（第一辑1），广西师范大学出版社2007年版，第315页。

人利益的冲突，特别是当原始森林砍伐殆尽后，木材是由人工育林所补充的，这需要投入大量的人力、物力与财力。保留公有制会出现"吃大户"的现象，这样一方面会导致有些人消极怠工，不利于林业经济的发展，另一方面容易引起家族内部成员的争议。此时家族公有制已经严重约束了"生产力"的发展，这样公山逐渐分配到各个家庭单独管理。可以说林场由家族公有制转换为林地私有制是清水江流域木材经济发展的必然。

林地私有制后的产权划分呈现两种状态。其一是单独所有，即某一区域的山场全部归于某个人或家庭。其二，因为家族人口支系发展，或者因为几名合伙人共同买入山场等原因，出现了对林场的股份占有制，收益以后可以按股分红。如上文所举之"姜元启三卖林地契"就提到了姜元启三将自有的一块林地卖给姜香乔等三人，这就使得某块林地的产权由一人所有转为三人按股份共有的形式。而且这种股份制还是可以继续流转的。在相应的文书上常可以看到股份出让的契约，如下面这篇文书。

> 立卖杉木并山场约人下寨姜玉才，为因缺少银用，自愿将到土名杉木场污格溪□辉虎一块……其山股数又分为七股，连合名下占一股，石扬名下占一股，佐周、连合二人占一股，清平、启才名下占一股，九堂、绍伦二人名占一股，祖贵占一股，连合、玉才名下占一股，玉才名下半股，出卖与上寨姜士朝名下为业。当面议定价银五两三钱整，亲手领回。其山自出卖后，任凭买主修理管业。恐有来路不清，卖主理落。今欲有凭，立此断卖字为据。
>
> 凭中：姜连合
> 代笔：龙盛周
> 嘉庆九年十一月二十七日①

这份文书就详细记载了一块林地复杂的股份关系，还记录了拥有"半股"的玉才将其股份出让给上寨的姜士朝，即股权的转让。这样的林地（股份）转让文书在目前收集出版的文书里比比皆是。大量的林地产权流转，一

---

① 陈金全、杜万华主编：《贵州文斗寨苗族契约法律文书汇编——姜元泽家藏契约文书》，人民出版社 2008 年版，第 77 页。

方面反映了木材市场下林业经济的繁荣，另一方面也记录了林地的私有化后，所有权流转的形式与过程。这些内容是早期苗族社会中从未得见的，木材经济的发展为苗族法文化写入了新的内容。

当然如同上文所述，这种土地、林场（股份）的出让，为了便于经营管理，减少矛盾以及防止财产外流等，所以往往是本家族人或者共有人有优先购买权。文书中常出现"请中先问地主、亲房叔侄，无人承买"所以才卖给他人。这种优先购买权是从唐宋时期就已经出现的土地交易的惯例，直至今日，现代法律之中仍然有诸多类似的规定。清代此地苗族虽然与外界多有联系，但是多在木材交易方面，林场的经营与转让则主要发生在苗寨之内，与外界关联较小。可以说，这种法文化不是苗族受外界文化的影响而学来的，而是人类社会在生产经营中"自觉"的反映，因而具有一定的普遍性。

二、封建地主经济影响下的土地所有制的变迁

除了林业经济，苗疆开辟后，清廷在此设置了流官、土司及驻军，随后又涌入了大量的流民，他们在带来了先进的技术的同时，也引入了汉族地区的地主经济。在清代，农业是主要的经济来源，土地是最为重要的生产资料，所以土地往往成为抢夺的对象，常会出现土地集中的地主经济现象。苗疆开辟后的黔东南地方也不例外。在开辟之前，黔东南苗族由于家族观的影响，很少出现土地买卖的现象，如从江县加勉乡的社会历史调查显示，这一地方的苗族只在民国后期出现了土地买卖，且只是为了完成国民政府的赋税要求而卖，在这之前买卖的较少①。主要的原因是这里处于苗疆腹地，受外界影响相对较小。但是在王化秩序影响较大的地方，土地兼并现象非常多见。实施土地兼并的方式主要有以下四种，每种兼并都给当地苗民的生活带来了极大的冲击。

其一，汉民的侵占。虽然清代采取的隔离政策禁止汉民私自进入苗疆，但是中央的"表达"与地方的"实践"还是存在差距。据民国《八寨县志稿》记载，苗疆开辟后，在八寨，湖广等省的汉民与客商"接踵而至"，黎

---

① 费孝通等：《贵州苗族调查资料》，贵州大学出版社2009年版，第69页。

平府等地邻省、府的客商与手艺人"接踵而来",甚至道光十四年出现了"上年秋冬,由湖南至贵州一路,扶老携幼,肩挑背负者不绝于道"的现象。① 这些人的到来,一部分是经商,还有很多流民只是普通的农民,没有一技之长,到达苗疆后还是需要耕作为生。开始时是租、佃苗民土地,经营后渐买入作为自己的财产继续经营。其中不乏一些汉民利用苗民的淳朴,恶意骗取、盘剥苗民的土地。最为典型的就是诱惑苗民消费,并以变相高利贷的形式收取对价。如道光年间贵州巡抚贺长龄奏报:"川、楚、粤各省穷苦之民,前赴滇黔租种苗人田地,与之贸易,诱以酒食衣饰,俾人不敷出,乃重利借与银两,将田典质,继而加价作抵,而苗人所以佃种之地悉归客民流民。"② 甚至有汉民进入苗寨酿酒、卖豆腐,允许苗民赊欠,积年累月,本利结算时数目惊人,苗民被迫用土地房屋抵债。③ 这一现象在整个黔东南都非常普遍。《苗疆屯防实录》中记载:"客民流徙入黔,始则与苗人作佃,设法盘剥,继而占其田庐,役其子女……除黎平府苗人木植营生者尚有恒产外,其余各府厅州县,苗人穷苦者居多,原有田土大率为民家所盘剥。"④ 据《黔南职方纪略》一书的统计,下江、永从、台拱、清江、黄平、八寨、都江、麻哈、清平、古州10厅县,共有汉民8678户,而典买苗产者,竟有6236户,占70%以上。其中有些地主一户就买"苗产"数百份。⑤ 土地的流失给苗民带来了深重的影响,丧失了土地的苗民往往只能靠租、佃为生,其身份也受到了影响,很多苗民丧失了独立的人格,成为被剥削的对象。

其二,土司的侵占。土司是清廷任命的土官,负责管理苗疆。他们借助这种特权,采用多种手段,侵占了大量的土地。例如,在《贵州省雷山县桥港乡掌披寨苗族社会历史调查资料》中记录了雷山县掌披苗寨,在嘉庆初年出现了一个苗族土官"绍白寡",为人聪明能干,曾经在丹江担任土司,利用手中的权力,短短几年便积攒了大量的财富。购置田地达两千亩,今天的

---

① 《贵州通志·前事志》(三),贵州省文史研究馆校勘,贵州人民出版社1988年版,第466页。
② 《清实录·宣宗实录》,道光十八年十一月戊午条。
③ 《苗族简史》编写组:《苗族简史》,民族出版社2008年版,第153页。
④ 伍新福、龙伯亚:《苗族史》,四川民族出版社1992年版,第391页。
⑤ 《苗族简史》编写组:《苗族简史》,民族出版社2008年版,第153页。

雷山、丹寨、三都等地方都有他的土地。① 这类现象非常普遍，由于土司对苗民的过分盘剥，在咸同起义时，很多土司被愤恨的苗民杀掉，清扫了土司势力。

其三，苗族的地主。在商业经济发达的地方，一些苗民也由于参与商业经营而发展成为地主。上文所述的清水江流域的木材交易就造就了很多地主，在黔东南锦屏地方至今流传着"姚百万，李三千，姜家占了大半边"的说法。李家与姜家就是苗族的大地主。在商业模式的影响下，土地私有化的基础上，苗族社会也出现了自己的地主阶层，这在苗族传统法文化中是绝无仅有的。有些苗民为了土地甚至学会了放高利贷。据严如熤记载："苗寨中，富民放账，其息甚大。钱一千、谷一石，一二年加息至数倍。不能偿，折以山地、衣服各项。穷民虽受其盘剥，而仰以为生，或即以所折山地，转求佃耕，或易以他山地，为之佃耕。听其役使，生死惟命，率以打冤家，无不从者。"② 实际上随着苗疆的发展，很多苗寨都衍生出了自己的富贵阶层成为乡绅，其力量早已经超出了本村寨，能力之大常常可以左右地方秩序。

其四，苗民通过镇压咸同起义而成为地主。在咸同起义后，黔东南苗疆发生了很大的变化。历时18年的起义打击了以前的地主经济，原有的地主阶层的力量受到很大影响。但是苗疆很快又诞生了新的地主，很多是协助清政府镇压咸同起义的苗民。例如，台拱厅山丙寨苗族地主张文魁，协助清政府镇压咸同起义，受到政府重视，借助权势而将家业做大；八寨厅的马登科，原是黔南苗族农民起义军首领，后来投降当了都司，也发展成为地主，有数百担谷田地。

随着苗疆的开辟，地域秩序的改变、外来汉民的涌入、战乱等原因加速了地主经济的形成。受此影响，很多苗民丧失了自己的土地，变成无产者，使得在黔东南地方的苗族社会出现了一种新的财产关系，这对于苗族传统社会造成了很大的冲击。

---

① 贵州省民族研究所编印：《贵州省雷山县桥港乡掌披寨苗族社会历史调查资料（贵州少数民族社会历史调查资料之二十五）》，贵州省民族研究所1965年版，第17页。
② （清）严如熤撰：《严如熤集》（二），黄守红校点，朱树人校订，岳麓书社2013年版，第558页。

三、财产所有制的变迁对法文化的影响

本书在第一章就强调了文化具有整体性的特点,即文化是一个复杂的共同体,其中一方面的变迁往往对其他方面造成影响,甚至导致文化的整体变迁。财产私有制在苗疆的出现给苗族社会带来深远的影响。

(一) 财产私有化与风险自担

如前文所述,在苗族的传统社会中,由于外界的艰苦环境,个人被牢牢地束缚在集体中,集体观念甚强,对内全力维护集体的利益,寨内家庭出现困难则全寨一同帮助。如在本章第一节所举的"养猫应议榔分配土地案",即因为人口发展导致贫富分化,养猫应联合多寨议榔,鼓励大家开垦新的土地,并将原有土地收回以重新分配。在讲述重新分配土地的原因时还特意提到"我们都是一个娘养,都是固央的后代"。对外则同仇敌忾保护族内安全,如为了给村寨某人报仇出现的集体械斗"打冤家"等,充分说明了苗族法文化中家族一体观念在苗族社会的普遍存在。但是随着私有制的出现,有些苗族社会的公有制遭到了破坏,私有制使得财产离开集体的管理,这促进了生产的发展,却也导致个人丧失了对集体依赖的权利,或者说集体中的人不再对其他(家庭外)人员负有经济上的责任。下面的一篇文书即是说明。

> 立断卖田字人姜宜燮。情因父、祖丧葬诸项,久未开销,今多受逼,加以口粮欠缺,出处无从,因与叔伯商量,自愿将汪麻水田大丘,卖与族叔姜为煌为业。凭中当面议定价银二十三两八钱八分,亲手收足,所有上下三丈并在内。田粮照老册代纳。其田字卖之后,任凭买主管业,卖主并房族人等不得异言。今欲有凭,立此断卖田字,永远发达为据。
>
> 堂伯叔:姜为郎 为永 为本
>
> 凭中:为公
>
> 宜燮 汪麻田契
>
> 光绪二十六年五月初九[①]

[①] 唐立、杨有赓、武内房司主编:《贵州苗族林业契约文书汇编:1736—1950年》(第三卷),东京外国语大学2003年版,第26页,契约编号第D0044。

这份契约凸显了卖田人的窘迫与无奈。因为埋葬先人后经济困顿，还有欠款，导致"今多受逼"；甚至连家中口粮都难以为继，生存都有了危险。债主逼迫，家中无粮，在这种境遇下，将家中的土地出卖也是无奈之举了。在相关的清水江文书中，卖林契约最常见，卖田契约相对较少。相较林地，土地提供的粮食一年一产，能够及时补充家中依赖的口粮，而林地树木的生产基本上要在20年左右，因此土地对于农民来讲更为重要，苗民不到万不得已不会出售土地。出卖土地只能解一时之急，会导致来年无地耕种生产，还会处于生存的危机之中。但是这份契约的当事人，最终因为生活窘迫，与叔伯相商，卖掉自己的土地，血缘最近的叔伯也只是参与商量卖地，没有体现出其他救助。相较而言，在相对封闭地域的苗寨家族式的救济依然存在。中华人民共和国成立初期，在对台江县反排寨苗族进行社会调研时发现，此地苗族"对于困难的家庭必须尽力酌情进行救济，防止饿死人的事情发生"。[①]在文中还列举了唐勇九的母亲在1927年无法生活，同唐勇九共高祖父的唐业当曾送给他们50斤谷子，其他家族也送20斤或30斤谷子，他们因获得救济而渡过了难关。但是这种帮助是无偿的，并没有要求其出卖土地。再如"分死牛肉"，即某一家牛病死或者跌死后，全族的人都要去买一些牛肉，一家死了牛，等于全寨死了牛，大家一起分担损失。[②] 实际上，出卖林地也多为经济困难导致，如上文所举"姜及龙断卖杉木山场"也是因缺少粮食。类似这样的原因如"无银使用""生理亏本""缺少粮食"等都在相应的文书中体现出来，每篇文书的背后都有卖主的困苦。另外，这种土地与林场的买卖，同寨中的本族人具有优先购买权。买卖的契约文书中常出现的"请中先问地主、亲房叔侄，无人承买"然后才能发卖，显然卖主的困境是家族所知悉的，但并没有关于家族救济的记录。还有很多的"借银字"，显示即便是生活困顿，借到亲友的银子也往往要付给利息。这种文书大量存在，说明在木材市场的冲击下，苗族大家族的经济互助的义务已经逐渐淡

---

① 贵州省编辑组编：《苗族社会历史调查》（一），贵州民族出版社1986年版，第367页。
② 贵州省编辑组编：《苗族社会历史调查》（一），贵州民族出版社1986年版，第367页。

化。私有制的发展破坏了集体经济下的财产公有制，这使生产力获得了发展，但是也使个人丧失了对他人以及集体寻求救济的权利。这种现象的出现也是历史发展的必然。为了应对这种问题，很多苗族村寨专门保留了一部分公田、公山，甚至成立"基金会"来实施公益，但是这种力量毕竟有限。

（二）阶级分化——"佃"的出现

随着林业经济的开发，大片的山场由原始森林转为人工育林。特别是由于私有制的出现，林地的所有权发生了频繁的流转，出现了土地兼并的现象。大片的山场仅仅依靠一家之力去种植与经营是很难完成的，"佃"这种法律关系就应运而生了。例如，锦屏的文斗苗寨，由于毗邻河道、山场广阔等便利条件吸引了很多外寨的林农上山植树，甚至还有汉民的出现。租佃契约格式常常如下：

> 立佃字人岩湾寨范玉恒，今佃到文斗下寨姜绍略弟兄等之山一块，名冉友金……议定五股均分，地主占三股，栽手占两股，限在五年之内成林。如有不成，栽手毫无系分。立佃字是存照。
>
> 凭中：母舅姜福宝
> 代笔：弟范文治
> 道光十二年十二月初四日[①]

这是一个典型的佃林契约，其中约定了双方的责任以及事后的分红比例。在类似的租佃契约中，山主与佃户除了议定好双方分红的比例外，还常常负有其他要求。例如，要求佃户在三年或者五年内做到树木初步成林，否则就会面临解约的风险；有时还禁止佃户在寨中居住，今天文斗周围的一些村寨据传就是佃户聚居的棚户区而发展成村寨的；有时为了防止佃户违约，需要佃户提供担保等。契约内容的多样性也反映了社会生活的复杂性，出租林地的文斗人要充分考虑经济效益、安全、保障等，这些内容都在文书中体现出

---

① 张应强、王宗勋主编《清水江文书》（第一辑1），广西师范大学出版社2007年版，第315页。

来，丰富了其法文化的内涵。值得一提的是，在文斗这样的村寨中，佃户中除了外来林农外，还有本寨的村民。比如，当多股份共存时，可以由其中一个股东承佃；也有将自己的林地出佃后，自己再承佃他人土地的情况；还有很多关于佃户出售股份——"栽手股"，以实现栽手股份的流转变现等。① 这些现象的出现说明，当时的苗族在林业经营生产时周密地考虑了效益、安全、便利等多种因素，有效地利用现有资源实现利益的最大化。契约文书中的佃文化是苗族法文化中的新生事物，其丰富的内容反映了苗族精明经营、周密考虑自己的林业生意的过程。此时偏僻的生苗区苗族的法文化迅速地跟进发达的商业文明，很好地适应了社会发展的要求。"佃"同样出现在因为地主经济而丧失土地的苗族之中。

但是"佃"的出现，也表明很多苗民变成了无产者，只能靠租地为生。成为佃户后，有些人甚至丧失了独立的人格，备受欺辱剥削。正如上文所提到的："苗寨中，富民放账，其息甚大。钱一千、谷一石，一二年加息至数倍。不能偿，折以山地、衣服各项。穷民虽受其盘剥，而抑以为生，或即所折山地，转求佃耕，或易以他山地，为之佃耕。听其役使，生死惟命，率以打冤家，无不从者。"② 苗族的传统社会中，一直是"有富贵，无贵贱"，大家身份平等，没有阶级分化。但是在这种商业经济以及地主经济的影响下，逐渐出现了苗民"听其役使"的现象，传统的"众人平等"的社会发生了改变，很多地方已经有了贵贱之分。法文化变迁的联动性也由此可见。

另外，需要注意的是，这些变化不能代表整个黔东南苗族的法文化变迁，由于黔东南的经济发展是不均衡的，很多交通隔绝的地方经济依然落后，原生法文化也得到了很大程度的保存。比如，上江、下江（今从江县）与广西融安县交接的苗族聚居地方以及榕江、荔波、都江等月亮山等偏僻山区，基

---

① 相关内容有很多学者已经充分例证，在此不做过多列举。详情可以参见梁聪：《清代清水江下游村寨社会的契约规范与秩序——以锦屏文斗苗寨契约文书为中心的研究》，西南政法大学2007年博士学位论文。
② （清）严如熤撰：《严如熤集》（二）黄守红校点，朱树人校订，岳麓书社2013年版，第558页。

本上没有受到外界商业文化的影响，经济不发达，生产落后，"其号称地主，佃田而收其租者，则千家无一焉"[①]，这些地方依然保留着苗族原生的经济法文化——没有商业观念、私有制与公有制共存、保持人格上的平等、没有阶级分化。黔东南苗族出现了因为经济发展不均衡导致苗族法文化变迁不同步的现象。

[①] （民国）刘锡蕃：《苗荒小纪》，载《民国年间苗族论文集》，贵州省民族研究所1983年版，第5页。

第六章

"出面婚"与"姑舅婚"的变迁

婚姻被视为人类组建家庭关系的基础,是一种特殊的社会文化现象,与当地的经济、政治、信仰、伦理等密切相关,也是法文化的重要内容。在古代的苗族社会中,苗族婚姻中的"出面婚"与"姑舅婚"最能代表苗族的婚姻法文化的特征,但是随着黔东南地方多民族的融合,特别是受到苗疆开辟后国家法的影响,"出面婚"与"姑舅婚"发生了变迁。

第一节 苗族的"出面婚"与"姑舅婚"

一、"出面婚"的形成及原因分析

在历史文献记载中,苗族的婚姻法文化不但与"中土异",而且其与同一地域的侗族、土家族等也存在很大差异。苗族的婚姻形式常被称为"出面婚"。"出面婚"是一种苗族、瑶族自古流传的婚姻习惯法,其由来已久,汉唐时代的文献已经间接地触及这种婚姻风俗,但多是语焉不详;宋代以后方记录得清楚。最早以"出面"定义这种婚姻形式的是宋人朱辅,在其所著《溪蛮丛笑》写有"出面"专条:"拕亲之后年,生子。引妻携[酒](子)归见妇家。名出面[1]。"出面婚的命名也由此而来。按照朱辅的记述,"出面婚"可以分为两个阶段,第一个阶段为"拕亲",第二个阶段为"出面"。两个阶段都进行完毕,婚姻始告"合法完成"。由于"出面婚"中的"拕亲"

---

[1] 符太浩:《溪蛮丛笑研究》,贵州民族出版社2003年版,第353页。

与"出面"都涉及复杂的规则，所以在此结合史料分别说明。

(一) 挖亲

"挖亲"是婚姻中的第一个步骤，是苗族婚姻中男女自由寻找配偶的阶段。《溪蛮丛笑》中有"挖亲"专条解释，"山徭婚娶，聘物以铜与盐，至端午约于山上，相携而归，名挖亲"。[①] 大意是青年男女在特定的时间与场所见面，男女相互中意后，男方给予女方"铜""盐"等礼物，便可以在一起生活。当然这种生活只可以被定义为"试婚"，并不是真正意义上的合法婚姻，真正的婚姻，是通过生子后"出面"来完成的。有关"挖亲"的细节可以参照宋人周去非的著作《岭外代答》获得解答，在该书卷十"踏摇"条中记载：

> 瑶人每岁十月旦，举峒祭都贝大王。于其庙前，会男女之无夫家者。男女各群，连袂而舞，谓之踏摇。男女意相得，则男咿嘤奋跃，入女群中负所爱而归，于是夫妇定矣。各自配合，不由父母，其无配者，姑俟来年。女三年无夫负去，则父母或杀之，以为世所弃也。[②]

据此条可知，"（未婚青年）各自配合，不由父母"是"挖亲"的核心内容，即婚姻中自由选择配偶的权利。这时父母完全听任孩子的自由选择，而不予干预。甚至如果一个姑娘三年内还没有被"负去"，会被父母所嫌弃。[③] 这种自由选择配偶的婚姻法文化，是苗族婚姻的一大特征，同中原汉族形成了鲜明对比。这种自由婚恋观在苗族历史中一直得到保留，在此以时间为线索，选择一些文献，列表梳理（见表6-1）。

[①] 符太浩：《溪蛮丛笑研究》，贵州民族出版社2003年版，第278页。
[②] （宋）周去非：《岭外代答校注》，杨武泉校注，中华书局1999年版，第423页。
[③] 具体是不是真的会因为三年内没有男性负去，就会被父母所杀，无从考证，很多学者也认为这种说法没有根据。但是因为自己家的女儿得不到赏识，所以父母嫌弃的情况应属真实。特别是《苗荒小纪》中记载，类似"男女相亲"的集会上，女性得到异性赠送的礼物后，就举起来示人，自己得意，别人亦羡慕，其父兄也以姑娘得到的礼物多少来判断荣辱。也可以佐证，得不到异性赏识的女儿会使父母脸上无光。参见（民国）刘锡蕃：《苗荒小纪》，载《民国年间苗族论文集》，贵州省民族研究所，1983年版，第7页。

表6-1 各个朝代有关"抡亲"的历史记载

年代	有关"抡亲"的历史记载
宋代	陆游的《老学庵笔记》中记载:"嫁娶(男女)先密约,乃伺女于路,劫缚以归。亦忿争叫号求救,其实皆伪也。"①
明代	《炎徼纪闻》中记载:"未婚男女,吹芦笙以和歌,淫词谑浪,谓之跳月。中意者,男负女去。"②
清初	田雯的《黔书》中记载:"夭苗……一名黑苗,女子年十五六,构竹楼野外处之。"③
清嘉庆年间	《百苗图》的"八寨黑苗"条中记载:"各寨于旷野之处均造一房,名曰'马郎房'。晚来未婚之男女相聚其间。欢悦者,以牛酒致聘。"④ "西溪苗"条亦记载:"在天柱县,女子裙不过膝,以青布缠腿。未婚男子携笙,女子携馌,相聚戏谑。所欢者约饮于旷野,歌舞苟合,随而奔之。"⑤
清咸同年间	《苗疆闻见录》记载:"男女婚娶,不须媒妁,女年及笄,行歌于野,遇有年幼男子互相唱和,彼此心悦,则先为野合,而即随之以奔,父母不之问也。必候生育后始通好焉。"⑥
民国	《岭表纪蛮》中记载:"蛮人除浓色汉化者外,其对于子女之两性关系多采放任主义,尤其是所谓苗山之区域内,其婚配嫁娶几全部由当事男女双方合意而成。"⑦ 刘锡蕃的《苗荒小纪序引》记载:"苗女既长,其父兄取放任主义,不予约束,故择配之权多操于女子。……两情相悦,立可恋爱,桑间濮上无限自由。"⑧

---

① (宋)陆游撰:《老学庵笔记》,杨立英校注,三秦出版社2003年版,第124页。
② (明)田汝成:《炎徼纪闻校注》,欧薇薇校注,广西人民出版社2007年版,第110页。
③ 《黔书·续黔书·黔记·黔语》,罗书勤、贾肇华、翁仲康等点校,贵州人民出版社1992年版,第22页。
④ 李汉林:《百苗图校释》,贵州民族出版社2001年版,第68页。
⑤ 李汉林:《百苗图校释》,贵州民族出版社2001年版,第88页。
⑥ (清)徐家干:《苗疆闻见录》,吴一文校注,贵州人民出版社1997年版,第167页。
⑦ (民国)刘锡蕃:《岭表纪蛮》,南天书局有限公司1987年版,第69页。
⑧ (民国)刘锡蕃:《苗荒小纪》,载《民国年间苗族论文集》,贵州省民族研究所1983年版,第7页。

由此可见，在苗族的传统婚姻法文化中，婚姻中的择偶自由权利一直是存在的，青年男女可以自由选择心悦的对象。苗族自由选择配偶的形式可谓丰富多样：可以通过定期在野外组织集体活动或创造条件使得未婚男女相识，常被古人称为"跳月"；也可以不分特殊的时间，男方晚上到允许开亲的女方村寨中，对歌、聊天、结交，常被称为"游方""坐姑娘"等；还有通过不特定节日的聚会，如苗族姐妹节等。直到今天，这种自由婚恋观依然存在。

按照朱辅的记录，自由选择配偶后，青年就可以"相携而归"，也就是组建临时家庭。那么临时家庭组建后双方受不受约束呢？明代《炎徼纪闻》中记载："未娶者，以银环饰耳，号曰'马郎'，婚则脱之。妇人杂海蜊铃药珠，结缨络为饰。处子行歌于野，以诱'马郎'，淆淫不禁。"① 根据今天学者的考证，此条是专门针对苗族婚姻习俗的记载，是以"出面婚"为背景的一种历史记录。在此条"淆淫不禁"的前面，记录的都是与"挖亲"有关的自由选择配偶的形式，其中省去了"出面"的内容。此处的"淆淫不禁"主要是指，"出面"婚俗下自主建立的家庭，虽然已经过起了"准夫妻"的生活，但是没有"出面"，亦没有举办结婚仪式，尚未得到家族的认可，所以"准夫妻"不受婚姻的约束，还可以解除关系，另外寻找合适的人选。简而言之，因为未能发展到生子后举办婚礼，所以临时家庭也可中途而废，另选他人成家。② 可见只要没有"出面"，二者自由选择配偶的权利还是存在的。

苗族这种自由择偶的婚姻形式与汉族伦理观截然不同。苗族社会一直秉持着"男女社会地位平等"的观念，没有男尊女卑的观念，也没有形成要求女子"从一夫而终"的"贞洁观"。而且，在苗族的观念里，"女性主要是对整个民族负有责任，女性负责的表现是生育后代，所以没有生育子女前，在恋爱方面是自由的，可以有权利自由选择婚姻的对象。这种负责是对子女的而不是对丈夫的，因此可以不必对丈夫负责"③。所以在生子之前，女性在配偶选择上是非常自由的。

---

① （明）田汝成撰：《炎徼纪闻校注》，欧薇薇校注，广西人民出版社2007年版，第110页。
② 杜薇：《百苗图汇考》，贵州民族出版社2002年版，第245页。
③ 详细论述可见（民国）刘锡蕃：《岭表纪蛮》，南天书局有限公司1987年版，第75—76页。

（二）出面

如上所述，此时的苗族婚姻的成立要分为两个阶段，第一个阶段是"挖亲"，第二个阶段就是"出面"，只有完成"出面"仪式后婚姻才能成立。"出面"是新姑爷在娘家的首次"亮相"，代表的是一种家族对于婚姻的认同，"出面"后婚姻才能够"合法"。但"出面"不是仅仅亮个相就可以了。根据朱辅的记载，"出面"还涉及诸多条件。

其一是"生子"的问题。在这种"出面婚"中，最为重要的一个先决条件是"生子"，即"挖亲之后年，生子。引妻携［酒］（子）归见妇家"。只有生子，双方才具备结婚的资格。如果没有生子，婚姻难以成立。如清代《百苗图》中"伶家苗"①一条做了如下记录：

> 每仲冬，未婚男女相聚歌舞。所欢者约而奔之。生子后方归母家，名曰"回亲"。始用媒而过聘焉。若未生子，终不归宁。②

也就是说，如果没有生子，女儿甚至没有回娘家的资格，要么依附他人生活，要么寻找其他伴侣，直到生子，才能取得社会地位。可见"苗族传统对于结婚意义的理解，具有明显的生殖目的"③。

在苗族的婚姻中，生育后代占据重要的位置是有历史原因的。如前文所言，苗族生活的地区自然条件恶劣，外界环境中多民族、多分支杂居，各民族在发展过程中有协作也有矛盾，外界的王朝势力又不断渗入与袭扰，加之苗族的历史中多次战败被迫迁徙，更加强化了人口繁盛在民族发展中的重要作用，因而在苗族的婚姻观念中特别强调子嗣。他们认为有儿子才能代代相传，保持家庭、房族和家族向社会的纵向发展；有女儿才能联系社会，使家庭、房族和家族向横向发展。这样才能使家庭、房族和家族与外界结成一个社会的大网。这种希望子孙繁盛的观念非常强烈，例如，苗族古歌中记载：

---

① "伶家苗"是《百苗图》对"布努支瑶族"在一个地域群体的称谓，根据《百苗图汇考》的分析，该条反映的习俗不仅限于瑶族，在苗族社会中，这一限制是完全相同的。详见杜薇：《百苗图汇考》，贵州民族出版社2002年版，第215页。
② 杜薇：《百苗图汇考》，贵州民族出版社2002年版，第215页。
③ 韦启光、朱文东：《中国苗族婚俗》，贵州人民出版社1991年版，第1页。

接亲来到家，接来子孙多，多得像鱼仔一样，一个生十六个，十个生八百个，这样才好啊！①

　　类似这样的记载非常多，当然并不是说别的民族的婚姻不在乎子嗣，但此时苗族要求生子后才算婚姻成立，自有其文化逻辑。婚姻的成立是要付出很大代价的，如聘礼就是一项重要的财产，需要向娘家支付。从古代苗族的角度来看，既然婚姻要付出极大的代价，生子又是一个重要目的，那么先生子再办婚礼岂不稳妥？如果从苗族法文化来评判汉族的婚礼，会认为汉族的婚礼太匆忙、太草率，万一结婚后不能生育岂不是枉费心机？② 由此可见，子嗣在苗族婚姻法文化中占据了重要位置，是婚姻成立的关键因素。

　　子嗣观念在苗族法文化中一直得到传承，直到中华人民共和国成立初期，在对苗族社会进行历史调查时，很多学者都记录了这样的现象："惟只要一生子女，即不会再有离婚的事件发生。"③ 足见生育观在苗族婚姻法文化中的延续性。甚至到21世纪后，在黔东南苗族聚居的一些地方，"有的地方乡政府统计结婚的方法不是以是否领结婚证为依据，而是以是否有小孩为结婚的依据"④。可见，生子在苗族婚姻中具有"一定乾坤"的作用，这与其婚姻法文化中的重子嗣观念有重要关系。

　　其二是聘礼的问题。史料中关于聘礼的记述，有两个问题值得思考。第一，聘礼给付的标准。苗族先民常以女性的容貌为标准来决定聘礼的数量，这是苗族婚姻法文化的一个特点。如明代《炎徼纪闻》中写道，"出面"后，"论妍媸为聘资赢缩。贫而通者，迭岁索之。即发种种，长子孙不贷也"⑤。这一标准一直得到了保留，如清初陈鼎在《滇黔纪游》中也写道："苗俗每岁孟春，男女各丽服相率跳月……聘资视女媸妍以定多寡，必生子后归夫家。"⑥ 直到中华人民共和国成立初期，费孝通先生去苗族地区进行调研时，

---

① 中国作家协会贵阳分会筹委会：《民间文学资料》（第17集），1959年版，第45页。
② 杜薇：《百苗图汇考》，贵州民族出版社2002年版，第225页。
③ 吴泽霖：《贵州短裙黑苗的概况》，载《民国年间苗族论文集》，贵州省民族研究所1983年版，第41页。
④ 廖继红、周相卿：《格头村苗族习惯法中的婚姻制度》，载《贵州民族研究》2007年第3期。
⑤ （明）田汝成撰：《炎徼纪闻校注》，欧薇薇校注，广西人民出版社2007年版，第110－111页。
⑥ 转引自（民国）刘锡蕃：《岭表纪蛮》，南天书局有限公司1987年版，第172页。

这一标准仍然保留,即婚姻中一般条件的考虑,排在第一位的为"容貌","如果男人找了一个容貌与身材不佳的姑娘,会遭到社会舆论说其无能,一个未婚的男子,即便娶了一个寡妇,只要其年轻貌美,会被人们称其'能干',娶了一个好老婆"[1]。甚至在同一地区的少数民族也有类似的婚姻价值观,如《百苗图》中的"卡尤仲家"(生活在今天紧邻黔东南都匀地区的布依族)其风俗中也有男女两情相悦,"然后用媒妁,论姿色定牛多寡"。《黔记》记录了仲家"以姿色定聘资,多至三五十头牛"[2]。这反映了当时苗族婚姻法文化中不同的"价值观",同时也反映了文化呈现出地域性特点。第二,聘礼的形式多以牛、马、酒等实物为主。如以"牛酒致聘""聘礼以牛""引妻携酒归见妇家"等,这一习俗在民国时期依然能够看到,如《贵州苗族考》记载:"婚礼既成,娶妻之家,宴女氏亲戚以牛酒者约十日,始践送女行者。临行,各出草绳扯新郎家牲畜以去。一绳牵牛或羊一头,至足其所携绳数而后已。谓为若干条绳之聘资,非家累数万者,从不敢一轻试此等正式婚礼。"[3] 当时以牛、马、酒等实物为聘礼,主要的原因是按照当时苗民自给自足的生产方式,少有商业,牲畜、食物在当时是重要的财产,所以多以牛、马、酒等实物为聘资。这一点在苗疆开辟后也有变化,逐渐出现以银为聘资的现象。

二、"姑舅婚"的形成及原因分析

从史料记载来看,苗族的自由择偶观尤其引人注意,但实际上苗族社会中自由的婚姻也受到诸多的限制。主要表现为"同宗不婚""姨表不婚"与"姑舅婚"。同宗不婚,主要是指同一宗族内的人不能通婚,即同宗意味着同一血缘,由于近亲通婚会导致诸多问题,故同宗不婚,也就是同一鼓社的人

---

[1] 费孝通等:《贵州苗族调查资料》,贵州大学出版社2009年版,第128页。
[2] 《黔书·续黔书·黔记·黔语》,罗书勤、贾肇华、翁仲康等点校,贵州人民出版社1992年版,第24页。
[3] 杨万选、杨汉先等:《贵州苗族考》,贵州大学出版社2009年版,第33页。

不能通婚。① "姨表不婚"主要是指母亲的亲姐妹的孩子们之间是不能通婚的。在苗族的文化中，凡是同胞姐妹所生的孩子都认为是亲兄弟姐妹，所以是彼此不能通婚的。以上二者是禁止婚姻的表现，而"姑舅婚"是"强制通婚"的代表。

"姑舅婚"又被称为"还娘头"或者"骨血还家"，主要是指舅舅家有优先娶外甥女作为自己家儿媳妇的权利。对于这种现象，史料多有记载，如明代的王士性就曾经记载南方少数民族"婚姻必娶姊妹之女，谓之还头"。"姑舅婚"是苗族婚姻法文化中的重要内容，在苗族的文学艺术中多有反映，如在黔东南苗族地区流传的叙事诗《娥娇与金丹》中写道：

> 舅家来说亲来了，有山才有水，有藤才有瓜，姑妈是我的姑妈，娥娇应该归我家。娥娇的爸爸，娥娇的妈妈，两人无话讲，古理是这样，谁也不敢违抗。②

按照苗族的古理，女孩在出嫁前需要征询自己舅舅家的意见，如果舅舅家有意让外甥女成为自己家的儿媳妇，则女孩就不能外嫁。如果舅舅家没有儿子，或者年龄不相当等，女孩儿就相对自由，可以另外寻找婆家了，但是前提是必须付给舅舅家一定的赔偿，俗称"外甥钱""头钱"等。如果同舅舅家协商外甥钱时达不到舅舅家要求的金额，就会出现《黔记》中记录的现象。

> 姑之女必适舅之子，聘礼不能措，则取偿于子孙，倘外氏无相当子孙，抑或无子，姑有女，必重赂于舅，谓之外甥钱，其女方许别配，若无钱贿赂于舅者，终身不敢嫁也。③

---

① 历史上对苗族的"同宗不婚"有不同的理解，常有"黑苗……婚姻多不避同姓"的记载。很多人即推断苗族婚姻不避同姓，即意味苗族可以在一个氏族或家族内通婚，这是不准确的。苗族执行严格的"同宗不婚"，只不过由于清前苗族没有汉姓，后在清入关后才按照发音，音译为汉姓。所起的汉姓与苗族的宗族关系并不紧密，在历史中也常常见到苗族换姓。故"婚姻不避同姓"的现象下，隐藏着苗族特有的"同宗不婚"的法文化。

② 贵州省文联编：《民间文学资料》（第一集），贵州省文联1957年版，第87页。

③ 《黔书・续黔书・黔记・黔语》，罗书勤、贾肇华、翁仲康点校，贵州人民出版社1992年版，第298页。

第六章 "出面婚"与"姑舅婚"的变迁

可见不付给舅舅家满意的外甥钱,可能会导致女孩终身难嫁。① 这种婚姻法文化一直到中华人民共和国成立前还很常见。例如,吴泽霖先生在民国年间对苗族社会进行调研时就谈到了这一问题,"姑舅婚是一个古老的婚姻习俗,即便姑娘家可以用金钱来赎买自己自由嫁人的权利,但这种'注定'的婚姻形式依然到处流行"。据吴泽霖先生的统计,这种"姑舅婚"的形式在当时的"台江巫脚乡约占10%,雷山桥港乡占30%强,剑河、太雍乡占11%强"②。"姑舅婚"中也不乏一些悲剧,如舅舅家因为自己的儿子有病、智力不足,或者丑陋就利用这种"婚姻法"轻松地找到媳妇,也出现了很多家贫的青年,因为不能满足舅舅家"外甥钱"的标准,所以婚姻成为泡影。

如果不遵循舅舅家的意见,强行出嫁,那么舅舅家甚至整个家族、村落以后都和女孩家不再来往,两边等于断了亲戚关系。"这对于历来十分重视群体关系的苗家人来说无异于判处死刑,女方家以后可能成了整个家族、村落的罪人。"③ 因此在苗族的历史中,基于舅舅家的压力,苗族社会中出现的私奔、自杀或者断绝亲戚关系的事件层出不穷。当然"姑舅婚"中有一些是被迫,但如果都是被迫,就不能解释这种法文化顽强的生命力,"姑舅婚"中也存在广泛的认同,甚至在21世纪的初期,在学者进行相关调研时发现很多苗族姑娘在自己的观念里依然认为自己应该嫁到舅舅家,也有认为这样才是自己的幸福归宿。④

"姑舅婚"的出现是有原因的,这在我国历史上一直很常见,除了在侗族、土家族、布依族等南方的少数民族中存在,在汉族地区也不罕见。但是苗族的"姑舅婚"同汉族比起来最大的特点是,中原的汉族地区一般不允许外孙女嫁回外婆家,认为是"骨血倒流",而苗族恰恰相反,只允许外孙女

---

① 这种外甥钱要求的标准很高,以前,舅家将所需财礼的数目刻在一截枫木棒上,苗语称"刻道",这种刻在木棒上的财礼数目大得惊人。贵州黄平县流传的《刻道歌》中要求的彩礼:"三百头大水牯牛,三百匹骡马,三百两白银,三百只活鸭,三百只公鸡,三百幅绣花布。"
② 吴泽霖:《吴泽霖民族研究文集》,民族出版社1991年版,第271页。
③ 曹端波、傅慧平、马静等:《贵州东部高地苗族的婚姻、市场与文化》,知识产权出版社2013年版,第21页。
④ 现在贵州还流行这样的对歌歌词:"水转回往上流,得好命我们才能,转去母家,母亲的家好得很,我们本来就是要嫁去,那个地方。"参见简美玲:《贵州东部高地苗族的情感与婚姻》,贵州大学出版社2009年版,第199页。

· 179 ·

嫁回舅舅家，嫁给姨家是不允许的。苗族之所以出现这种法文化有其自身的理论逻辑。一是由于母系氏族社会的残留。在母系氏族社会中，兄弟姐妹同母亲生活在一起，没有核心家庭的形式，姐妹们所生的子女在一起长大，往往被视为同一氏族。在苗族的法文化中，同一氏族是不允许结婚的，舅舅所生的子女由于在外族成长，不属于本族，所以可以通婚。在随后漫长的岁月里，即便过渡到父系氏族社会中，出现核心家庭，子女已经随父母一起生活，但是这种传统被保留了下来。二是由于母系氏族社会里"舅权"的残留。在母系氏族社会，人们只知其母不知其父，舅舅在这种家庭中承担了父亲对子女教养的职责，同时当舅舅年老时，外甥与外甥女要对他进行赡养，这是舅舅的一项权利——舅权。当苗族社会演变为父系氏族社会时，外甥只能留在本家族中，所以舅舅借助婚姻形式要求自己的外甥女嫁回来作为自己的儿媳妇，来对自己进行奉养。三是由于舅家要保证财产不外流。在黔东南地方，母亲出嫁时的嫁妆诸如银饰、衣服、"姑娘田"等多属于母亲的私房钱，这部分财产往往只有女儿享有继承权，外孙女嫁回外婆家，当年女儿出嫁时陪嫁的财产会因为外孙女的嫁入被带回。"姑舅婚"使得财产只能在两个家族间流动，不会流失。四是由于外嫁的姑娘对本家族的情感原因。出嫁后再把女儿嫁回去，一来可以增加两家的紧密联系，对双方家庭都是一种慰藉，维系了两个家庭甚至是两个家族之间的联系；二来女儿嫁到外婆家即母亲的娘家，也会被疼爱，母亲心里会比较放心。① 上述诸多因素导致了"姑舅婚"的文化现象虽然一直被削弱，却也一直存在。

虽然这种婚姻法文化在整个清代一直存在，但是鉴于"姑舅婚"的弊端，变革也一直在进行。特别是清代改土归流后，随着代表国家权威的流官，汉民以及一些流民的进入，加之苗族内部关于"姑舅婚"弊端的争议，使"姑舅婚"这种法文化产生了一定的变化。但是这种文化的调整也展现出地域的不均衡性，这种变化将在后文进行论述。

另外，在苗族的婚姻法文化中除了"同宗不婚""姨表不婚""姑舅婚"外，还有一些因素导致不能开亲。例如，因为祖上存在纠纷，祖先发誓不再

---

① 吴泽霖：《吴泽霖民族研究文集》，民族出版社1991年版，第271页。

开亲而不能再联姻。200多年前，田乡学庄杨姓与三江龙姓联姻，后因两家涉及纠纷诉讼，杨姓老人即发誓不许子孙与龙姓通婚，谁不遵守誓言，谁就绝子灭孙。因此二姓到现在也没有开亲。[1]再如，因为服饰不同而不能开亲。苗族由于长期迁徙，常常出现不同支系的苗族迁徙到同一个地方的情况，不同分支的审美、价值观、生活习俗存在诸多差异，这种差异常常以服饰为代表，尤其是女子服饰的差异非常大。所以在黔东南地方，很多青年不愿意找与自己分支不同的苗族进行开亲。又如，受巫蛊的影响，在苗族有些地方有些人家被认为"不干净"（家里有人有"酿鬼"或"鬼蛊"），这样的人家多被认为是不吉的，这成了婚姻的第一大禁忌。这样的人家在找配偶方面非常困难。另外，还有辈分的限制、年龄的考虑等。

总之，苗族的婚姻法文化复杂精细，是在苗族社会发展的过程中逐渐形成的。具体来看，虽然苗族在寻得配偶方面有一定的自由权，但是也有诸多的限制因素，导致苗族在联姻时形成了一个相对封闭的婚姻圈，使得苗族社会在改土归流前形成了独具特色的婚姻模式，特别是"出面婚"与"姑舅婚"成为当时苗族婚姻法文化的代表。

第二节 "出面婚"与"姑舅婚"变迁的路径与原因

黔东南苗疆开辟后，由于王化力量的强行植入以及汉民的涌入，黔东南本已文化多元的情况变得更为复杂，各种文化不可避免地比较、交流、互动。苗疆开辟后的100多年里，在多元文化的影响下，苗族婚姻法文化逐渐发生了变迁。在此主要以"出面婚"与"姑舅婚"为例进行分析。

一、"出面婚"的变迁

（一）清代黔东南地区多元的婚姻文化

黔东南地区虽然是苗族最大的聚居区，但是依然生活着其他少数民族，

---

[1] 吴泽霖：《吴泽霖民族研究文集》，民族出版社1991年版，第262页。

苗疆开辟后又涌入了大量的汉民,而每个民族都有其独特的婚姻文化。在清中前期,黔东南地区因为多民族混居而出现了多元的婚姻形态。除了"出面婚",还有百越族系的"不落夫家"以及汉族的婚姻。

所谓的"不落夫家",在《百苗图》的"六洞夷人"条记述得颇为详细。

> 未婚男女剪衣换带,即卜吉而嫁之。邻近女子邀数十人,各掌蓝伞往送,名曰"送亲"。连袂歌舞,至男家,欢饮唱和三昼夜,携新妇同归母家而散。新郎每夜潜入女家,与妇同宿。生子方过聘,"始"归夫家。①

词条所指的"六洞夷人"就是侗族。侗族是百越族系的一支,其婚姻形态就是上文所述的"不落夫家"。最大的特点就是,年轻人也可以有自由恋爱的机会,但是不能马上同居生活,需要举办婚礼。婚礼举行完毕后,新娘回娘家生活。过一段时间或到特定的节日可以将新娘接回,怀孕(或生子)后才能回到婆家长久居住。这种婚姻可以被描述为"自由恋爱—举办婚礼—新娘返回娘家—怀孕(生子后)回夫家"。这与苗族提到的"自由恋爱—同居生子—回娘家认亲—举办婚礼"有非常大的差别。

而迁徙到黔东南的汉族也依然保留着汉族的婚姻习俗,如《镇远府志》记载:"婚礼纳彩、问名、纳吉、纳征、请期,皆听命于庙,所以敬慎不苟也。"② 中华人民共和国成立初期编写的《剑河县志》记载:"汉族崇尚古礼,男女婚姻凭媒妁之言,父母之命。两家洽意后,男家始具聘礼,纳彩、问名。成年纳吉,备轿亲迎;女家则备妆奁配嫁竟至。"③ 可见,生活在黔东南的汉族也保留了其传统的婚姻法文化,即婚姻的前提是父母之命,媒妁之言,完成六礼的仪式后婚姻成立。汉族的婚俗可以表示为"父母包办—举办婚礼—生子"。

通过对比三种类型的婚姻习惯法,我们可以看出三种文化的差异,每种

---

① 李汉林:《百苗图校释》,贵州民族出版社2001年版,第88页。
② 丁世良、赵放主编:《中国地方志民俗资料汇编·西南卷》(下卷),北京图书馆出版社1991年版,第594页。
③ 丁世良、赵放主编:《中国地方志民俗资料汇编·西南卷》(下卷),北京图书馆出版社1991年版,第604页。

第六章 "出面婚"与"姑舅婚"的变迁

婚姻习惯法后都有独特的文化逻辑。在汉族的婚姻中强调儒家的伦理观,父母对子女婚姻具有主导权,男女合法婚后才可以共居生活。侗族等民族注重对女性地位的维护与后代的繁衍,妇女结婚先住到娘家,生子后才去婆家常住,既维护了娘家(妇女)的利益,又实现了婆家对繁衍后代的要求。"出面婚"则把生子放在第一位,能否生子是婚姻成立的关键,其他则相对自由,没有汉族伦理观念的约束。

从古人的记录来看,在清中期以前三种婚俗都是存在的,没有发生太多的变化。这三种婚姻差别虽然很大,分别拥有不同的婚姻观念,但却在同一地域多元共存。主要的原因是,每个民族都有自己的生活圈,同外界交往甚少,文化在这一个圈里稳定存在。但是随着社会的发展,到了清中后期,苗族的婚姻法文化发生了较大的变迁。

(二)"出面婚"的变迁

随着社会的发展以及民族间的交流,特别是汉族伦理观在苗疆的传播,苗族的"出面婚"在清末发生了极大的变迁,以至于在民国和中华人民共和国成立初期的苗族社会历史调查中都很难见到"出面婚"的影子。其变迁的路径,可以从史料中找到。

清代对于苗族民俗记录较全的除了各个地方的"地方志"之外,就是清嘉庆年间由陈浩所著的《八十二种苗图并说》(俗称《百苗图》),其记载了嘉庆年间黔东南多个民族的文化。古人的记录给我们提供了线索。通过梳理《百苗图》以及随后的清代文献记录、民国与中华人民共和国成立初期的田野调查,我们可以看到"出面婚"的变迁过程。

1. 清中期"出面婚"的留存

根据《百苗图》中关于"西溪苗"[①]的记录,其婚姻习俗就是标准的"出面婚",即:"未婚男子携笙,女子携镒,相聚戏谑。所欢者约饮于旷野,歌舞苟合,随而奔之。生子后方过聘,聘礼以牛。"[②]西溪苗是黔东南苗族支系中的东部亚支系,分布地除贵州的天柱、锦平等县外,还有湖南省的会同

---

① 刘锋:《百苗图疏证》,民族出版社2004年版,第105页。
② 李汉林:《百苗图校释》,贵州民族出版社2001年版,第88页。

· 183 ·

县、通道侗族自治县、靖州苗族侗族自治县、城步苗族自治县等县。虽然与侗族杂居，但是分布区域不同。侗族大多生息在坝区或低山丛林地带，西溪苗则分布于高山丛林或山地草坡，故苗族传统法文化得到很好的保留。这条记录完全还原了嘉庆年间贵州天柱附近的苗族还在秉承着传统的"出面婚"婚俗，即自由婚恋后同居生活，生子后归娘家过聘。

关于"出面婚"的记录还不仅如此。据《百苗图》记载，同一时期其他分支的苗族与瑶族中亦能得见。例如，"克孟牯羊苗……男女吹笙而偶，生子免乳后，始归财礼"[1]，"西苗……娶亲必另寝，私通，孕，产，乃同室"[2]，以及"伶家苗……每仲冬，未婚男女相聚歌舞。所欢者约而奔之。生子后方归母家，名曰回亲……若未生子，终不归宁"[3]。以上都比较明确地记录了"出面婚"的存在，特别是"伶家苗"这一条还对妇女不能生子的情况进行了说明，即不能生育的妇女都没有"归宁"即回娘家的权利，她们当然更没有资格拥有自己的家庭。除非另外找到配偶生下孩子，否则只能在外飘零，情境可怜。可见这种"出面"婚俗对于女性生子的看重。

如果细究，还可以看到"出面婚"在苗族内部发展的不同形态。上文已述，苗族是个迁徙的民族，黔东南地方的苗族多是由湖南迁徙而来，迁至黔东南后又分散于各地居住。多数生活在深山野箐之地，那里交通极为不便，即便是同一民族，交往也是非常有限的，故随着社会的发展，苗族社会内部的文化也呈现百花齐放的形态，"出面婚"也包含在其中。我们可以在《百苗图》中看到多形态的"出面婚"。

例如，"夭苗"条记载"女年及，架修竹楼野处，未婚男子登楼，吹笙而诱之成配"[4]；"八寨黑苗"条记载"各寨于旷野之处均造一房，名曰'马郎房'。晚来未婚之男女相聚其间"[5]。这两条都是关于黔东南苗族北部亚支系的记载，所不同的是分布区域有所差别。"夭苗"分布在清代陈蒙、烂土

---

[1] 李汉林：《百苗图校释》，贵州民族出版社2001年版，第54页。
[2] 李汉林：《百苗图校释》，贵州民族出版社2001年版，第43页。
[3] 李汉林：《百苗图校释》，贵州民族出版社2001年版，第127页。
[4] 李汉林：《百苗图校释》，贵州民族出版社2001年版，第79页。
[5] 李汉林：《百苗图校释》，贵州民族出版社2001年版，第68页。

一带;"八寨黑苗"分布在禾坝干和威远一带。对比"西溪苗""未婚男子携笙,女子携馐,相聚戏谑。所欢者约饮于旷野,歌舞苟合,随而奔之。生子后方过聘,聘礼以牛",就可以发现,这两处苗族的区别是,北部亚支系的苗族为了方便未婚男女相亲,在野外修建了"马郎房"等公益性的建筑;而东部亚支系"西溪苗"则没有,只是女方"随而奔之",此处"奔"之多为去男性家里,也可能去别处。同时再对比黄平州等处的"紫茸苗""娶妻另寝,产,乃同室",这又是"出面婚"的一种变形,男女双方家中都不回,自己去"另寝"。① 可见,即便苗族都在执行"出面婚"的习惯法,但是各地形式上已经多样化了。

2. "不落夫家"对苗族婚姻的影响

随着苗族与其他民族的交流,百越族系的"不落夫家"逐渐与苗族的"出面婚"实现了"嫁接"。通过《百苗图》"八寨黑苗"一条就可以看出:

> (八寨黑苗)各寨于旷野之处均造一房,名曰"马郎房"。晚来未婚之男女相聚其间。欢悦者,以牛酒致聘。出嫁三日,即归母家。或一年半载,外氏向婿者索头钱。倘婿无力借贷,或不与,则将女改嫁。有婿与女皆死,犹向女之子索者,谓之"鬼头钱"。②

此处关于八寨黑苗的记载中,除了"出面婚",还嫁接上了"不落夫家"的法文化。即在婚姻成立之前,双方已经按照"出面婚"的婚俗形成了事实上的夫妻生活,这与"出面婚"的要求完全一致。但是婚姻的后半段,突然转变为"不落夫家"的形式。即婚姻的成立突然被提前,不等子女出生就办了婚礼——"牛酒致聘",且新娘出嫁三日后就回到娘家开始"坐家",成为典型的"不落夫家"。前文所述,"出面婚"与"不落夫家"是两种不同的婚姻法文化,其背后隐藏着不同的价值观。虽然不知道这种习俗的嫁接是因为苗族社会希望效仿百越族以加强对娘家利益的保护,还是因为汉族伦理中的贞操观念影响了苗族对"未婚生子"的评价,抑或是因为苗族无意识地效仿,诸多原因此时已经无从考证。但是从嫁接的效果来看,确实大大提升了

---

① 刘锋:《百苗图疏证》,民族出版社2004年版,第69页。
② 李汉林:《百苗图校释》,贵州民族出版社2001年版,第68页。

娘家的利益。实行"不落夫家"后，新娘还可以留在家中一段时间，一方面，年轻的姑娘不用在外独自生活，可以随时有家庭的保护，又可以通过逐渐接触婆家人，为以后的生活实现一个过渡。这种改革对于新娘来讲是安全且有帮助的。另一方面，又为娘家保存了一个成熟的劳动力，可以为家庭的经济提供支援。此外，汉文化的伦理观念在清后期的影响越来越大，这样的改革也确实可以使苗族免遭流官与汉民对"未婚生子"的歧视。也许是多重原因使得苗族的"出面婚"逐渐向"不落夫家"这种婚姻制度靠拢。

在"出面婚"的习俗中嫁接"不落夫家"的制度看似简单，但是基于整体性，婚姻制度的变革也是"牵一发而动全身"。改革后的婚姻制度加大了对娘家利益的保护，但是此时还没有生育子女就举办婚礼，婆家还按照"出面婚"的要求支付了各种礼金，假如以后不能生育，婆家岂不是白忙一场？制度的改革涉及了各方面的利益，谁都不愿意在改革中受损。为此，这种婚姻制度又做了一系列的调整，以协调"出面婚"与"不落夫家"结合后的"利益均衡"。

"八寨黑苗"条在随后的记录中揭示了与之相关的一系列改革。改革的方案是："或一年半载，外氏向婚者索头钱。倘婿无力借贷，或不与，则将女改嫁。"即将婆家的礼金分两次给付，一部分是聘礼，婚礼时给；另一部分是"头钱"，在"一年半载"后，由男方家综合女方的情况（如是否怀孕生子）以决定是否给付头钱①。在改革以前，按照苗族"姑舅婚"的习俗，姑娘出嫁前就要把这笔头钱送给舅舅家，否则是不能出嫁的。有学者认为此时的八寨黑苗的变革是舅舅家向男方家的一种要挟。其理由是：因为女方尚未生子，按照苗俗婚姻并未完全成立。同时借助了汉族的文化中女方没有去男方家生活即未成亲，此时的舅舅家故意借此机会要挟男方家出钱。② 本书认为，这样的解释是牵强的。此事发生在"一年半载"之前，是否怀孕与生子不可预知。特别是如果舅舅家想要阻拦而索要头钱，在举办婚礼之前就可以，何必等到举办完婚礼的新娘回到娘家一年之后？况且不能解释文中男方

---

① 所谓头钱是因为苗族"还娘头"（姑舅婚）的婚俗，即姑之女必嫁舅之子，如果不嫁就要给付大量财物以赎取与别人结婚的权利，这种财物称之为"头钱"。

② 参见杜薇：《百苗图汇考》，贵州民族出版社2002年版，第241页。

的"无力借贷"(不能支付)与"不与"(拒绝支付)的区别。

对此种情况最为合理的解释是,由于嫁接了"不落夫家"的习俗,提前举办婚礼,夫妻双方是否能够生育子女还是未知,这不符合苗族传统的"以生育子女为婚姻之首要目的"的价值观。故男方只是履行了聘礼,而没有给予头钱,因为按照苗族的习俗,头钱远远高过聘礼,文中所提的头钱常靠"借贷"支付便是证明。对于男方来讲,不知将来女方能否生育就提前支付头钱,岂不是要冒很大的风险?因此约定了一个期限,即过了一年半载之后,舅家再向男方家要钱,而男方可以根据情况再来决定是否向女方家提交头钱。此时出现了两种情况,一种是男方家支付头钱(包括借贷支付);另一种是男方"不与"头钱。按照苗族的价值观,"不与"的原因多半是没有怀孕或生子。"不与"头钱意味着男方放弃了这段婚姻,娘家自然会让姑娘再找婆家。当然也有可能出现头钱过高,导致男方筹措也不能完成的情况,这可能也会导致姑娘再嫁。可是我们也看到了一点宽容,即不能一次支付头钱,而女方很可能已经怀孕或有了孩子,舅家允许将头钱以债务的形式存在,夫妻可以慢慢偿还。可是这种债务数额较大,有时甚至夫妻两个人死了都还没有还清,出现了需要子孙偿付"鬼头钱"的现象。这种改革颇费心思,基本上平衡与保护了婆家、娘家、舅家三方的利益,实现了"多赢"的局面。

"八寨黑苗"一条是《百苗图》中唯一一个将"不落夫家"纳入自己婚姻习惯法的苗族分支,虽然少见但是非常宝贵。它向我们揭示了在清代中后期,苗族婚姻变革与调试的过程。虽然八寨黑苗的变革只是一个萌芽,但类似改革措施很快得到了普及,被多地苗族支系所接纳。以至于在民国之后的田野调查中,很多学者甚至误认为"不落夫家"是苗族原生的法文化,而不知这种婚姻形式实为清代中后期从其他民族婚姻法文化中嫁接而来的。

3. 汉文化对"出面婚"的影响

汉族的婚姻法文化对于苗族的影响也是非常明显的。特别是在同治之后一系列政策的推行(如消除土司实行流官的直接管理,改变对苗族的愚民政策实行汉化教育,开放苗疆,资本大量进入),都为新文化进入苗疆打下了基础。虽然此时已经是清末,但却是整个清代汉族文化对苗族影响最大的时期,苗族的婚姻法文化也受此影响发生了很大的变迁。在此以黔东南苗族北部亚支系——"短裙黑苗"① 为例进行分析。

民国时期,吴泽霖在对贵州苗族田野调查时写下了《贵州短裙黑苗的概况》,记录了台江附近苗族的婚姻。短裙黑苗分布在今天的榕江、剑河、台江、丹江、八寨、炉山、麻江等地。关于婚俗记载为:"苗夷的婚姻大都是自由恋爱的结合,但须经过凭媒订婚的形式,然后再定期结婚。"在"摇马郎"(谈恋爱)时必须守规矩,回避老人、场所公开、保持五尺距离,"彼此不得抚摸或拥抱(在离他们不远的长裙苗中就可以拥抱),发生肉体关系者,乃绝无仅有的事"。② 订婚那天,男方抬着酒、糯米饭与鸡鸭等物,连同三元六角的"外甥钱"支付给娘家。结婚前带着订婚时所议定的"财礼",如数送到女家,并且预告结亲的日期。结婚三天内,女方住在婆家,但是不同新郎同住,三天后返回娘家,只有在特殊的日子才回到婆家。文中还记载,"短裙黑苗"也有少数人的婚姻从小由其父母代订,但是常常是结婚初次回娘家就不再去夫家了。她还可以再另爱他人,但是二婚后,二婚的丈夫需要出钱补贴第一任丈夫。自由恋爱也有离异的,但是只要一有子女即不会发生离婚的情况。③

《贵州短裙黑苗的概况》中对于苗族婚姻的记述非常详细。此时除了"不落夫家",我们也看到了汉族婚姻文化在苗族婚姻中的出现。主要体现在以下几个方面。

其一,苗族婚姻中出现了"媒妁"。在古代苗族的"出面婚"中,双方自由恋爱、生子、成家,婚姻即告成立,根本没有媒人,也不需要媒人。此时的媒人是苗族受汉族文化的影响而出现的。其中流官对于"媒妁"的推广是不遗余力的,比如黎平县平寨乡就有同治五年"纪德婚碑",其中有内容为:"合行出示晓喻,为此示仰苗民人等知悉,嗣后男女婚嫁,必凭媒妁撮合,奠雁问名。"④ 又如乾隆五十六年锦屏官府的告示"恩垂万古"碑中:

---

① 吴泽霖:《贵州短裙黑苗的概况》,载《民国年间苗族论文集》,贵州省民族研究所1983年版,第41页。
② 吴泽霖:《吴泽霖民族研究文集》,民族出版社1991年版,第3页。
③ 吴泽霖:《吴泽霖民族研究文集》,民族出版社1991年版,第7页。
④ 锦屏县民族宗教事务局编:《锦屏县民族志》,锦屏县民族宗教事务局2006年版,第61页。

第六章 "出面婚"与"姑舅婚"的变迁

"嗣后男女订婚,必出两家情愿,凭媒聘定……凡问亲必欲请媒,有庚书斯为实据。"① 因为官府及民间力量的推广,在清代中期,媒人就已经零星出现在贵州少数民族的婚姻中了。例如,《百苗图》中"卡尤仲家"(布依族)一条记载"婚丧会合时,两情欢悦,即剪衣换带,约而私之。然后用媒妁……"②,"狗耳龙家"一条也记载其婚姻要"通媒妁"③。可见通媒妁已经在此时的贵州少数民族中出现了,但是尚未形成主流,特别是此时还没有关于黔东南苗族通媒妁的记录。但是到民国时期已经很常见了,在中华人民共和国成立初期对各地的苗族进行调研时发现,不仅仅是黔东南的苗族,贵州大部分地区,以及四川、湖南、广西等苗族分布地方,苗族婚姻中都有了媒妁的出现。

其二,汉族伦理观的影响。在儒家的伦理观中,男女约会、私订终身、未婚生子都是极大的羞耻。自古以来,流官对于苗族这种自由恋爱、婚前生子的行为所"不齿",常将苗族行歌坐月活动称为"淫辞谑浪"。清后期,苗疆地域被彻底打开,汉文化长驱直入,苗族的文化也受此影响发生了很大的变迁,婚姻法文化的变迁就是其中的一部分。细究《贵州短裙黑苗的概况》中关于短裙黑苗的记录可以发现,此时短裙黑苗对汉文化的接受非常多,导致传统的"出面婚"的特点被荡涤得一干二净。如在"摇马郎"时,即自由恋爱阶段,谈恋爱的青年男女已经受到了很多规范的限制:不能在老人面前谈情说爱;摇马郎必须在公开场所进行;男女之间还要保持五尺以上的距离;男女不能接触。所以吴泽霖特别说明"未婚同居"是绝无仅有的事情,更不用说生子了。相比传统的出面婚——"男女吹笙而偶,生子免乳后,始归财礼"④ 以及"(男女)相聚戏谑。所欢者约饮于旷野,歌舞苟合,随而奔之"⑤,此时的苗族婚姻已经发生了质的变化:即便存在自由恋爱的形式,可是男女双方已经不能如同以前一样自由接触,更谈不上婚前的同居生子了。

---

① 锦屏县民族宗教事务局编:《锦屏县民族志》,锦屏县民族宗教事务局2006年版,第61页。
② 李汉林:《百苗图校释》,贵州民族出版社2001年版,第151页。
③ 李汉林:《百苗图校释》,贵州民族出版社2001年版,第274页。
④ 李汉林:《百苗图校释》,贵州民族出版社2001年版,第54页。
⑤ 李汉林:《百苗图校释》,贵州民族出版社2001年版,第88页。

苗族的婚姻观念逐渐趋同于汉族的伦理观，原来的"出面婚"受到了严重的破坏，已经看不到婚前生子为特征的"出面婚"的影子了。

当然苗族社会存在各亚分支小聚居的情况，并不是所有苗族的婚姻法文化的变迁都是同步的。其中我们也看到了一些多样变迁的现象。如《贵州短裙黑苗的概况》中所说，"短裙苗"附近的"长裙苗"在"摇马郎"阶段还能够"拥抱"，这比"短裙苗"对传统习俗的保留更多一些。有些地方保留的更多。例如，中华人民共和国成立初期对从江县加勉乡苗族的田野调查中，记录了一种"自由婚"，也就是"男女双方发生爱情，不经父母的同意，男方即可把女的引到家来结婚（苗语称为'泥娘'，偷来之意）⋯⋯这种方式多半在'踩秧堂'、'踩歌堂'或者探访亲友的情况下发生。领走女孩后过几天才会通知女方家的父母"①。这种"泥娘"方式，是典型的"出面婚"的残留，据统计，能够占到此地婚姻的32%左右②，还是有相当高的比例的。其中还有一点不能忽略的是，调查中特意提到"'泥娘'在苗语中词意不雅"③。可见在苗族的观念中，"泥娘"这种方式也逐渐受到否定的评价了，观念的转变往往是制度转变的先导。多样的婚姻模式在苗族婚姻中共存，真实还原了汉族的婚姻法文化在苗疆渐进的过程。

其三，父母包办婚姻的出现。在苗族以前的婚姻法文化中，父母包办婚姻是绝无仅有的，父母基本上不能干涉子女婚姻。青年男女只有通过各种集会或者其他方式自由寻找自己的伴侣。对于苗族来讲，青年男女自由恋爱，受到异性赏识并生子事关家族荣辱，但父母不能干涉。例如，《苗荒小纪》中记载："（集会时）男对女或挑以言，或逗以歌，两情相悦，立可恋爱，桑间蹼上无限自由，女子得所欢赠物，举以示人，以为得意，人亦羡之，虽其父兄，亦以得赠多寡判荣辱。"④ 反之，"（参加集会时，男可随时带走喜欢的女性），女三年无夫负去，则父母或杀之，以为世所弃也⑤"，或者"若未生

---

① 费孝通等：《贵州苗族调查资料》，贵州大学出版社2009年版，第136－137页。
② 费孝通等：《贵州苗族调查资料》，贵州大学出版社2009年版，第136页。
③ 费孝通等：《贵州苗族调查资料》，贵州大学出版社2009年版，第136页。
④ （民国）刘锡蕃：《苗荒小纪序引》，载《民国年间苗族论文集》，贵州省民族研究所1983年版，第7页。
⑤ （宋）周去非：《岭外代答校注》，杨武泉校注，中华书局1999年版，第423页。

子,终不归宁(回娘家)"①。可见在古苗族社会,子女的婚姻事关家族的荣辱,但是父母不能参与。以家中女儿有异性追求为自豪,认为没人欣赏最为羞耻,恨不得杀掉自己的女儿,也不能替她寻找配偶。假如女儿不能生育,父母也只能看着她在外飘零不能接回。可见,能否找到好伴侣并生子虽然事关家族荣辱,但全凭子女自身,在苗族传统的伦理观与价值观的左右下,父母不能干涉或爱莫能助。这种价值观同汉族的伦理观与价值观相比差异极大,甚至处于两个极端,不能兼容。

但是随着汉文化对苗疆的影响,父母的力量开始在苗族婚姻中加强,"包办婚姻"的出现就是最好的证据。《贵州短裙黑苗的概况》中记录"包办婚姻"时只是提到其针对幼年男女,没有提到包办婚姻的细节。对此可以参照中华人民共和国成立初期对凯里舟溪地区田野调查时的记录。当儿子十来岁时,父母就开始为他物色配偶了,在芦笙场合中,看中了谁家的女孩以后……条件相当了,就央媒人去说。媒人往往是与对方有认识或其亲戚关系。媒人去后,女方家不管同不同意都要媒人再来一次。因为女儿已到成年了,不少人家还得征求她的意见②。女方也要打听一下男方的情况。同意后就会订婚,"订婚时双方男女都不参加,由双方父母主办"③。这已经非常接近汉族的包办婚姻了。在中华人民共和国成立初期,对相对偏远的苗族地方的调研中发现包办婚姻占的比例是非常大的。比如20世纪五六十年代,从江县加勉乡苗族社会中,由父母主持婚姻的约占50%,父母包办的约占20%。④ 父母在婚姻中的参与性逐渐加强,这也是受汉族婚姻中父母占决定因素的法文化影响。可见包办婚姻在苗族婚姻中广泛存在是事实。

但是在相亲自由的背景下,这种包办婚姻往往导致青年男女的不满,出现姑娘对婚姻逃避的情况。对此,苗族社会也设定了补偿的办法,就是女方第二任丈夫要对前任男方娶婚的花费进行补偿。另外,对于礼金的给付我们

---

① 李汉林:《百苗图校释》,贵州民族出版社2001年版,第127页。
② 参见《民族问题五种丛书》贵州省编辑组、《中国少数民族社会历史调查资料丛刊》修订编辑委员会编:《苗族社会历史调查》(二),民族出版社2009年版,第263页。
③ 《民族问题五种丛书》贵州省编辑组、《中国少数民族社会历史调查资料丛刊》修订编辑委员会编:《苗族社会历史调查》(二),民族出版社2009年版,第263页。
④ 费孝通等:《贵州苗族调查资料》,贵州大学出版社2009年版,第136页。

也发现其出现了一定的变化：基本上都在婚礼时全部给付。主要的原因是在清代后期，人们逐渐认识到了"姑舅婚"是对婚姻自由的桎梏，特别是"头钱"往往让人难以负担，常常引起纠纷。所以对此进行了一定的改革，主要是限制"姑舅婚"中强制娶亲的权利，姑娘自愿时可以娶，但是不能强制娶亲，并限制了"头钱"与聘礼的数额，减轻了婚姻双方的经济压力。需要注意的是，在《贵州短裙黑苗的概况》中，短裙黑苗的"出面婚"制度受到了很大的破坏，但是依然能看到一部分残留。例如，无论是不是包办婚姻，"只要一有子女即不会发生离婚的事件"。苗族传统的价值观中"生育子女对于婚姻的决定作用"依然得到了保留。

在此只是针对《贵州短裙黑苗的概况》中短裙黑苗的一个简短记录与分析。实际上，这种婚姻法文化的变化在黔东南苗族中是普遍存在的。类似包办婚姻、请媒妁事例颇多，已经成为一种普遍现象。有些汉化比较明显的地方还一改"不落夫家"的习俗，效仿汉族，婚后新娘直接到夫家生活，不再坐家。有些地方还引进了汉族的"批八字"婚姻文化（见图6-1）。这些变迁都发生在清代后期。"出面婚"的变迁是这一时期苗族法文化变迁的一个缩影。

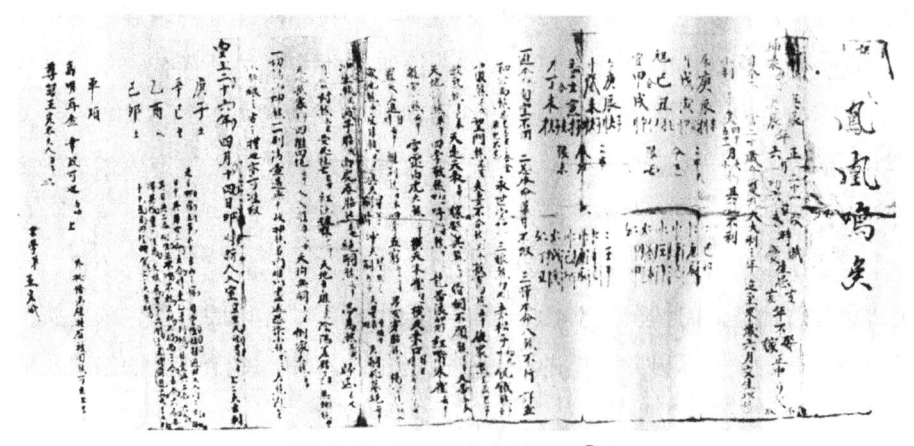

图6-1　凤凰鸣奂合婚课单[①]

---

① 张应强、王宗勋主编：《清水江文书》（第二辑6），广西师范大学出版社2009年版，第415页。

二、"姑舅婚"的变迁

在苗族的婚姻法文化中，除了"出面婚"外，还有一项古老的规定就是"姑舅婚"。"姑舅婚"的主旨思想是姑之女必嫁舅之子。"姑舅婚"是对苗族自由婚姻最大的约束，引起纠纷不断，甚至造就了诸多悲剧。苗族的文学中常有哭诉"姑舅婚"的古歌，历史上也常有因为"姑舅婚"而自杀的悲剧，常常导致诉讼不断。无论是地方官员还是苗族社会内部，都在社会发展中提出了改革。这种改革在苗族社会中普遍存在，但各地改革情况进展不一。在中华人民共和国成立前期的调研中，发现有些地方的"姑舅婚"还是婚姻的一种存在形式，如"台江巫脚乡约占10%，雷山桥港乡占30%强，剑河、太雍乡占11%强"[①]。但都体现为自愿履行；有些地方改革的更为彻底，舅舅家强霸姑家女儿的现象比较少见，而且"头钱"也只是象征性地拿一点。[②]这与地方政府的治理以及苗族社会的主动调适有关。在此以清代锦屏文斗等地方的改革为例。

乾隆五十六年，锦屏地方官府曾针对苗民的婚俗提出改革要求，并刻碑公示。在黔东南锦屏地方的苗族村寨中，至今保留了两尊碑刻，一尊是乾隆五十六年，地方政府回应苗民要求，提出改革婚姻的方法；另一尊是在15年之后，即嘉庆十一年，苗民针对政府新立"婚姻法"执行中存在的问题，以乡约的形式进行了补充，并再次刻碑。这两尊石碑在形式上印证了国家法之治与苗民自治的互动；在内容上反映了苗族社会婚姻法文化的变迁过程，是苗族法文化变迁的重要内容。在此将两尊石碑进行抄录比对，作为对苗族婚姻法文化变迁的分析对象。

碑刻一：

恩垂万古

圣朝教化已久，诸无益于民，而独婚姻尚有未改变夷俗者。或舅指姑甥，姑霸舅女；或男女年不相等，另行许嫁，则聘礼总归舅氏，此等

[①] 吴泽霖：《吴泽霖民族研究文集》，民族出版社1991年版，第271页。
[②] 吴泽霖：《吴泽霖民族研究文集》，民族出版社1991年版，第271页。

陋习，殊勘痛憾。今据文斗、尧里村等寨民姜廷干、李宗梅等禀请给示，前来合行出示晓谕，为此示仰府属人等知悉：嗣后男女订婚，必由两家情愿，凭媒聘定，不得执行姑舅子女必成婚，及藉甥女许嫁必由舅氏受财。于中阻挠滋事致于控告，严究不贷。各宜凛遵无违，特示。

——遵刊府主示：凡姑亲舅霸，舅□财礼，掯阻婚姻一切陋习，从今永远革除。如违示者，众甲送官治罪。

——众遵示禁勒：凡嫁娶聘金，贫富共订八两，娘家收受外，认舅家亲礼银八钱。如有违禁者，送官治罪。认亲礼在郎家，不干娘家事。

——众遵示禁勒：凡女子出室，所有簪环首饰，郎家全受，娘家兄弟不得追回滋事。如有违者，送官治罪。

——众遵示禁勒：凡问亲必欲请媒，有庚书斯为实据。若无庚书，即为赖婚。如违治罪。在未请示之先已准之亲，虽无庚书，一定不易；岩寨竖碑之后，必要庚书方可准行。

——众遵示禁勒：凡二婚礼，共议银两两两，公婆、叔伯不得掯勒、阻拦、逼迫生事。如违送官治罪。若有嫌贫爱富，弃丑贪花，无媒证面强夺人妻者，送官治罪。

勒：其有写外甥女礼银抵人银两者，大皆丢落，不许转追借主。如抗，众人送官治罪。

计开各寨出首头人姓名于后，如有犯禁者，照开甲数均派帮补费用。以上结亲，有媒证庚书，年纪班辈相当，爱亲结亲；虽然亲不干范例，及此乱伦强蛮者，则犯禁。

文斗寨上下共二甲（以下姜姓廿四人姓名，略）

……

外勒：凡娶亲，必上娘家备席，下贴请房，分众还席；毕值，依时候入门，不许受夜及中途会席。

皇清乾隆五十六年孟冬月　谷旦①

---

① 姚炽昌：《锦屏碑文选辑》，内部刊印本，1997年版，第68－69页。

第六章 "出面婚"与"姑舅婚"的变迁

碑刻二：

千秋不朽

尝思守正理者，则必受天麻，行邪道者，则必遭王法，是故子曰："必也正名乎有。"子曰："君子务本。"圣贤已先训之矣，况我等地方久沐王化，习读诗书，而岂有不明返本归源之道乎！兹因以前嫁娶种种陋弊，请示已禁革，若夫爱结亲，固已遵从。而定亲礼及过门礼，明则顺之，暗则勒索，与夫干犯伦常等等，屡生滋扰，大非所宜。为此，众等齐集重勒，免杜后患，以静地方云尔。是为序。

具列勒条于下：

一勒：凡按亲礼只许五钱；定亲酒礼，小则一两五钱，大则四两。如多，罚充公。

一勒：凡拆毁、拐带、强夺、有妻子弃妻子再娶者，罚钱三十两充公，照礼劝息。若不听罚，送官治罪。

共计十二寨，村寨名称及寨老名字略去……

有名人分有合同各执照一张照查

嘉庆十一年三月十六日　立①

这两尊碑刻反映了乾隆时期嘉庆时期黔东南苗族东部亚支系的婚姻状况与改革的过程。第一尊石碑刻于乾隆五十六年，由地方政府根据苗民改革婚俗的申请，针对"姑舅婚"的弊端，提出了婚姻法的"修正案"。如碑刻所云，"姑舅婚"最大的问题在两个方面。一是违背姑家意愿，强行娶亲。这往往导致很多问题。二是"甥女许嫁，必由舅氏受财"，即娘家辛苦地把女儿养大，但是结婚的礼金却补偿给舅舅家。而且这往往还成为舅舅家借机敛财的机会，故意抬高礼金。如果不给，舅舅家就会"于中阻挠滋事于控告"。对此，政府的改革方案有三个。第一，禁止舅霸姑婚。舅舅家不得强制娶姑家女儿为媳，亦不得阻止姑家女儿外嫁。如果姑舅家双方自愿也可以通婚。这是在充分尊重传统习俗的基础上，进行了一定的改良。第二，规定好了礼金只能是八两，舅舅家只能占八钱，其余给娘家。第三，规定了女子陪嫁的

---

① 姚炽昌：《锦屏碑文选辑》，内部刊印本，1997年版，第70页。

首饰归出嫁的女儿及其夫家所有。女子的兄弟不能因为"姑舅婚"的改革而追回。这是地方政府制定的一种预防纠纷的规定。因为按照苗族的习俗，大量的银饰主要由女儿继承，或者作为陪嫁。以往执行"姑舅婚"制度，嫁出去的女儿会将自己的女儿再嫁回到舅舅家，当年陪嫁的大量银饰以及"姑娘田"等财产顺理成章地又回到了舅舅家，财产只在这两个家族之间流动，不会出现财产外流的风险。但是，"姑舅婚"的改革由"必须"改为"自愿"，可能导致财产外流。有可能会出现舅舅家去姑家强夺银饰的情况。为此官府提前预见，并做了限制，可见此时的地方官府是非常了解民族情况的。

此次"姑舅婚"改革的方式也值得关注。虽然是苗族社会内部关于婚俗的改革，但是苗族没有按照古老的习俗通过"议榔"立法的形式在内部调整，而是向政府"禀请给示"，原因如下。第一，虽然"姑舅婚"这项制度在苗族社会中也存在很大争议，弊端诸多，但是由于其存在是基于苗族社会对于舅权的尊崇，所以是很难撼动的。第二，改革还牵涉诸多利益，比如已经执行过"姑舅婚"的家庭，已经做出了"利益输出"，还在期盼下一场利益回归。即嫁出去的女儿将自己的女儿再嫁回到舅舅家，当年陪嫁的大量银饰以及"姑娘田"才能顺利地回归舅舅家。另外，有些家庭由于经济困难或者儿子丑陋、疾病等原因难于找到婚姻对象，全赖"姑舅婚"制度补贴经济或为儿子娶妻，此种改革必定使其期望落空，折损其"核心利益"。姑舅婚的涉及面非常广，几乎涉及所有家庭。突然改革，有些人受益，有些人不幸拿到了"最后一棒"，利益损失很大，必然会激烈反对。故"姑舅婚"的弊端很明显，但是推动改革的难度却非常大。此时睿智的苗民巧妙地借助政府的权威，向政府"禀请给示"，由政府主持这场改革，以政府的权威"送官治罪"来保障执行力。而苗民的申请正好符合政府对苗民作良民与顺民的要求，改革苗族的婚俗也符合政府的"化导苗俗"的政治目标。双方很快达成共识，苗民申请获得官府批准，顺利实现了对"姑舅婚"的改革。改革的效果在15年后已经很明显，在第二尊石碑上刻有"若夫爱结亲，固已遵从"，也就是"姑舅婚"基本上建立在姑家自愿的基础上，公开的舅霸姑婚的现象已经消失。但是在"头钱"上还是存在问题，有"而定亲礼及过门礼，明则顺之，暗则勒索"的现象。此时"姑舅婚"的改革已经很成功，只需要细节的完善，改革的压力不是很大了，因此苗民自己联众，利用传统法文化以"议榔"的形式，召开大会讨论了细节的完善。即明确约定好礼金的数额，防止勒索高额礼金的现象。从第二尊石碑的碑文中，我们也看到了法文化变迁的其他内容，此地的苗民已经很好地掌握了汉字，并且将修正的"婚姻法"写成"合同"——将修改的"法律"成文化。凡是参加议榔的村寨代表各执一份——"有名人分有合同各执照一张照查"，这也是苗民法文化的一个重大进步。

类似的针对"姑舅婚"的改革在黔东南多个地方都进行过尝试，如大约在乾隆、嘉庆时期，在台江县反排苗寨出现了婚姻上索取的"离婚钱""舅爷钱""人头钱"极高，造成人们很大的负担。为此反排寨的养猫应即寨老联合其他多个村寨"议榔"，制定了姑舅婚的改革方法，调整了"舅爷钱"（头钱）的数额，定为"西将（舅爷钱）三两三"[①]。这些改革逐渐限制了"姑舅婚"的范围。但是对"姑舅婚"影响最大的是中华人民共和国成立之后对于近亲结婚危害的宣传，以及当时《中华人民共和国婚姻法》的普及，在苗族社会中这种"姑舅婚"已经少见了。

以上内容便是苗族"出面婚"与"姑舅婚"的形成与变迁的过程。二者的变迁是苗族法文化变迁的一个缩影，是多元文化交融互动的结果。通过二者的变迁，我们可以看出当多元文化存在时，人们总会对文化进行比较与选择，所以才会出现对文化的借取与嫁接。但是法文化的移植并非简单植入，其中往往涉及多重利益的重组，此时或者需要修订相关规则平衡各方面利益，如"出面婚"的变迁就是这样一个复杂渐进的过程；或者需要提升改革的动力，如"姑舅婚"的变迁需要借助政府的力量。可以说，文化借取中的比较、权衡、调适等现象，不仅仅存在于婚姻法文化中，而是法文化变迁的共存规律。

---

① 参见贵州省编辑组编：《苗族社会历史调查》（一），贵州民族出版社1986年版，第161页。

第七章

黔东南苗族法文化变迁的总结及对当代的启示

在历史的长河中,苗族历经苦难,多次迁徙,最终在我国西南定居下来。在苗疆开辟前,因为地处中央政权的建制之外,其传统文化得到很好的保留与发展,法文化也包含在其中。这种独特的法文化为维护社会秩序发挥了重要的作用。直到清雍正时期,清廷开启了大规模的苗疆开辟活动,最终将黔东南苗族地区纳入王朝一统的体制下,封闭的苗疆被逐渐打开。屯军、流官、土司、汉族移民、商人等逐渐将中原文化带入苗疆,对苗族法文化产生了影响,法文化因此发生了变迁。在这一变迁过程中,既有对外界法文化的吸收与借鉴,也有排斥和斗争;这一变迁过程也体现了法文化变迁的一般规律,对我们今天亦有借鉴意义。

第一节 苗族传统法文化的基本特点

本书对法文化变迁的研究,将很大的笔墨都花费在对苗族传统法文化的考证上。除了因为这是研究法文化变迁的逻辑前提外,更是因为苗族传统的法文化仍然具有很高的价值,值得今人探究。本书对苗族传统法文化的特点作如下总结。

一、苗族传统法具有民主性、神圣性与世俗性

如前文所述,传统的苗族社会中的人们对法"奉行无违",社会井然有

序，甚至在民国混乱的时局下，苗族村寨仍然可见"道不拾遗，夜不闭户，凶年饥馑，宁肯鬻卖子女以活，而不敢为匪，牛羊之牧于野者，恒数日不归，亦无人敢行偷盗者"[①]的现象。苗族表现了对法的极大尊崇与高效执行，其根本原因在于苗族社会中"法"具有民主性、神圣性与世俗性。

（一）民主性

如本书第二章所述，苗族的议榔立法的程序注重"民主"与"平等"。在《融水苗族埋岩古规》中写道，"今天我们一地方一理老，一村寨一头人，一地方一族人，一村寨一房人，大坪来相聚，旧坪来商量"[②]，就是强调每一家都有参加议榔议事的权利，体现了议榔的民主性。在议榔时，小范围的议榔，每家都要参加，大范围的议榔，由代表参加。而且在议榔议事时，每家都有发言权。所以《苗荒小纪》的作者刘锡蕃感慨道："苗民有事，一以公意决之。故事必会议，议必实行，不图此蛮烟瘴雨之乡，尚复有所谓公理与民意也。"[③]由于在讨论立法时，能够由本人或者家庭、家族代表参与，对于自己的想法与要求都能够发言，还有相应的表决权，因此这种会议的立法基本上能够表达出群众的公意。这种立法程序，注重了群众的参与，群众对于形成决议的理由与根据也能够深入了解，这为法的执行打下了基础。

（二）神圣性

苗族社会中法能够得到有效实施，还因为苗族传统法与宗教信仰密切结合，苗族在立法时常常借助苗族"崇鬼尚巫""万物有灵"的宗教文化，将法"神圣化"。苗族在议榔时常要立"埋岩石"，代表法的持久性，同时还要举办宗教仪式，有的地方杀牛祭祀，有的地方赌咒盟誓。即议榔立法后，榔头向众人宣读规则，然后由巫师代大家宣誓，誓词例如"我们杀猪吃肉，宰鸡喝酒。不许妻违，不容子犯。各家各管教，各人各自觉，哪个与众相违，

---

① （民国）刘锡蕃：《苗荒小纪》，载《民国年间苗族论文集》，贵州省民族研究所1983年版，第10页。

② 广西壮族自治区少数民族古籍整理出版规划领导小组编：《融水苗族埋岩古规》，广西民族出版社1994年版，第5-37页。

③ （民国）刘锡蕃：《苗荒小纪》，载《民国年间苗族论文集》，贵州省民族研究所1983年版，第11-12页。

触动榔规，他魂同猪走，头似鸡落"①，随后众人喝下巫师做好的加入鸡血或猫血的酒，并将肉带回家给家人分食。在苗族的传统文化中，这种"崇鬼尚巫""万物有灵"的宗教观念极为普遍，即"在边胞的意识中，鬼神笼罩了一切，支配宇宙乃全系神灵，人之命运，亦完全操诸鬼神之手，举凡贫贱富贵，皆为神灵所操纵，故其信神信鬼之观念甚强②"。在这种文化背景下，盟誓后，很多人都担心违法则要受到神的"惩罚"，即"背盟不祥""魂同猪走，头似鸡落"，所以不敢轻违。此时法的执行力不仅仅依赖于法的惩罚制度，还有加诸在人的内心中的神灵敬畏，法自然得到有效实施。当然受宗教文化影响的还不仅仅是立法过程，在纠纷解决过程中的"神判"也是"崇鬼尚巫"文化的产物。对此本书亦在第四章进行了详述。

（三）世俗性

苗族传统法得到有效实施，与苗族传统法是非常重"世俗化"亦有关系。苗族传统法常与文化中的习俗、宗教、习惯等密切相连，还特别考虑了群众的接受程度，采取多种方法便于群众理解、领会与记忆。"世俗性"是苗族传统法的一大特点，也是一大优点。比如，从法的表述上看，无论是"理辞"还是议榔立法，均常常以案例开始，如讲故事一般介绍某个案情的来龙去脉，讲清是非与危害性，最后说明惩罚或者处理方式。立法所用的语言并不抽象晦涩，而是讲究叙事性，通俗易懂，语言简明、对仗工整，为群众领会并执行"法律"打下了基础。从这一点来看，当代我国的立法种类繁多，很多法律规范非本专业的人员都难于理解，更不用说普通的大众了。如果从法的接受程度与适宜性出发，苗族的传统法律是值得称赞的。可以说苗族的传统法具有世俗性，能够做到家喻户晓、妇孺皆知，所以才能被苗族群众很好地理解与接收，这为法的有效实施打下了基础。当然，同国家法相比，这样通俗、简单的立法显得过于粗糙、简陋、不够专业，但是这种立法却能够满足当时苗族的社会需要，正如陈国钧所言："法律定得周密，最易流为

---

① 龙生庭、石维海、龙兴武等：《中国苗族民间制度文化》，湖南人民出版社2004年版，第59页。
② 王嗣鸿：《台江边胞生活概述》，载《民国年间苗族论文集》，贵州省民族研究所1983年版，第170页。

具文。简单的条例，有时或不敷应用，由易于遵守，条例的精神不致损失。"①

二、苗族传统法体现了法的程序性与正当性

目前，很多人认为少数民族传统法很落后，不注重程序，处理纠纷具有随意性。但是经本研究考究发现，苗族的传统法文化并不是这样随意的，笔者甚至认为苗族法文化中很多与法有关的程序设计堪称完善，让人叹服。特别是纠纷解决中的讲理程序，因其程序设置合理，通过讲理程序能够实现纠纷的公正解决。

如在本书第四章，笔者详细分析了一篇婚姻纠纷的讲理程序，其是用苗族古歌记录下来的，整篇古歌共计2300多行，2万多字，里面涉及的讲理程序复杂、精当。依照其内容，双方各选择两位理老组成"合议庭"，这种选择设计就很科学，当事人自己选择的理老具有信任关系，而且各选两位在评议时形成了制衡，不会担心"不公"的问题。讲理程序可以分为四个阶段：第一个阶段要求双方交付理金与准备其他花费，并告知双方讲理程序启动后应当遵守的规则；第二个阶段双方陈述；第三个阶段双方辩论与理老评议；第四个阶段是总结与执行。每个阶段都设置了非常精细的规范，以防止不公。最引人注意的是双方的陈述与辩论阶段，其规则设计与今天的民事诉讼不尽相同，但却有很大的合理性。即在辩论阶段，每一方都可以提出自己的理由，提出理由的数量不做限制，对于每一条理由，当事人与理老都要进行辩论与仔细评议。但无论该理由由谁提出，只要理老评议后认为没理，即输了一条理，相应地，对方赢了一条理（也可能被评理老评为双方平了一条理，评议后也会争取当事人的意见），最终以双方赢"理"的总条数来计算输赢，即哪方赢的"理"条数多则哪方为赢。这种程序的设计有效地防止了在讲理程序中双方胡乱提出理由，双方都要谨慎、有据，否则就会有输理的风险。另外，因为当事人提出的每条理由都经过理老的评议，所以当事人也容易信服。

---

① 陈国钧：《苗寨中的乡规》，载《民国年间苗族论文集》，贵州省民族研究所1983年版，第330页。

这种程序设计的规范非常合理，甚至可以在今天的纠纷解决过程中都可以借鉴。笔者在本文第四章对其做了深入的分析，在此不予重复。

需要指出的是，不仅仅是讲理程序，在历史文献中，笔者发现议榔在立法、刑事案件的处理上都是有较为严格的程序的。所以不能简单地认为少数民族习惯法或苗族传统法不注重程序、落后。

三、苗族传统法中独特的价值取向

苗族传统法的惩罚制度中，最具特点是"处罚财物"的制度，常表现为"杀人伤人，赔牛赔谷"，即尽管是严重的犯罪行为，也常以财物处罚过错人。苗疆开辟后，这一制度被国家法所吸纳，称为"苗例"。通过梳理有关苗族的历史材料，本研究发现，苗族传统法中的"处罚财物"制度适用广泛，不仅仅局限于杀人与伤人等案件，还可以在强奸、盗窃、诈骗、破坏婚姻等诸多案件中适用。另外，在具体实施时，不仅仅是赔偿，有时处罚的财物，特别是猪、牛、粮食等，还常要分交给全寨人食用，起到惩罚、教育、警示的作用，这也是苗族惩罚机制中独特的一面。

但是有些严重的犯罪行为以财物处罚，特别是"以财物赎命"，也使得苗族法文化常常被误读。因为一般情况下惩罚力度与行为的危害后果是成正比的，危害越严重，惩罚力度越大。如果从今人的角度来看苗族的惩罚，难免会有一些困惑。有些杀人、强奸等严重危害社会的行为，可以用牛马财物抵消；有些看似轻微的行为，如盗窃，却可能被处以死刑，似乎有些不可思议。但是这并不是说古代苗族社会的法文化出现了逻辑上的混乱，而是特殊的社会环境影响了苗族先民的价值观。

苗族往往生活在山区，以农业生产为主。这些地方属于高原的高寒、高冷地带，农业生产力受环境影响，产量并不高。再加上古代苗族生产技术并不发达，"依山傍涧，火种刀耕"[1]"既无粪土，又乏池塘"[2]，广种薄收，以

---

[1] （清）徐家干：《苗疆闻见录》，吴一文校注，贵州人民出版社1997年版，第162页。
[2] 中国第一历史档案馆编：《清代档案史料丛编》（第十四辑），中华书局1990年版，第152页。

至于经济落后,"(贵州省)岁赋所入不敌内地一大县"①。甚至"稍愆雨泽,所获即少,往往为穷所迫,甘为盗贼,每致滋生事端"②。这些不利的经济因素导致古代苗族社会中财物的价值被无形提高,形成了"苗人重财物,而轻人命,由来旧矣"③的观念。尤其是财物的惩罚中主要以牛、酒、布、粮食等作为惩罚物,这些财物往往是一个家庭中最主要的财物,用其赔偿后会"倾家荡产",甚至因为"骨价骤难如数,故需人'背箭',担承也"④,即在赔偿时由于数额过大,还需要族人帮助承担。所以看似以财物处罚的严厉程度不及直接针对人身的责打、处决,但是在这种背景下,在苗民的观念中,这种惩罚力度并不低于针对人身的惩罚。以财物惩罚并不为轻,且能对受害方形成较好的补偿,能够对大众进行教育,所以在当时并不失为一种较好的惩罚机制。

四、苗族传统法体现了集体本位的思想观念

在苗族的传统社会中,财产公有制一直占有比较重要的地位,如本书第五章所述,乾隆年间,台江等地的苗民就有村寨收回私有土地,并进行重新分配的事例;即便在中华人民共和国成立初期还有很多地方保有族山,猎物要大家一起分配的情况。本研究认为,在苗族的历史发展中,私有制已经出现,特别是清代后期,很多地方的苗族因为王朝的植入经营,私有制得到了很大的发展,但很多地方苗民还不同程度地保有财产公有的意识,这是特殊的历史环境造就的"集体观念"所决定的。

如前文所述,苗族生活在高寒、高冷地带,以农耕为主,经济不发达,遇有不测常需要依靠集体渡过难关;从地域上看,在没有国家大一统的背景下,每个人都生活在宗族社会这样的小集体里。内部靠血缘与姻亲团结,外部依靠议榔、合款"立法"来制定地域规范。但是这类规范没有强大的国家强制力来保障,如果一方违背规范,也别无其他救济途径,即如方显所言,

---

① 《黔南识略·黔南职方纪略》,杜文铎等点校,贵州人民出版社1992年版,第45页。
② 中国第一历史档案馆编:《清代档案史料丛编》(第十四辑),中华书局1990年版,第152页。
③ 谢华:《楚南苗志·湘西土司辑略》,岳麓书社2008年版,第176页。
④ 谢华:《楚南苗志·湘西土司辑略》,岳麓书社2008年版,第176页。

"界以内弱肉强食，良懦苗民咨嗟太息，恨控诉无所"①。最能依靠的就是宗族与集体。每个人都捆绑在集体中，对外，个人即是宗族的代表，对个人的冒犯就视同对集体的侵害、对自己权利的侵害；对内，以集体为家，集体的事情就是个人的事情，互相扶持，义不容辞。在这种环境下，人们形成了以血缘为纽带的家族社会，进而形成了很强的集体观与宗族观念。这些观念为苗族"公有制"提供了有力的支撑，使得苗族社会中财产公有制的形态有不同程度的保留。

综上可见，苗族传统的法文化是在特殊的社会历史环境中形成的，与当地的自然经济状况、社会状况、政治状况密切相关；苗族传统法文化并不是通常被认为的那样简单、落后、粗糙、笼统，有些内容与我们的想象恰恰相反。正是由于苗族社会有良好的法文化，社会中才会出现良好的社会秩序，少数民族的传统法自有其先进性，与对历史环境的适宜性，值得今人学习与探究。

五、苗族传统法体现了婚姻自由与限制的有机结合

苗族婚姻法文化中最引人注意的是苗族自由的婚恋观，因此也常常成为古代文人记录的对象，以至于很多人认为苗族传统婚俗是完全自由不受限制的。但是通过比对历史材料，本书在第六章总结出了苗族传统的婚姻"出面婚"的特点，这种婚姻表现为婚姻对象选择上的自由，但是这种自由不是婚姻的全部，婚前虽然自由，但是婚姻的成立必须以"生子"为前提，反映了苗族婚姻中独特的价值观念。除此之外，苗族婚姻也受到很多其他方面的限制。如"姑舅婚"，即"姑之女必适舅之子……倘外氏无相当子孙，抑或无子，姑有女，必重赂于舅"，否则"终身不敢嫁也"，也就是说姑姑家的女儿首先要嫁的是舅舅家的儿子，如果舅舅家不娶，也要支付大笔"头钱"，否则不能外嫁。再者，"出面婚"虽然表现为形式上的自由，但婚姻的成立，除了两情相悦外，还需要"生子"，否则婚姻也难以达成。另外，还有"同宗不婚""姨表不婚"的限制，以及考虑"视女孀妍（容貌）以定多寡"的

---

① （清）方显：《平苗纪略正文》，载马国军编著：《平苗纪略研究》，贵州人民出版社2008年版，第117页。

聘资；此外苗族社会上还有因为祖上存在纠纷而不能再联姻，因为服饰不同（即苗族不同的分支，表现为服饰上的不同）不能开亲，以及受巫蛊的影响不能开亲等情况，还有辈分的限制、年龄的考虑等。总之，苗族的婚姻法文化复杂精细，是在苗族社会发展的过程中逐渐形成的。从表面上看，苗族在寻得配偶方面有一定的自由权，但是也有诸多的限制因素，这导致苗族在联姻时形成了一个相对封闭的婚姻圈，实际上每一个民族在婚姻方面都具有"自由"与"限制"的一面，并非如想象一般的没有约束。

第二节　黔东南苗族法文化变迁规律的总结

法文化的变迁无疑是本书考察的另一个重点，特别是国家法进入黔东南后对黔东南法文化造成的影响，是我们研究法文化变迁的一个绝好标本。对此本书总结如下。

一、清代黔东南苗族法文化变迁过程的曲折性与渐进性

清代黔东南苗族法文化变迁中充分反映了法文化变迁中的曲折性与渐进性。在黔东南开辟之初，清朝期望实现对黔东南地区的直接管控，大力推行国家法，并实施了流官、保甲制度。但是国家法与苗族传统习惯法差距甚大，两种不同的规范要在同一地域中适用，自然导致了社会秩序中的多元与冲突。特别是国家法对苗族施加了繁重的义务，如赋税、徭役引起了苗族极度的不满，激发了苗民的起义。为了平息起义，清政府付出了极高的代价，故乾隆皇帝在权衡利弊后，采取了"因俗而治""以苗治苗"的政策。即"嗣后苗众一切自相争讼之事，俱照苗例完结，不必绳以官法"[1] 以及"蠲免新疆苗赋……尽行豁免，永不征收"[2] 等政策。由此苗族传统习惯法获得了一定的存在空间，同时亦有效维持了黔东南苗族地区100多年的稳定。在接下来的

---

[1] 《清实录·高宗实录》，乾隆元年十一月辛亥条。
[2] 《清实录·高宗实录》，乾隆元年七月辛丑条。

经营中，随着水路交通的完善、经济的发展、汉族移民的涌入、流官治理的深入等，国家法的观念逐渐被当地苗民所接受，从开辟初期的"不知礼义法度"①"不知有官"的生苗，经过清朝的开辟与经营，到民国初年很多地方的苗族对于"鸣官"已经非常熟悉了，甚至地处黔东南东部的一些苗族村寨，"在道光以后，健讼之风大兴，村寨人民只要觉得不平，人们即会书禀投论，由是被官府称为'好讼之乡'"②。当然，除了纠纷解决方式，苗族社会在社会组织形式、惩罚制度、法律观念、财产所有形式、婚姻家庭习惯等各方面都发生了很大的改变。由此可见，黔东南苗族的法文化呈现出一种曲折渐变的形态，苗族最终也完成了由"生苗"到"熟苗"进而到臣民的身份转化。

二、清代苗族法文化变迁中的利害权衡与力量博弈

文化与法都可外化为指导人们行为，具有一定执行力的规则。这些规则常常隐藏着人的利益、情感、责任、信仰等内容。一旦出现规则多元且矛盾的情况，社会中的人们常会根据自己的利益考量来选取适用的规则，所以很多纠纷表面是利益之争，实际是规则之争。但是相互冲突的规则很难同时存在，哪一个规则能够得以实施，往往是力量博弈的后果。黔东南苗族法文化的变迁就充分体现了出来。

例如，在苗疆开辟之初，国家大力推行国家法秩序，对于国家法中的一些规则，苗民是极不情愿的，如国家法在苗民身上施加的各种负担，徭役、赋税等；有一些规则，因为国家法与习惯法的矛盾，苗民不适应，例如，苗族习惯法中的"杀人伤人，赔牛赔谷"与国家法中的"杀人偿命"的规则冲突，导致苗民在选取准则上非常为难，为了逃避国家法，甚至弃家而走。这些内容在前文中已经详述，此不赘言。为了防止苗民逃避国家法，保证国家法秩序的有效构建，清政府为此配给了强大的强制机关——军队。在这种威慑下，不执行国家法的成本是非常高的，有可能带来灭顶之灾。因此在苗疆

---

① 中国第一历史档案馆：《朱批奏折》，民族，胶片编号70。
② 王宗勋：《文斗兴衰史略》，载《贵州档案史料》2002年第1期。

开辟初期，苗民在国家法与习惯法的磨合中，在利害权衡下，选择了尝试、回避、逃避、容忍等方式。但是随着弊端的加深，苗民深受其苦，苗族群众开始用起义的方式反抗清政府的统治。这是一场以苗民起义为表现形式的国家法与习惯法的博弈。虽然这次起义在一年后被平剿，但是清廷也付出了惨重的代价。刚刚主政的乾隆皇帝在权衡利弊后，做出了"因俗而治"的治疆方略。由此苗族习惯法以国家认可的形式获得了存在的空间。对于这种推行"国家法"的利害权衡，在乾隆六年乾隆皇帝的圣谕中曾经有所表达："国家安得有如许兵力，如许经费，尽用之苗地乎？[①]"可见，正是由于推行国家法的成本过高，风险甚大，所以清廷放弃了由国家法完全取代苗族习惯法的政策。这是苗族习惯法与国家法博弈最为典型的事例，苗族与清廷在国家法与习惯法的适用上进行了利害权衡，在国家强权与苗民社会两种力量的博弈下，实现了国家对苗族习惯法的部分承认，苗民对国家法的部分接受，双方都做出了退让，形成了一个平衡的状态，由此维持了黔东南苗疆百年的稳定，体现了法文化变迁的利害权衡与力量博弈。

再如，纠纷解决机制的变迁。苗疆开辟后，"告官"就成为一个新的解决纠纷的方式，对于苗民来讲，不同的纠纷解决机制可能产生不同的后果。使用哪种方式来解决纠纷就成为当事人衡量纠纷解决的成本与收益之间重点考量的内容。在本书第四章记述的"道光十六年八月文斗寨姜光裕诉姜吉兆"一案中就充分地体现出来。在案件诉状中充分反映了姜光裕投交诉状的无奈，他本是希望用"讲理"或"鸣神"的方式向姜吉兆来讨要自己的股金与盈利的，但是做过知县的姜吉兆熟知官府的能量，早已跻身社会上流，拥有大量的社会关系，所以对于对方的"讲理""鸣神"等要求置之不理，而且利用"告官"，先发制人，打击对方。姜吉兆中过举、做过知县，成为本地上流人物，这样的上流人物拥有的官方资源能使他们低风险、低成本地获得最大的利益，因此遇有纠纷时，"鸣官"成为首选。但是"鸣官"对于姜光裕来讲却并非最佳选择，他力主用传统的方法来解决纠纷，却被对方置之不理。在"鸣官"与"讲理""鸣神"之间，"鸣官"具有更大的强制力，

[①] 《清实录·高宗实录》，乾隆六年四月丙辰条。

在对方首先告状的情况下，姜光裕无奈也只得向官府提交自己的诉状。由此可见，在纠纷解决方式的选择上，纠纷当事人都在做着利益的权衡，选择最有利于自己的方式。但是以谁的意愿为准，以及在"鸣官"后是否还有操作的空间也要看双方力量的博弈了。苗族传统的纠纷解决机制正是在苗族传统的纠纷解决机制与"鸣官"的互动过程中不断变迁的。

"打冤家"的变迁也是如此，清廷实施行政管辖后，由国家权威保障的国家法秩序严格限制了这种家族械斗的维权模式，纠纷仅可以通过国家法允许的"鸣官"以及"请中讲理""鸣神"解决。这种规则的设定，使得"打冤家"的"成本与收益"发生了改变，依靠家族械斗维权损耗极大，还会受到官府的严惩；反之"鸣官"由官府代为维权，不但官府不会惩罚，反而降低自己的维权成本，"打冤家"自然不会再成为主要的解纷方式，渐渐退出了历史的舞台。当然，一旦公共权威消失，现有的制衡局面被打破，"打冤家"这种方式难免再现。

结合上文的分析，我们也可以这样理解：在法文化变迁中，利害权衡与力量博弈是一个常见的现象，没有人因为传统而保留传统，追求对自己有利的规则是多数人的追求，一种法文化之所以能稳定存在，是人们权衡利弊以及力量博弈后呈现的一种制衡的状态。如果有新的规则出现或者力量的平衡被打破，那么不排除法文化也将呈现一种多元、混乱、无序的局面；当然在各种力量的博弈下，也可能逐渐交融、变通，走向一个新的稳定状态，这是法文化变迁过程中的一个常见的规律。

三、清代黔东南苗族法文化变迁中的联动性

文化总是呈现"整体性"的状态，因此在文化变迁中，常常出现文化中的一部分规则的变迁而导致文化中的其他规则发生变迁的现象，也就是文化变迁呈现联动的情况。在苗族法文化的变迁中我们也看到了这样的现象。

在探究苗族"出面婚"的变迁中，我们看到苗族早期的婚姻制度是典型的"出面婚"，即先恋爱，然后同居生子，生子后再举办婚礼，同时向舅舅家交"头钱"。这种婚姻制度体现了苗族婚姻中注重生子的观念，以及对舅权的看重。但是这种婚姻制度常受到官方的鄙夷且不利于保护女方的利益，特别是在历史记载中看到，姑娘如果没有生子将"终不归宁"，即只能在外

游荡，没有回到娘家的资格。在同其他民族的交往中，苗族开始了借鉴其周围百越族婚姻法文化的中"不落夫家"的习俗。按照这种婚姻制度，女孩出嫁后一直生活在娘家，直到临近生子才返回夫家。这种制度有利于对出嫁女的保护，有利于为娘家保存一个劳动力，也减少了官方对于苗族未婚同居且生育的批判。因此在清中期的《百苗图》中"八寨黑苗"条，首次出现了苗族婚姻对于百越族系"不落夫家"借鉴的记录。先结婚过聘礼，然后新娘在娘家生活，夫妻偶尔相聚，直到快要生子才返回婆家。可是这种借鉴产生了一个重要问题，即高昂的"头钱"什么时候给？如果按照以前的风俗，是要在生子后的婚礼时给"头钱"，但改革后，在生子之前就举办了婚礼，万一将来不能生子，早早支付了高额的"头钱"，婆家岂不是白忙一场？由此又导致了苗族婚姻中的进一步改革，即先办婚礼，过一年半载后婿家视情况（即是否生子），再给付"头钱"。可见"出面婚"借鉴了"不落夫家"的制度，直接影响了原来婚姻制度中"头钱"的给付，从而导致苗族婚姻调整了"头钱"给付的时间、方式以及不能给付的补救方法，导致了"出面婚"的全面变迁。这种改革颇费心思，基本上平衡与保护了婆家、娘家、舅家三方的利益，实现了"多赢"的局面。对此已在本书第六章详述，此不重复。这种婚姻法文化的变迁充分体现了法文化变迁的联动性。

在经济法文化的变迁中也体现了这一点，即在木材经济的冲击下，黔东南东部亚支系的苗族逐渐改变"厌商""耻商"的观念，融入木材商业化的经营中。商文化逐渐在这一地方兴盛起来。经商直接导致了这一地方传统的公有制的解体，原有的公山（林地）直接分配到房族甚至个人的手中；继而集体公有制被破坏，苗族大家族的经济互助的义务也因此逐渐淡化。进而我们看到了大量的经济困顿的苗民再也不能依靠集体救济，而不得不出卖林地、土地给族人以求生计。进而，很多人因失去了土地成为佃户，即"穷民虽受其盘剥，而抑以为生，或即以所折山地，转求佃耕，或易以他山地，为之佃耕。听其役使，生死惟命，率以打冤家，无不从者"[①]。苗族的传统社会中，

----

① （清）严如熤撰：《严如熤集》（二），黄守红校点，朱树人校订，岳麓书社2013年版，第558页。

一直是"有富贵，无贵贱"，没有阶级分化，大家身份平等，从未出现役使的情况。但是在商业经济以及封建地主经济的影响下，逐渐出现了苗民"听其役使，生死惟命，率以打冤家，无不从者"的现象，传统的"众人平等"的社会发生了转变，已经有了贵贱之分。由此可见，商业经济的出现导致该地方苗族的法文化变迁呈现了一种联动效应。当然影响还远不止于此，苗族社会内部还出现了自古未有的高利贷、租借、合伙、股份制、文字契约等与商业有关的现象。商业经营好像是多米诺骨牌中的第一张，它产生了一大片的连锁反应。法文化变迁的联动性亦在其中。

四、清代黔东南苗族法文化变迁中的不均衡性

综观黔东南苗族法文化的变迁过程，就会发现其法文化变迁呈现出很大的不均衡性。以经济法文化为例，苗疆开辟后，随着交通路线的修建与疏通，苗疆的商业活动得到了发展，公有制受到了严重的破坏，土地私有制成为普遍现象，进而出现了大量的土地兼并，少数的苗民发展成为大地主，更多的苗民成为"无产者"，只能以出卖劳动力为生。特别是到19世纪末20世纪初，由于苗疆开放的新政以及外部资本的进入，在交通条件较好的清水江与都柳江流域的苗族经济受到了更大的影响，导致自然经济解体。这些因素直接促使了苗族传统法文化的变迁，诸如上文提及的财产所有制、商业行为、生产关系等，但是需要注意的是，这些变化不能代表整个黔东南苗族的法文化变迁。由于黔东南的经济发展是不均衡的，很多交通隔绝的地方经济依然落后，所以原生法文化也得到了很大程度的保存。比如，上江、下江（从江县）与广西融安县交接的苗族聚居地方以及榕江、荔波、都江等月亮山等偏僻山区，基本上没有受到外界商业文化的影响，其经济不发达，生产落后[①]，"其号称地主，佃田而收其租者，则千家无一焉"[②]。因此这些地方依然保留着苗族原生的经济法文化——没有商业观念、绝少的私有制、保持人格上的

[①] 再如在1983年对榕江县计划乡的苗族调研时发现，这里的妇女基本上全都听不懂汉语，男人中也只有20%的人能够听懂汉语。

[②] （民国）刘锡蕃：《苗荒小纪》，载《民国年间苗族论文集》，贵州省民族研究所1983年版，第5页。

平等、没有阶级分化。黔东南苗族出现了因为经济发展不均衡导致苗族法文化变迁不同步的现象。类似这样的现象在纠纷解决机制、犯罪的惩罚机制、婚姻法文化的变迁中都可以看出来。

  苗族法文化的变迁呈现很大的不均衡性，主要的原因是苗族法文化经过长时间的发展已经能较好地维持地域秩序，因此呈现较为稳定的状态。尽管苗族陆续迁移到黔东南而且居住较为分散，以至于在长期的历史发展中，文化发展上也有些许差异，但是在法文化上的表现还是较为一致的。到清雍正时期，封闭的苗疆被打开，流官、屯军、流民、商人等走进了苗疆，从此黔东南地区开始接触以国家法为代表的外来法文化，并发生了文化变迁中的"借取"的现象。但是法文化"借取"与"传播"是要靠人的交流实现的，在交通隔绝地带，特别是清廷的封闭苗疆政策与"苗例治苗"政策，导致偏远地区的苗族受到外界的影响较小。换句话说，这些封闭的地域，由于自然环境与社会环境变化不大，文化变迁中的四个要素"渐变""发现""发明""传播"发挥作用有限，所以法文化的变迁也就比较缓慢。相反，在交通发达、地方政府控制力较强、商业繁盛的城镇、村庄及其周边地方，法文化受到外界的影响就比较大，变迁幅度也较为明显。这些因素直接导致了黔东南苗族法文化变迁不均衡的现象。

第三节　黔东南苗族法文化变迁的主要经验及启示

一、充分认识地方法文化多元共存的现实

  我国是一个历史悠久、地域广阔的多民族国家，在历史发展中，各地方都形成了自己独特的文化，其中也包含了法文化，因而呈现出一种法文化多元共存的状态。这需要我们在立法与司法活动中，必须考虑各地民族法文化的特点。民族法文化中的风俗、习惯、宗教信仰、道德观念、价值观等具有强大的生命力与支配力，不容忽视。这也是卢梭所说的"第四种法"，他认为"规章不过是拱顶上的拱梁，而缓慢诞生的风俗习惯才是拱顶上难以撼动

的基石"①；卢梭亦在强调法文化对法的影响，这是一个人类社会中普遍存在的现象。

如果忽视地方民族法文化自身的特点，强制推行与其存有冲突的国家法，一方面可能会导致国家法实际执行的困难，骤然增大国家法的推行成本；另一方面可能因文化冲突引发民族矛盾。对此我们可以以史为鉴。清朝在黔东南苗疆开辟初期，积极推行国家法，希望将苗疆迅速纳入王朝一体化的体系中来。但是国家法的实施并不顺利，很快受到苗民的反抗，清朝倾全国之力才将起义平息下去。在乾隆皇帝主政后，推行"因俗而治"的政策，免除赋税、认可苗民部分习惯法——"苗例"等，维持了苗疆百余年的稳定。我们要充分汲取历史的经验，即便在今天，很多少数民族生活的地方，仍然存留着传统的民族法文化，因此涉及民族地方立法与司法时，必须加强对当地民族法文化的研究与重视。

二、当代的法治建设应积极吸纳民族传统法文化中的精华

如前文所述，我国各地民族的法文化常常被冠以落后的标志，但通过对苗族法文化的梳理，我们发现，很多民族法文化具有科学的成分，苗族在法的制定与实施过程中，注重法的"世俗性"，便于民众接受、记忆与执行；注重法的"程序设计"，使得立法得到集体的讨论，形成的决议得到普遍认同；纠纷解决机制中，在科学的讲理制度中得到公正的结果，恢复双方的关系。这些举措实现了"法"与"法文化"的有效互补，有效维护了社会秩序，实现了"法治"的社会效果。其中很多内容都是我们现代法治追求的目标，很多经验在今天仍然存有价值，其内容已经在前文中详述，此不赘言。尽管人类社会在不断向前发展，但是从历史到今天，人类社会仍然有很大的

---

① 法国著名的思想家卢梭曾指出：除了根本法、公民法和刑事法之外，还存在着第四种法，而且是最重要的法，它既没有铭刻在大理石上，也没有铭刻在铜表上，而是铭刻在公民们的内心里，它是国家真正的宪法；它每天都在获得新的力量；当其他法律过时或消亡时，它会使它们恢复活力或代替它们，它会维持人民的法律意识，逐渐用习惯的力量取代权威的力量。我们说的就是风俗、习惯，尤其是舆论，这是我们的政治家所不认识的部分，但其他所有部分的成功却均依赖于它。它正是伟大的立法家在似乎局限于制定具体规章时内心所注意着的部分。具体的规章不过是拱顶上的拱梁，而缓慢诞生的风俗习惯才是拱顶上难以撼动的基石。参见［法］卢梭：《社会契约论》，商务印书馆1982年版，第73页。

趋同性，原有的本土文化历经考验，仍然具有价值。如果从"本土"的角度出发，对其精华成分进行汲取，可能更容易被人民大众接受。因此我们要研究民族法文化，注意吸收民族法文化中的本土资源。

三、发挥民族法文化在各地方的积极作用

民族法文化在历史中形成，经过千百年的积淀，有效地维系了当地民族的社会生产、生活、秩序，含有很多的精华成分。也许一些法文化放置于其他社会中没有效果，但是对本地来讲作用突出。

例如，苗族的议榔立法，其形式往往得到苗族群众的认可与支持，黔东南部分村寨在制定村规民约时，常采用此法，因此制定的规约往往能够较好地执行。再如，苗族传法文化中的惩罚机制在今天的苗族社会中仍然发挥着一定的作用。近年来，很多学者去黔东南进行调研时还能看到苗族古老的惩罚规定，如黔东南雷山县西江镇的几乎各村村规民约中都有几项关于罚"三个一百二"的规定，如羊吾村规定："农村在办红白喜事和集体举行娱乐活动等社会事宜中，借酒而闹事、吵架、打架等的人，抓到罚款120元，还要用120斤肉以上的猪一头、120斤酒来赔理"。羊排村也东寨风景林保护民约对破坏该寨风景林区的五种行为处以罚"四个一百二"，即现金120元，白酒120斤，糯米120斤，猪肉120斤，响炮18万响，鸡、鸭各一只。[①] 这些传统的法文化在社会治安、自然资源的保护、环境的保护等方面发挥了重要的作用，甚至在一定时期以及在一定范围内弥补了国家法治理机制的不足，成了国家法的一个有益补充。特别是这种村规民约贴近人们生产、生活实际，通俗易懂，解决了国家法相对抽象、原则、不易理解的问题，从而在苗族地区得到较好的遵守和执行，满足了人们生产、生活的实际需要。黔东南苗族地区法文化的情况往往具有代表性，很多民族地方都具有自己独特的地理自然环境与社会生活，如果全部依靠国家法来制定规范，恐怕难以顾及全面，而发扬本地法文化中的积极成分无疑能起到非常好的效果。

---

① 徐晓光：《原生的法：黔东南苗族侗族地区的法人类学调查》，中国政法大学出版社2010年版，第142页。

四、注重对地方民族法文化变迁的渐进式引导

不容否认的是，由于历史与环境的不同，苗族传统法文化中也有一些内容是同国家法的规定不相一致的。例如，否认女子享有继承权、婚姻上的早婚、抢婚制度、处罚中的侮辱人格等。根据法文化变迁的基本规律，对于这些与国家法不一致的规范，我们要认识到其产生与存在的历史原因，认识到这些规范在当地的影响力，即便改变，也不能通过短期内的立法或直接通过司法来改造甚至完全摧毁。因为根据法文化变迁的规律，这样做必须要投入极大力量，如在少数民族地方布置大量的人力、物力，进行监督，及时发现、惩罚以及执行，推行难度过高。另外，法文化的骤然变迁，会导致当地社会难以适应，常常在社会中出现矛盾、纷争，甚至出现地域中的秩序混乱。

本书认为，应该充分利用法文化变迁的规律来促进法文化的改进。例如，根据法文化变迁中的利害权衡与力量博弈规律，可以通过对法规中的积极层面进行宣传与讲解，以及对于传统规范的不利层面进行解释，由当地群众自己对比利弊。比如，针对苗族传统的婚俗"姑舅婚"，大力宣传"姑舅婚"中因涉及近亲结婚对后代容易造成不利影响等，使群众知道"姑舅婚"的不利后果，促动民族自主推动法文化的发展。还可以通过民族地方的开发，促进民族间以及地域间的交流，开阔当地民族的眼界，由当地民族来进行权衡与比较，自己做出选择。另外，法文化的变迁与文化的变迁相关，文化的变迁是法文化变迁的动力之一。文化的形成多与外界的政治、经济、科技发展等因素相关，加强民族地区的经济发展建设，教育事业的发展，改变相对落后的观念，促进社会的发展，自然会对当地法文化实现潜移默化的改变。清代在清水江流域木材市场的经营，改变了苗族传统的"厌商"观念，进而促使其法文化发生重大变迁就是一例。

参考文献

1. 正史、档案类

[1] 清实录 [M]. 影印本. 北京：中华书局，1987年影印版。

[2] 中国第一历史档案馆. 雍正朝汉文朱批奏折汇编 [M]. 南京：江苏古籍出版社，1991.

[3] 中国第一历史档案馆. 嘉庆道光两朝上谕档 [M]. 桂林：广西师范大学出版社，2000.

[4] 中国第一历史档案馆. 雍正朝起居注册 [M]. 北京：中华书局，1993.

[5] 赵尔巽，等. 清史稿：卷521 [M]. 北京：中华书局，1977.

[6] 中国人民大学清史研究所. 清史编年 [M]. 北京：中国人民大学出版社，2000.

[7] 昆冈，等. 钦定大清会典事例 [M]. 重修本，1899（光绪二十五年）.

[8] 倭仁，等. 钦定户部则例卷4 [M]. 校刊本，1831（道光十一年）.

[9] 清会典事例 [M]. 北京：中华书局，1991.

[10] 沈之奇. 大清律辑注 [M]. 怀效锋，李俊点校. 北京：法律出版社，1988.

[11] 中国第一历史档案馆. 清代档案史料丛编：第十四辑 [M]. 北京：中华书局，1990.

[12] 中国第一历史档案馆，中国人民大学清史研究所. 清代农民战争史资料汇编 [M]. 北京：中国人民大学出版社，1991.

[13] 中国第一历史档案馆，中国人民大学清史研究所，贵州省档案馆.

清代前期苗民起义档案史料汇编：上［M］．北京：光明日报出版社，1987．

2. 地方志

［1］沈庠，赵瓒．弘治《贵州图经新志》［M］．影印本．贵州省图书馆．

［2］王耒贤，许一德．贵州通志［M］．刻本，1597（万历二十五年）．

［3］谢东山，张道．嘉靖贵州通志［M］．刻本，1555（嘉靖三十四年）．

［4］鄂尔泰，张广泗，靖道谟，等．贵州通志［M］．刻本，1741（乾隆六年）．

［5］刘显世，谷正伦，任可澄，等．贵州通志［M］．铅印本，1937（民国二十六年）．

［6］贵州通史编辑部．贵州通史简编［M］．北京：当代中国出版社，2005．

［7］蔡宗建，龚传坤，等．镇远府志［M］．乾隆朝刻本．

［8］刘宇吕，唐本洪．黎平府志［M］．刻本，1845（道光二十五年）．

［9］俞渭，陈瑜．黎平府志［M］．刻本，1892（光绪十八年）．

［10］张锳，邹汉勋，朱逢甲．兴义府志［M］．刻本，1854（咸丰四年）．

［11］胡章．清江志［M］．抄本，1790（乾隆五十五年）．

［12］余泽春，余篙庆，等．古州厅志［M］．刻本，1888（光绪十四年）．

［13］郝大成，王师泰，等．开泰县志［M］．乾隆朝抄本．

［14］刘岱，艾茂，谢庭薰．独山州志［M］．刻本，1769（乾隆三十四年）．

［15］郑珍．荔波县志［M］．稿本，1855（咸丰五年）．

［16］苏忠廷，李肇同，董成烈．荔波县志［M］．稿本，1875（光绪元年）．

［17］段汝霖．永绥厅志［M］．刻本，1751（乾隆十六年）．

[18] 李台, 王孚镛. 黄平州志 [M]. 刻本, 1801 (嘉庆六年).

[19] 王复宗. 大柱县志 [M]. 刊本, 1683 (康熙二十二年).

[20] 林佩纶, 等. 续修大柱县志 [M]. 刻本, 1903 (光绪二十九年).

[21] 金台, 但明伦. 广顺州志 [M]. 刻本, 1847 (道光二十七年).

[22] 李昶元, 彭钰, 等. 镇宁州志 [M]. 抄本, 1875 (光绪元年).

[23] 阮略. 剑河县志 [M]. 民国年间抄本.

[24] 陈绍令, 李承栋. 黄平县志 [M]. 稿本, 1921 (民国十年).

[25] 郭辅相. 八寨县志稿 [M]. 铅印本, 1932 (民国二十一年).

[26] 贵州省剑河县地方志编纂委员会. 剑河县志 [M]. 贵阳: 贵州人民出版社, 1994.

[27] 贵州省锦屏县志编纂委员会. 锦屏县志 [M]. 贵阳: 贵州人民出版社, 1995.

[28] 贵州省榕江县地方志编纂委员会. 榕江县志 [M]. 贵阳: 贵州人民出版社, 1999.

[29] 贵州省台江县志编纂委员会. 台江县志 [M]. 贵阳: 贵州人民出版社, 1994.

[30] 黔东南苗族侗族自治州地方志编纂委员会. 黔东南苗族侗族自治州志·名胜志·文物志 [M]. 贵阳: 贵州人民出版社, 1992.

[31] 台江县民族事务委员会. 台江县民族志: 初稿 [M]. 油印本, 1991.

[32] 李嘉琪. 贵州省志·文物志 [M]. 贵阳: 贵州人民出版社, 2003.

[33] 黄家服, 段志洪. 中国地方志集成·贵州府县志辑 [M]. 成都: 巴蜀书社, 2006.

[34] 贵州省文史研究馆. 贵州通志·土司·土民志 [M]. 贵阳: 贵州人民出版社, 2008.

[35] 黔东南苗族侗族自治州地方志编纂委员会. 黔东南苗族侗族自治州志·民族志 [M]. 贵阳: 贵州人民出版社, 2000.

[36] 黔东南苗族侗族自治州地方志编纂委员会. 黔东南苗族侗族自治

州志·林业志［M］．北京：中国林业出版社，1990.

3. 笔记、文集及其他文献资料

［1］符太浩．溪蛮丛笑研究［M］．贵阳：贵州民族出版社，2003.

［2］胡起望，等．桂海虞衡志辑佚校注［M］．成都：四川民族出版社，1986.

［3］周去非．岭外代答［M］．屠友祥，校注．上海：远东出版社，1996.

［4］中华书局编辑部．旧五代史［M］．北京：中华书局，2000.

［5］江东之．抚黔纪略［M］．清瑞阳阿集本.

［6］郭子章．黔记［M］．刻本，1608（万历三十六年）．

［7］爱必达．黔南识略［M］．修刊本，1749（乾隆十四年）．

［8］李宗昉．黔记［M］．北京：中华书局，1985.

［9］罗绕典．黔南职方纪略［M］．道光十七年刊本．台北：成文出版社，1968.

［10］张澍．续黔书［M］．台北：成文出版社，1968.

［11］方亨咸．苗俗纪闻［M］//小方壶斋舆地丛钞：第8帙．台北：广文书局，1965.

［12］田雯．黔书［M］．台北：广文书局，1968.

［13］徐家干．苗疆闻见录［M］．吴一文，校注．贵阳：贵州人民出版社，1997.

［14］罗文彬，王秉恩．平黔纪略［M］．贵阳：贵阳文通书局，1928.

［15］罗康隆，张振兴．《苗防备览·风俗考》研究［M］．贵阳：贵州人民出版社，2010.

［16］但湘良．湖南苗防屯政考［M］．刊本，1883（光绪九年）．

［17］林溥．古州杂记［M］//小方壶斋舆地丛钞：第7帙．台北：广文书局，1965.

［18］贝青乔．苗俗记［M］//小方壶斋舆地丛钞：第8帙．台北：广文书局，1965.

[19] 贺长龄. 皇朝经世文编［M］. 台北：文海出版社，1966.

[20] 胡林翼. 胡文忠公遗集［M］. 台北：文海出版社，1978.

[21] 魏源. 圣武记［M］. 北京：中华书局，1984.

[22] 薛允升. 读例存疑［M］. 京师刊本，1895（光绪二十一年）.

[23] 马国军. 平苗纪略研究［M］. 贵阳：贵州人民出版社，2008.

[24] 谢华. 楚南苗志·湘西土司辑略［M］. 长沙：岳麓书社，2008.

[25] 刘锡蕃. 岭表纪蛮［M］. 台北：南天书局有限公司，1987.

[26] 魏源. 魏源全集：第17册［M］. 长沙：岳麓书社，2004.

[27] 凌纯声，等. 湘西苗族调查报告［M］. 上海：商务印书馆，1947.

[28] 姜海闻，姜名卿. 三营记［M］//王宗勋. 贵州档案史料，2001.

[29] 贵州省民族研究所. 民国年间苗族论文集［M］. 贵阳：贵州省民族研究所，1983.

[30] 石宗仁. 中国苗族古歌［M］. 天津：天津古籍出版社，1996.

[31] 贵州省民族古籍整理办公室. 贾［M］. 杨文瑞，整理校注. 贵阳：贵州民族出版社，2012.

[32] 广西壮族自治区少数民族古籍整理出版规划领导小组. 融水苗族埋岩古规［M］. 南宁：广西民族出版社，1994.

[33] 贵州省编辑组. 侗族社会历史调查［M］. 贵阳：贵州民族出版社，1988.

[34] 贵州省编辑组. 苗族社会历史调查：一［M］. 贵阳：贵州民族出版社，1986.

[35] 贵州省编辑组. 苗族社会历史研究：二［M］. 贵阳：贵州民族出版社，1987.

[36] 贵州省志民族志编委会. 民族志资料汇编第二集（苗族）［M］. 贵阳：贵州人民出版社，1986.

[37] 贵州省民族事务委员会，贵州省民族研究所. 贵州"六山六水"民族调查资料选编：苗族卷［M］. 贵阳：贵州民族出版社，2008.

[38] 贵州省档案馆，等. 贵州近代经济史资料选辑［M］. 成都：四川

社会科学院出版社，1987．

　　[39] 丁世良，赵放．中国地方志民俗资料汇编：西南卷 [M]．北京：中国图书馆出版社，1991．

　　[40] 张应强，王宗勋．清水江文书：第一辑 [M]．桂林：广西师范大学出版社，2007．

　　[41] 张应强，王宗勋．清水江文书：第二辑 [M]．桂林：广西师范大学出版社，2009．

　　[42] 张应强，王宗勋．清水江文书：第三辑 [M]．桂林：广西师范大学出版社，2011．

　　[43] 唐立，杨有赓，武内房司．贵州苗族林业契约文书汇编：1736—1950 年 [M]．第三卷．东京：东京外国语大学，2003．

　　[44] 李汉林．百苗图校译 [M]．贵阳：贵州民族出版社，2001．

　　[45] 刘锋．百苗图疏证 [M]．北京：民族出版社，2004．

　　[46] 杜薇．百苗图汇考 [M]．贵阳：贵州民族出版社，2002．

　　[47] 杜文铎，等．黔南识略·黔南职方纪略 [M]．贵阳：贵州人民出版社，1992．

　　[48] 谭其骧．中国历史地图集 [M]．北京：中国地图出版社，1975．

　　[49] 张羽新，徐中起，欧光明．清朝安边治国民族立法文献汇编第23卷 [M]．北京：中国民族摄影艺术出版社，2009．

4．研究著作类

　　[1] 苏钦．中国民族法制研究 [M]．北京：中国文史出版社，2004．

　　[2] 张中奎．改土归流与苗疆再造：清代"新疆六厅"的王化进程及其社会文化变迁 [M]．北京：中国社会科学出版社，2012．

　　[3] 梁漱溟．中国文化要义 [M]．上海：学林出版社，1987．

　　[4] 费孝通，等．贵州苗族调查资料 [M]．贵阳：贵州大学出版社，2009．

　　[5] 张应强．木材之流动：清代清水江下游地区的市场、权力与社会 [M]．北京：生活·读书·新知三联书店，2006．

[6] 刘广安. 清代民族立法研究 [M]. 北京：中国政法大学出版社, 1993.

[7] 石朝江, 石莉. 中国苗族哲学社会思想史 [M]. 贵阳：贵州人民出版社, 2005.

[8] 张晓辉. 多民族社会中的法律与文化 [M]. 北京：法律出版社, 2011.

[9] 徐晓光. 中国少数民族法制史 [M]. 贵阳：贵州民族出版社, 2002.

[10] 徐晓光, 吴大华, 等. 苗族习惯法研究 [M]. 香港：华夏文化艺术出版社, 2000.

[11] 徐晓光. 苗族习惯法的遗留、传承及其现代转型研究 [M]. 贵阳：贵州人民出版社, 2005.

[12] 徐晓光. 原生的法：黔东南苗族侗族地区的法人类学调查 [M]. 北京：中国政法大学出版社, 2010.

[13] 刘黎明. 中国民间习惯法则 [M]. 成都：四川人民出版社, 2009.

[14] 陈金全. 西南少数民族习惯法研究 [M]. 北京：法律出版社, 2008.

[15] 陈金全, 杜万华. 贵州文斗寨苗族契约法律文书汇编：姜元泽家藏契约文书 [M]. 北京：人民出版社, 2008.

[16] 周相卿. 台江县五个苗族自然寨习惯法调查与研究 [M]. 贵阳：贵州人民出版社, 2009.

[17] 李鸣. 中国民族法制史论 [M]. 北京：中央民族大学出版社, 2008.

[18] 梁治平. 清代习惯法：社会与国家 [M]. 北京：中国政法大学出版社, 1996.

[19] 翁家烈. 论苗族文化特征、成因及作用 [J]. 贵州民族研究, 1990 (4).

[20] 马建石, 杨育裳. 大清律例通考校注 [M]. 北京：中国政法大学

出版社，1992.

[21] 苏亦工．明清律典与条例［M］．北京：中国政法大学出版社，2000．

[22] 瞿同祖．清代地方政府［M］．北京：法律出版社，2003．

[23] 瞿同祖．中国法律与中国社会［M］．北京：中华书局，1981．

[24] 吴泽霖，陈国钧，等．贵州苗夷社会研究［M］．北京：民族出版社，2004．

[25] 张晋藩．中国法制通史［M］．北京：法律出版社，1998．

[26] 何勤华．多元的法律文化［M］．北京：法律出版社，2007．

[27] 刘作翔．法律文化论［M］．西安：陕西人民出版社，1992．

[28] 郑秦．清代法律制度研究［M］．北京：中国政法大学出版社，2000．

[29] 王亚新，梁治平．明清时期的民事审判与民间契约［M］．北京：法律出版社，1998．

[30] 苏力．法治及其本土资源［M］．北京：中国政法大学出版社，1996．

[31] 田玉隆，等．贵州土司史［M］．贵阳：贵州人民出版社，2006．

[32] 张新民．贵州地方志举要［M］．长春：吉林省地方志编纂委员会，1988．

[33] 周春元，等．贵州古代史［M］．贵阳：贵州人民出版社，1982．

[34] 黄宗智．中国乡村研究：第一辑［M］．北京：商务印书馆，2003．

[35] 李世愉．清代土司制度论考［M］．北京：中国社会科学出版社，1998．

[36] 石启贵．湘西苗族实地调查报告［M］．长沙：湖南人民出版社，1986．

[37] 史继忠．西南民族社会形态与经济文化类型［M］．昆明：云南教育出版社，1997．

[38] 田兵．苗族古歌［M］．贵阳：贵州人民出版社，1979．

[39] 吴荣臻, 等. 苗族通史 [M]. 北京：民族出版社, 2007.

[40] 吴一文, 覃东平. 苗族古歌与苗族历史文化研究 [M]. 贵阳：贵州民族出版社, 2000.

[41] 吴永章. 中国南方民族史志要籍题解 [M]. 北京：民族出版社, 1991.

[42] 伍新福, 龙亚伯. 苗族史 [M]. 成都：四川民族出版社, 1992.

[43] 伍新福. 中国苗族通史：上 [M]. 贵阳：贵州民族出版社, 1999.

[44] 夏之乾. 神判 [M]. 上海：上海三联书店, 1990.

[45] 杨正保, 潘光华. 苗族起义史诗 [M]. 贵阳：贵州人民出版社, 1987.

[46] 游建西. 近代贵州苗族社会的文化变迁：1895—1945 [M]. 贵阳：贵州人民出版社, 1997.

[47] 何积全. 苗族文化研究 [M]. 贵阳：贵州人民出版社, 1999.

[48] 何仁仲. 贵州通史 [M]. 北京：当代中国出版社, 2003.

[49] 侯绍庄, 等. 贵州古代民族关系史 [M]. 贵阳：贵州民族出版社, 1991.

[50] 黄才贵. 独特的社会经纬：贵州制度文化 [M]. 贵阳：贵州教育出版社, 2000.

[51] 佴澎. 从冲突到和谐：元明清时期西南少数民族纠纷解决机制研究 [M]. 北京：人民出版社, 2008.

[52] 潘志成, 吴大华. 土地关系及其他事务文书 [M]. 贵阳：贵州民族出版社, 2011.

[53] 潘志成, 吴大华, 梁聪. 清江四案研究 [M]. 贵阳：贵州民族出版社, 2014.

[54] 潘志成, 吴大华, 梁聪. 林业经营文书 [M]. 贵阳：贵州民族出版社, 2012.

[55] 杨庭硕, 罗康隆. 西南与中原 [M]. 昆明：云南教育出版社, 1992.

[56] 春杨. 晚清乡土社会民事纠纷调解制度研究［M］. 北京：北京大学出版社，2009.

[57] 赵旭东. 权力与公正：乡土社会的纠纷解决与权威多元［M］. 天津：天津古籍出版社，2003.

[58] 吴泽霖. 吴泽霖民族研究文集［M］. 北京：民族出版社，1991.

[59] 曹端波，傅慧平，马静，等. 贵州东部高地苗族的婚姻、市场与文化［M］. 北京：知识产权出版社，2013.

[60] 吴宗金，张晓辉. 中国民族法学［M］. 北京：法律出版社，2004.

[61] 侯瑞雪. "国家—社会"框架与中国法学研究［M］. 北京：法律出版社，2009.

[62] 王志强. 法律多元视角下的清代国家法［M］. 北京：法律出版社，1998.

[63] 邓敏文. 神判论［M］. 贵阳：贵州人民出版社，1991.

[64] 龚荫. 中国土司制度［M］. 昆明：云南民族出版社，1992.

[65] 王铭铭. 走在乡土上：历史人类学札记［M］. 北京：中国人民大学出版社，2003.

[66] 赵云田. 中国边疆民族管理机构沿革史［M］. 北京：中国社会科学出版社，1993.

[67] 林耀华. 原始社会史［M］. 北京：中华书局，1984.

[68] 龙生庭，石维海，龙兴武，等. 中国苗族民间制度文化［M］. 长沙：湖南人民出版社，2004.

[69] 秦晖. 传统十论：本土社会的制度、文化及其变革［M］. 上海：复旦大学出版社，2003.

[70] 王文光. 中国南方民族史［M］. 北京：民族出版社，1999.

[71] 王筑生. 人类学与西南民族［M］. 昆明：云南大学出版社，1998.

[72] 温春来. 从"异域"到"旧疆"：宋至清贵州西北部地区的制度、开发与认同［M］. 北京：生活·读书·新知三联书店，2008.

[73] 韦启光，朱文东. 中国苗族婚俗［M］. 贵阳：贵州人民出版社，1991.

[74] 隆名骥. 苗学探微［M］. 北京：民族出版社，2005.

[75] 刘学洙. 黔疆初开［M］. 贵阳：贵州人民出版社，2013.

[76] 泰勒. 原始文化［M］. 蔡江浓，编译. 杭州：浙江人民出版社，1988.

[77] 马林诺夫斯基. 文化论［M］. 费孝通，译. 北京：中国民间文艺出版社，1987.

[78] 孟德斯鸠. 论法的精神［M］. 张雁深，译. 北京：商务印书馆，1961.

[79] 哈维兰. 当代人类学［M］. 王铭铭，等译. 上海：上海人民出版社，1987.

[80] 霍贝尔. 原始人的法［M］. 严存生，等译. 贵阳：贵州人民出版社，1992.

[81] 马林诺夫斯基，塞林. 犯罪：社会与文化［M］. 许章润，么志龙，译. 桂林：广西师范大学出版社，2003.

[82] 伍兹. 文化变迁［M］. 施惟达，胡华生，译. 昆明：云南教育出版社，1989.

[83] 泰勒. 人类学：人及其文化研究［M］. 连树声，译. 桂林：广西师范大学出版社，2004.

[84] 拜尔，格特纳，皮克. 法律的博弈分析［M］. 严旭阳，译. 北京：法律出版社，1999.

[85] 弗里德曼. 法律制度［M］. 李琼英，林欣，译. 北京：中国政法大学出版社，1994.

[86] 劳埃德. 法理学［M］. 许章润，译. 北京：法律出版社，2007.

[87] 韦伯. 法律社会学［M］. 康乐，简惠美，译，桂林：广西师范大学出版社，2005.

[88] 埃里克森. 无需法律的秩序：邻人如何解决纠纷［M］. 苏力，泽. 北京：中国政法大学出版社，2003.

[89] 千叶正士. 法律多元：从日本法律文化迈向一般理论 [M]. 强世功，王宇洁，范愉，等，译. 北京：中国政法大学出版社，1997.

[90] 鸟居龙藏. 苗族调查报告 [M]. 国立编译馆，译. 上海：商务印书馆，1936.

[91] 弗思. 人文类型 [M]. 费孝通，译，北京：华夏出版社，2002.

[92] 梅因. 古代法 [M]. 沈景一，译，北京：商务印书馆，1959.

[93] 布朗. 原始社会的结构与功能 [M]. 潘蛟，王贤海，刘文远，等译. 北京：中央民族大学出版社，1999.

[94] 黄宗智. 清代的法律、社会与文化：民法的表达与实践 [M]. 上海：上海书店出版社，2001.

[95] 黄宗智. 民事审判与民间调解：清代的表达与实践 [M]. 北京：中国社会科学出版社，1998.

[96] 贵州苗学研究会. 苗学研究：一 [M]. 贵阳：贵州民族出版社，1989.

5. 论文

[1] 苏钦. "苗例"考析 [J]. 民族研究. 1993 (6).

[2] 苏钦. 试论清朝在"贵州苗疆"因俗而治的法制建设 [J]. 中央民族学院学报，1991 (3).

[3] 黄国信. "苗例"：清王朝湖南新开苗疆地区的法律制度安排与运作实践 [J]. 清史研究，2011 (3).

[4] 陈国钧. 苗寨中的乡规 [M] //贵州省民族研究所. 民国年间苗族论文集. 贵阳：贵州省民族研究所，1983.

[5] 石朝江. 苗族传统社会组织及功能 [J]. 中南民族学院学报（哲学社会科学版），1993 (3).

[6] 姚炽昌. 清代锦屏苗、侗族人民的婚俗改革 [J]. 贵州民族研究，1991 (2).

[7] 余宏模. 清代雍正时期对贵州苗疆的开辟 [J]. 贵州民族研究，1997 (3).

[8] 周相卿. 清代黔东南新辟苗疆六厅地区的法律控制［J］. 法学研究, 2003（6）.

[9] 黄修义. 试论清朝雍正至嘉庆年间在湘黔川边苗区实行的"治苗"政策［J］. 湖北民族学院学报（哲学社会科学版）, 2002（6）.

[10] 周明田. 中国传统社会的中间组织及其功能［J］. 江苏社会科学. 2001（3）.

[11] 伍新福. 论"生苗"与"熟苗"［M］//伍新福. 苗族史研究. 北京：中国文史出版社, 2006.

[12] 陈晓枫. 法律文化的概念：成果观与规则观辨［J］. 江苏行政学院学报, 2006（1）.

[13] 林同奇. 格尔茨的"深度描绘"与文化观［J］. 中国社会科学, 1989（2）.

[14] 杨文昌, 雨田. 苗族古代社会的氏族制和"议榔制"［J］. 贵州民族研究, 1983（2）.

[15] 李娟. 对清代例文本身的考究与质疑：薛允升《读例存疑》的宝贵价值［M］//苏力. 法律书评：第六辑. 北京：北京大学出版社, 2008.

[16] 吴才茂. 清代清水江流域的"民治"与"法治"：以契约文书为中心［J］. 原生态民族文化学刊, 2013, 5（2）.

[17] 谭必友. 19世纪湘西苗疆半职业管理阶层与乡村社区权力结构的近代性变迁［J］. 青海民族大学学报（社会科学版）, 2014（2）.

[18] 杨有耕. 清代锦屏木材运销的发展与影响［J］. 贵州文史丛刊, 1988（3）.

[19] 廖继红, 周相卿. 格头村苗族习惯法中的婚姻制度［J］. 贵州民族研究, 2007（3）.

[20] 李斌, 吴才茂. 从转娘头到庚贴为凭：清代清水江流域苗侗民族的婚俗变迁：以碑刻史料为中心［J］. 贵州民族研究, 2013（6）.

[21] 侯晓娟. 清代黔东南文斗苗寨纠纷解决机制研究［D］. 重庆：西南政法大学, 2010.

[22] 梁聪. 清代清水江下游村寨社会的契约规范与秩序［D］. 重庆：

西南政法大学，2007．

［23］潘志成．清代贵州苗疆的法律控制与地域秩序［D］．重庆：西南政法大学，2010．

［24］杨胜勇．清朝经营贵州苗疆研究［D］．北京：中央民族大学，2003．

［25］靳志华．黔东南施洞苗族生活中白银的社会性应用与文化表达［D］．昆明：云南大学，2015．

附　　录

附录A　希雄

是那个依养，是那个达养，不住古尼地方，不住囊彭地方，住到翁弄地方，住到里必地方，去住不是空住，去住没有白住。去生几炯几夫，去生几卡几瓦，去生补瑙嘎各，去生达尹几嘎，去生养尹山圭，还生养匹囊耐。一个几炯几夫，一个几卡几瓦，一个补脑嘎各，一个尹几多，去嫁尹山圭，去嫁匹囊耐，嫁到戈奈地方，嫁到必闪地方，嫁到乍利公家嫁给了略乍利他们在里必吹芦笙，他们在翁弄敲木鼓，那是自己娘舅家，那是自己姑父家，榜炯姑娘去跳舞，够召后生去跳舞，尹山圭也去跳舞，匹囊耐也去跳舞。

你瞧那个希雄公，他在依略戈地方，他在乍霞方地方，身穿华法衣，脚穿皮子鞋，腿缠龙鳞裹腿，颈戴八两项圈，手提画眉鸟笼，打扮使石头爆裂，装束让岩石崩垮，贪别人锅里菜肴，想别人坛里腌鱼，图别人孩子漂亮，慕别人妻子美丽。榜炯姑娘来到，够召后生来到。

希雄问榜炯姑娘，希雄问够召后生：你们在里必跳芦笙，你们在翁弄跳木鼓，谁的银项圈最大？谁的银梳子最大？她娘巧手绣衣裳，她爹勤劳打项圈，她赛过笙场众姑娘，她超过鼓堂众女子。榜炯姑娘才讲，够召后生才说：人是父母生养，都用清水来洗身，人人都是一个样。脸庞都是嘎兑压，嘎良来铸造姑娘，人人都是一个样；田埂是用手糊泥，田埂还糊弯曲了，人人都是父母生，人人长的一个样。最大莫过芦笙场，最大莫过木鼓堂，只有那个尹山圭，还有那个匹囊耐，她爹勤打银项圈，她娘勤绣花衣裳，她的美貌赛笙场，她漂亮压倒鼓堂。你听那希雄公，一心想念尹三圭，一心爱恋匹囊耐，转问那榜炯姑娘，转问那够召后生：什么时候她才来？榜炯姑娘才来说，够召后生才来讲：太阳偏西她回来，夜幕降临她回来，晚饭上甑她才来，鸡进

· 229 ·

笼舍她才来。榜炯说完就走了,够召讲完就走了。

到了太阳偏西,到了夜幕降临,尹山圭才回来,匹囊耐才回来。你听希雄公,他呼唤尹山圭,他叫喊匹囊耐:来我俩吸烟吧姑娘,来我俩接火吧姑娘。尹山圭才说匹囊耐才讲:你白发苍苍,你牙齿脱落,豁牙瘪嘴像破瓢,头发蓬乱如草穗,像我父母一样老,老像老爹一样了。我怎能与你抽烟,我怎能同你接火!对他吐两泡口水,朝他擤两坨鼻涕。尹山圭走了,匹囊耐走了,她走到半路,她走到途中。你听希雄公,就将迷药夹箭上,就把马牙嵌箭头,用茅草当箭射,射中她衣巾,射中衣角边。她感到纳闷,她感到心烦,她变得疯癫,她变得昏迷,前进一步退两回,走了一步退两步,回到依略戈地方,转到乍霞地方,来叫希雄公:来我俩抽烟吧公,来我俩接火吧公。希雄公来说:我呀白发苍苍,折牙嘴空荡荡;折牙嘴像破瓢,头发蓬乱像草穗,像你父母一样老,像你家老爹了。怎能与你抽烟?怎么同你接火?尹山圭才说,匹囊耐才讲:先少才后老,先美才后丑,抽烟随便抽,接火随便接。我们带盒烟,叶烟已抽完,只剩点烟沫,倒在手掌上,全给了老者。林里睡三天,裙子当被盖,裙烂如鼠啃。睡三天坡上,裙子当被用,裙烂像鼠咬,牛肋骨生蛆,饭长红霉菌,鸡眼陷成坑。你听希雄公,不收他迷药,就收他马牙。

尹山圭离去,匹囊耐离去,到戈奈地方,到必闪地方,去撒谎求解围,去说谎求开脱,告诉略乍利:我爹去帮人家祭鬼当搭档,你公去给人家祭神当帮手。九人给九只牛腿,十人给十块牛肉,我们吃不完,我们喝不尽,饭长红霉菌,牛肋骨生蛆,鸡眼陷成坑。你听那略乍利,急速走到碧波,急忙去到乍受,去问巴部山。不遇巴部山,却遇曼吾瑠,去问曼吾瑠:我公去帮别人祭鬼做搭档,我公去给别人祭神做帮手。九人送九只牛腿,十人送十块牛肉,吃又吃不完,喝也喝不尽,饭长红霉菌,牛肋骨生蛆,鸡眼陷成坑,这是真或假阿婆?曼吾瑠才说:你公是傻子,你公是憨包,你公只知上坡,你公只会干活,不会那父母语,不懂那妈妈话,不会做搭档,不会做帮手。你女儿哪天回?我女儿鼠日回来。你女儿鼠日回来,为何虫日她才到?你这佳难说,你这理难讲。

你听那曼吾瑠,他的佳在手里,他的理在家中,就拿佳来说,就拿理来讲：老虎背上有花纹，整个地方都见到，人的心肝有花纹，谁人也都见不到。老虎胸部有花纹，整个地方都见到，人的内心有花纹，从来没有人见过。蚯蚓脖子短而粗，育身育不出儿心。假如她是棵杉树，就把这杉树劈了，才见树心是白色树心是否有虫蛀，是否把杉蛀坏了。蚯蚓的头短又粗，育儿育身不育心。假如孩子是棵树，杉树我们去劈开，才见树心是红色，才见蛀虫蛀，蛀坏我的树。她是黑色蛙，九人九把锤子，擂那黑色蛙，不准它哼声。她是绿色蛙，九人九根担，擂那绿色蛙，不让它叫唤。我只知道嫁姑娘，我只晓得嫁女儿，芦笙拿到笙场吹，木鼓拿到鼓堂敲，我教会才嫁给你，我训好才嫁送你，各人水牛各看守，各人妻子各教育，就这样了啊略婿。

略乍利才转回。他脚走到家，他手回到屋，操起扁担打，还用火来烤，七把火烤背，怕烤熟肝肾，七把火烤胸，怕烤熟内脏，体外烤干皮，体内烤干血。她才开口说，她才张嘴讲：离开七宿是真的，我们在里必跳笙舞，我们在翁弄跳鼓舞，回到依略戈地方，回到乍霞地方。遇着一个老爷爷，我变得有些疯癫，我感到头脑昏迷，才离开你七宿，才离开你七夜。略乍利才说：那不是别人，定是希雄托。就喊来扎雄勇，请来了王降公，来跟我说佳，来为我讲理。抬我斧子到柴堆，拿我松树到坡上，扛我的佳到家，抬我的理到屋，不要磕碰弄掉了，不要碰撞弄忘了。我的水牛算只鼠，仍是长角的水牛，我半边鼓像半边碗，仍是牛皮蒙面的鼓，一件蓑衣也像我的牛，半边碗也像我的鼓，不要拿我水牛碰石头，不要拿我的鼓撞岩山，拿我的银子去养妻室，拿我的鼓去养你孩子，拿去把妻子养老，拿去把孩子养大。扎雄勇才说，王降公才讲：给长我不砍短，给短我不加长，给多我也愿意，给少我也甘心，我帮你说到，我帮你做到。

你听扎雄勇，你听王降公，急忙到依略戈，急速到乍霞地方，告诉希雄公：我俩来不是白来，我俩来不是空来。别人叫我俩才来，朋友请我俩才到，来断侵妻的案子，来判侮妻的案件。你进人家水田捉鱼，你钻人家园子摘菜，取人家坛底的腌菜，舀人家甑底的米饭，劫人家妻子在半路，占人家妻子在途中，你的佳难得讲明，你的理难得说清。

希雄公才说：你俩不要戽水上山坡，你俩不要给人造案件。他池塘大才有花鱼，他池子小就有虾子遇到水獭吃他的鱼。遇见野猫咬他的鸡。碰着水獭就剥它皮，遇着野猫就剥它皮，挑着晃悠悠往东，抬着晃悠悠往西。这水獭吃我的鱼，这野猫咬我的鸡，那我坐着就会痛，那我站着就会死。遇着水獭不剥它皮，遇见野猫不剥它皮，挡住阳光变成雪，细雨飞扬成大雨，去挑粪泼别人水井，去推石头到别人田，你这佳也难说清，你这理也难讲明。你看我白发苍苍，牙齿脱落嘴空荡，豁牙瘪嘴破瓢，头发蓬乱像草穗。我像你们父母老，怎么侵占别人妻子，怎么侮辱别人媳？别坏我的好名声，别损我的好名誉，坏我名声要赔名声，毁我名誉要赔名誉。

扎雄勇才说，王降公才讲：五十个老人说是真的，六十个后生讲是真的，尹山圭也说是真的，匹囊耐也说是真的。你们在依略戈抽烟，你们在乍霞接火，在林里睡了三昼夜，用裙子当作被子盖，裙子烂得像老鼠咬，三天三夜睡在山坡，以裙子代替被子盖，裙子烂得就像鼠啃。在坡上住了七夜，离开家人已七宿。这是实实在在的事，这是活生生的事，怎么说是阴水上坡，怎么讲给人造案件？

你听希雄公，他输佳在心里，他输理在心中，他吃佳吃不下，他吞理吞不去，就摆起肉来吃，就端起酒来喝，银子塞进衣袖，银两放进腋窝。他们刨土盖好身子。他们砍树盖好树桩。去埋就把它埋深，去盖就把它盖好，就像石头掉进深潭，就像老虎越过山岭，了结侵妻的纠纷，结束占妻的案件。

扎雄勇才说，王降公才讲：我俩正直才当头人，我俩稳当才当理老。直的就说是直的，弯的就说是弯的。别播弄阴雨变成冰雪，别洒水阴水变成大雨。野兽走了留下气味，兔子跑了留下气味，吃肉还剩下骨头，喝酒还剩下酒味，看到银子就眼红，见到肉食动食欲，吃肉就说护肉的话，喝酒就说护酒的话，这不合地方情理，这不合村寨规矩。

你听希雄公，输佳像树木翻蔸，输理像树木倒地。他起恶毒心眼，他起歹毒心肠，更换手里的斧子，调换笼里的鱼虾。七十个希嘎囊人，从囊纽砍树归来，从囊色砍树回来，希雄公才说，他们派来了头人，他们放来了理老，你们砍囊纽的树，你们砍囊色的树，脚是肮脏的脚，手是不干净的手。进别人水田捉鱼，钻人家园子摘菜。拉稀屎会伤身体，传闻话使人伤心。七十个希嘎囊人，一拥上去就猛打，打死了扎雄勇，打死了王降公。

略乍利才说：派去的头人已死亡，请去的理老被打死。拿我不当人看待，以为我不值价钱。就召集椰规的人，就召集寨上的人，跑去依略果，跑去乍霞地方，去打希雄公。你听希雄公，跑进绿林山岭。逃进深山老林，钻进漆黑山岭，钻进乌黑山坡，蛇走了不见尾巴，虎走了不见足迹。

好在有一个妹子，好在有一对姑姑，一个捞虾是从奥纳来，一个捞虾是从奥住来，相遇在半路上，相逢在半途中：你是谁的妹妹？我是略乍利妹。你是谁的妹妹？我是希雄妹妹。我俩的娘舅家，我俩的姑父家，有点南瓜纠纷，有点黄瓜案子，把鬼留给我俩祭，把案让给我俩办。交换三把鱼，交换三把虾，一人说一句，一人送一步，送到囊固迷，调脸凝神来相看，好呀只有你和我。一人送一段路，一人说一句话，送到囊固迷，转脸来相看，只有你我这么好。虫日一定来，鼠日一定到，了结我们舅家冷案，结束我俩姑家旧案。

虫日他俩真的来，鼠日他俩真的到，一个坐着断案，一个站着讲理，判完了田土，才够赔扎雄勇，才够偿王降公。还有当事主人，还有鼓主人家，判罚漆黑山岭，判罚乌黑山坡，用田和塘去赔，用所有房屋去赔，用山坡山岭去赔，才了结侵妻纠纷，才结束占妻案件。最早的古典在此，古老的典故在此。

附录 B 榜仰

　　仰公的女儿榜仰，夯公的姑娘榜夯。嫁到嘎养这地方，嫁到斋戈地方。嫁到香学家里，嫁给了是翁党香。起初他愿意去，后来她逃跑了，郎郎当当逃跑，偏偏倒倒逃亡。翁党香去接她，仰公才来说，夯公才来讲：有山洼田才跟你，有好坝地才跟你，有吊脚楼才跟你，有青花马才跟你。

　　你听翁党香，他返回到屋，他转回到家，去山洼开田，去坝子开地，建成吊脚楼。买来青花马。翁党香去接她，翁党香来说话，我有山洼田啦公，有坝子地啦公，吊脚楼也有啦公，青花马也有啦公。你听那仰公，你听那夯公，佳理他讲不过，道理他说不过，叫榜仰跟他走，叫榜夯跟他去。你听那仰公，你听那夯公，他在山冲放水牛，他在背地教女儿：他房子不漏水，就拿棍子去戳，他房屋不漏雨，就用棍子去捅，田不长鸭舌草，就拿鸭舌草去栽；地里不长茅草，就拿茅草去种；屋就成漏水屋，房就成漏雨房，田长满鸭舌草，地长满了茅草，你再郎郎当当逃跑，偏偏倒倒逃亡。

　　你听那榜仰，你听那榜夯，全听她爹话，全依她娘语。她郎当逃跑，偏偏倒倒逃。在家住一阵，在屋住一季。翁党香去接，翁党香遇着，吃肉剩下残渣，喝酒剩下酒糟。翁党香才问：你搞啥鬼嘛公，吃肉才剩下残渣，喝酒才剩下酒糟？仰公才来把话说，夯公才来把话讲：我伙计从里碧来，我朋友从翁弄来，没有肉才来杀鸡，无柴才拆园篱笆，杀只小鸡当腌肉，野草当柴火燃烧。翁党香又才来说：女婿来了不杀鸡，你伙计来就杀鸡，让伙计睡正房，盖的是绸缎被，让女婿睡灶房，盖的是破棉絮，往后你的佳就难说，以后你的理就难讲。

　　你听那仰公，你听那夯公，他杀了一只鸡，端来一罐酒，拿来给他吃，拿来给他喝，翁党香才说：肉多肉就香，肉少肉发苦，肥的是母鸡，瘦的是公鸡。你牛在山冲放，女儿背地教唆。我的房不漏水，她用棍子去戳，我的屋不漏雨，她拿棍棒去捅，我的田无鸭舌草，她拿鸭舌草去种，我的地不长茅草，她拿茅草去栽，她郎郎当当跑，她偏偏倒倒逃。

你听那仰公，你听那夯公，心里输了佳，心中输了理，佳他说不过，理他讲不赢，叫榜仰跟着走，叫榜夯跟着去，走到了半路，走到了途中。你听翁党香，挥拳打榜仰，打了她三拳，踢了她三脚。榜仰才来说：不要痛打我，捶会捶死我，我本愿嫁你，我爹另嫁我，我妈另嫁我，嫁我到里碧，嫁我到翁弄，嫁给那尼角，嫁给那麻尼，你是水牛时到，他们虎时辰嫁，取箱底银子包，拿罐底腌菜吃。你听翁党香，睡下路身子，躺下路肉体，睡觉想论理，起床想断案，去说那仰公，去讲那夯公：你当头人心不正，你做人不稳当，你不怀好心，你不存好意，贪别人的水牛大，图别人的马蹄粗。榜夯本来嫁给我，你却嫁到里碧，你却嫁到翁弄，嫁给了尼角，嫁给了麻尼，掏箱底银子包走，掏坛底腌菜吃了，蛇跑留尾巴痕印，虎跑还留下虎毛。

你听那仰公，你听那夯公，输佳像杉树倒地，输理像松木翻篼。就杀一头猪，就煮一箩饭，抬到党香家，挑到党香屋，去向他赔礼，向他去道歉。他俩亲热相处，甜甜蜜蜜过生活，他俩有依勇依波，他俩生儿又育女。这是教育地方的佳，这是开导朋友的理，这也是老古典，这也是老典故。

附录 C　裴瑙对

　　有个道达公，生了个瑙道，生了个瑙对。有个裴瑙对，南朵地方女，肌肤白如玉，像是白银扮，像是刺梨花。寨老们来议，长老们来说："咱寨鼓尚无，咱去制个筒，咱去造个鼓，男人好得敲，女子好得舞。"别人鼓横放，他们鼓竖置。把鼓敲一捶，响彻七条冲，响彻七道河，响达云天外。村村才来跳，寨寨才来舞，天神闻讯来，来挤满房屋，来挤满村寨。

　　且说裴瑙对，南朵地方女，肌肤白如玉，像是白银扮，像是刺梨花。天神来见了，天神嚷"我娶"；地神来见了，地神嚷"我娶"。争抢裴瑙对，南朵地方女。天神胳膊长，抓着她头部；地神胳膊短，抓着她脚踵。裴瑙对说道："天神我跟去，地神我抛弃。"

　　地神恼怒嚷："咱来定在何处议，请何老人断。"天神就答道："咱来布里家，来跟你论理。"地神就说道："你来跟我论理，到我们家里，我烦供餐饮。咱定在半路，送责瓮处议。"天神方来到，地神方来到，一方放九箭，一方瞄九头，射中二长老，死去两个公——天方死布里，地方死谢弩。

　　纠纷源天神，如何了结清？天方杀雄马，地方杀牡牛，杀牛葬布里，杀马葬谢弩。切肉如指大，划蔑穿成串，散四面八方，遍四面八方。也成一段《贾》，也成一个理。

附录D “姜纯镒杀人抢劫案”诉状稿

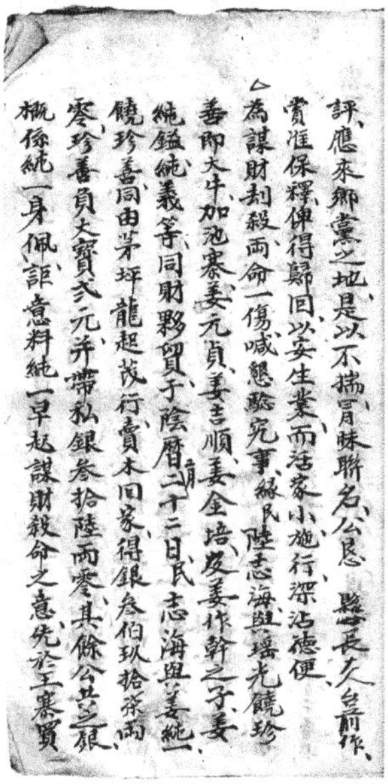

評、應來鄉黨之地、是以不揣冒昧聯名公懇 縣長大人台前作、
主賞准保釋、俾得歸回、以安生業、而活家小、施行深沾德便
△為謀財刦殺兩命一傷喊懇驗究事、緣民陸志海與瑤光饒珍
善、即大牛加池寨姜元貞、姜吉順、姜金培、及姜作幹之子、姜
純鎰、純義等、同財夥貿、于陰曆前月二十二日民志海與姜純一、
饒珍善同由茅坪龍趕茂行賣木回家、得銀叁伯玖拾柒兩
零、珍善負大寶弍元、并帶私銀叁拾陸兩零、其餘公共之銀
概係純一身佩、詎意料純一早起謀財殺命之意、先於王寨買

图1

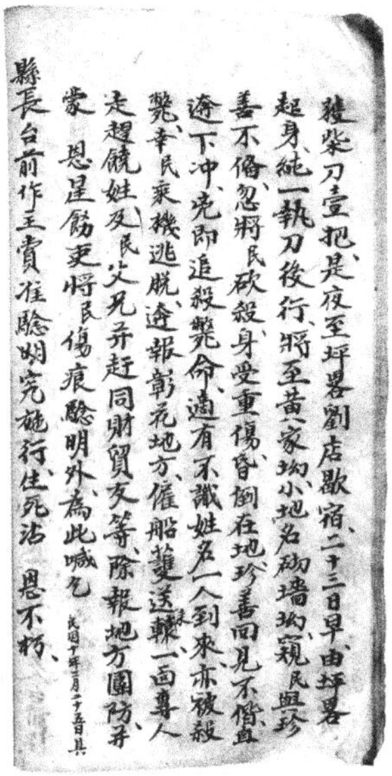

獲柴刀壹把、是夜至坪畧劉店歇宿、二十三日早、由坪畧
起身、純一執刀後行、將至黃家坳小地名砌墻坳、窺民與珍
善不備、忽將民砍殺、身受重傷、昏倒在地、珍善回見不備、直
奔下冲、兇即追殺斃命、適有不識姓名一人到來、亦被殺
斃、幸民乘機逃脫、奔報彰花地方、僱船護送赴辣、一面專人
走趕饒姓及民父兄并趕同財貿友等、除報地方團防并
蒙 恩呈飭吏將民傷痕驗明外、為此喊乞
縣長台前作主賞准驗明究施行、生死沾 恩不朽、
民國十年二月二十五日具

图2

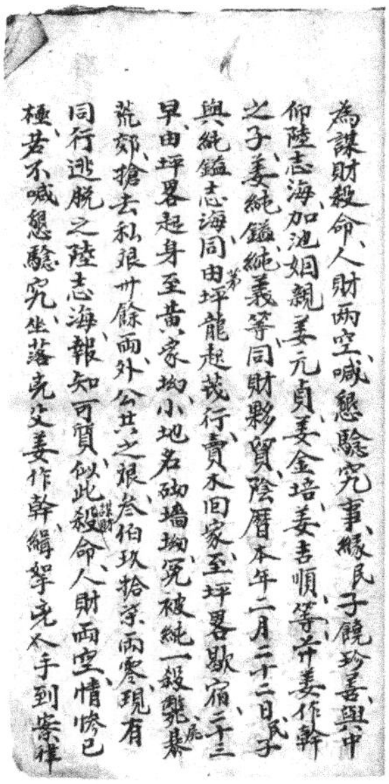

為謀財殺命、人財兩空、喊懇驗究事、緣民子饒珍善、與中
仰陸志海、加池姻親姜元貞、姜金培、姜吉順等并姜作幹
之子姜純鎰、純義等、同財夥貿、陰曆本年二月二十二日民子
與純鎰、志海同由坪第龍趕茂行賣木回家、至坪畧歇宿、二十三
早、由坪畧起身至黃家坳小地名砌墻坳、兇被純一殺斃暴屍
荒郊、搶去私银卅餘兩外、公共之銀叁伯玖拾柒兩零、現有
同行逃脫之陸志海報知可質、似此謀殺命、人財兩空、情慘已
極、若不喊懇驗究、坐落兇父姜作幹緝拏兇犯到案、律

图3

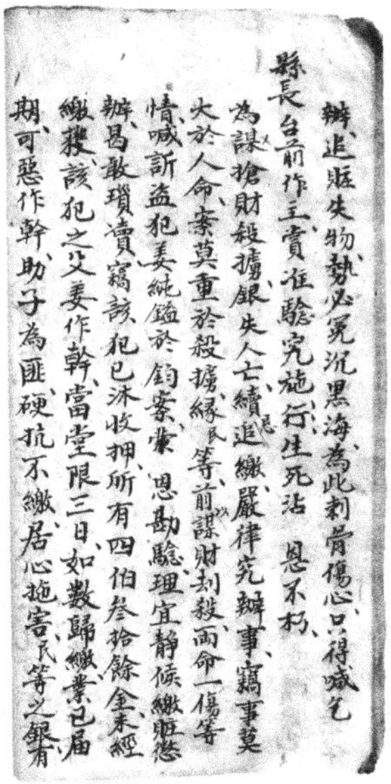

辦、追賍失物、勢必冤沉黑海、為此刺骨傷心、只得喊乞
縣長台前作主賞准驗究施行、生死沾 恩不朽、
為謀搶財殺擄銀、失人亡、續民追繳、嚴律究辦事、竊事莫
大於人命、案莫重於殺擄、緣民等前以謀財刦殺兩命一傷等
情、喊訴盜犯姜純鎰於 鈞案、蒙 恩勘驗、理宜靜候繳賍懲
辦、昌敢瓆瀆、竊該犯已沐收押、所有四伯叁拾餘金、未經
繳獲、該犯之父姜作幹、當堂限三日如數歸繳、業已屆
期、可惡作幹助子為匪、硬抗不繳、居心拖害民等之銀、有

图4

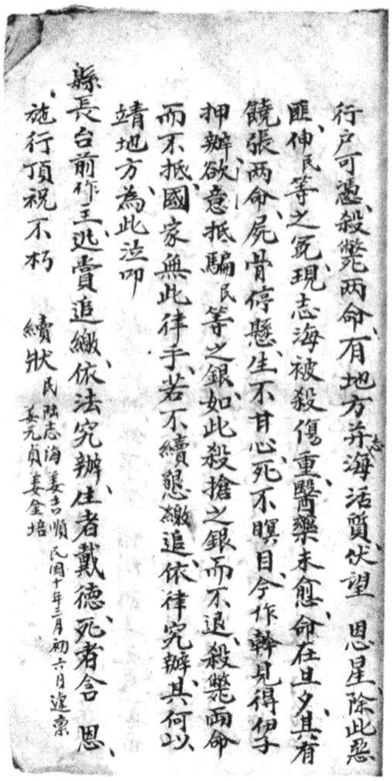
行户可惡，殺斃兩命，有地方并海之活質，伏望　恩星除此惡
匪，伸民等之冤。現志海被殺傷重，醫藥未愈，命在旦夕，其有
饒張兩命，屍骨停懸，生不甘心，死不瞑目。今作幹見得伊
押辦，欲意抵騙民等之銀，如此殺搶之銀而不退，殺斃兩命
而不抵，國家無此律乎？若不續懇繳追依律究辦，其何以
靖地方？為此泣叩
縣長台前作主，追賞追繳，依法究辦，生者戴德，死者含　恩，
施行頂祝不朽
續狀民　陆志海　姜吉順　姜元貞　姜金培　民国十年三月初六日　遞禀

图5

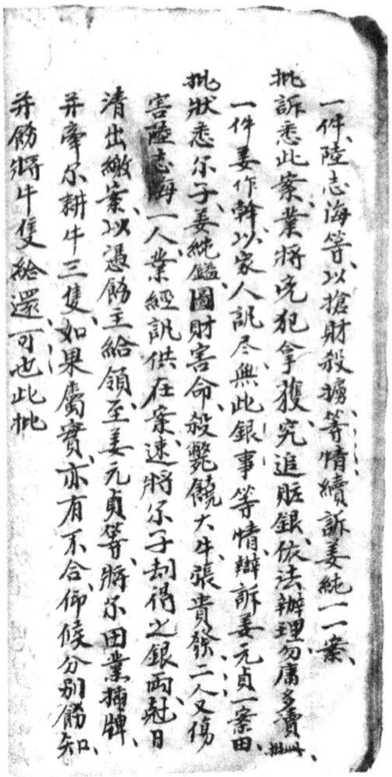
一件，陸志海等以搶財殺擄等情續訴姜純一一案，
批：訴悉。此案業將兇犯拿獲，究追贓銀，依法辦理，勿庸多瀆。此批。
一件，姜作幹以家人訊尽無此銀事等情辯訴姜元貞一案，由
批：狀悉。尔子姜純鎰圖財害命，殺斃饒大牛、張貴發二人，又傷
害陸志海一人，業經訊供在案。速將尔子劫得之銀兩，赶日
清出繳案，以憑飭主給領。至姜元貞等將尔田業插牌，
并牽尔耕牛三隻，如果屬實，亦有不合。仰候分別飭知，
并飭將牛隻給還可也。此批。

图6

為捏揷抵搶，希圖塞責，續懇執行追究事。緣民等前以
謀財封綁(殺)以搶財殺擄各情，訴姜作幹、姜純鎰父子在案。当
蒙將民志海傷痕驗明，并諭延醫調治，隨將犯父姜作
幹收押，繼因拏獲搶犯姜純鎰，訊供在案，旋准姜作幹取
保限期繳贓。足見　仁天鐵面無私，　恩昭法外，無如犯父
姜作幹不体　德意，反聽該族長姜ㄙ多方擺佈，先將牛隻
安慰大牸牛之妻，一面趱造牌揷田，捏控民姜元貞等在
案，希圖塞責。不思該子姜純鎰謀財數佰金，殺斃兩命，

图7

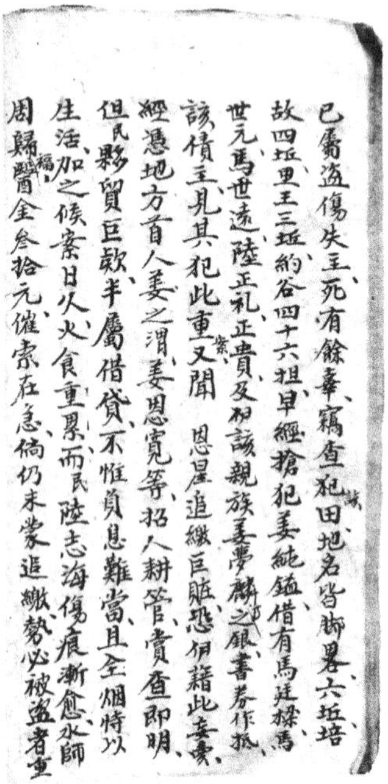
已屬盜傷失主，死有餘辜。竊查犯田地名皆腳界六垇培、
故四垇里王三垇，約谷四十六担，早經搶犯姜純鎰借有馬廷棣、馬
世元、馬世遠、陸正礼、正貴及(各)該親族姜夢麟之銀，書券作抵。
該債主見其犯此重案，又聞　恩星追繳巨贓，恐伊藉此妄賣，
經憑地方首人姜之渭、姜恩寬等招人耕管，賣查即明。
但民夥貿巨欵，半屬借貸，不惟負息難當，且全烟特以
生活，加之候案日久，火食重累，而民陸志海傷痕漸愈，水師
周歸(福)醫金叁拾元，催索在急，倘仍未蒙追繳，勢必被盜者重

图8

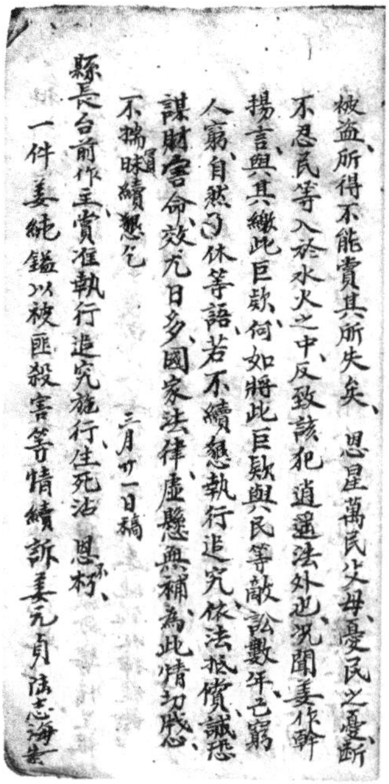

图 9

图 10

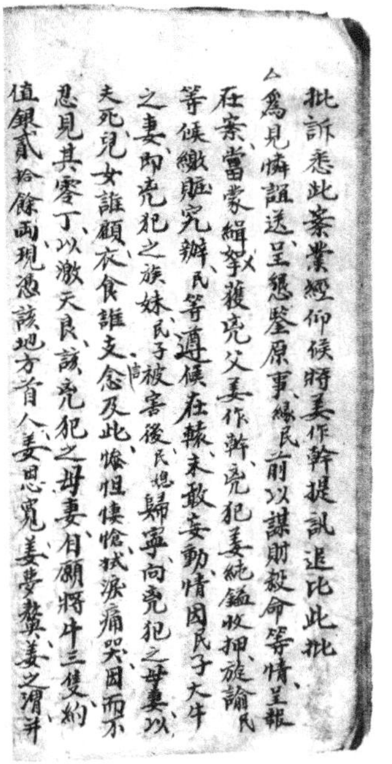

图 11

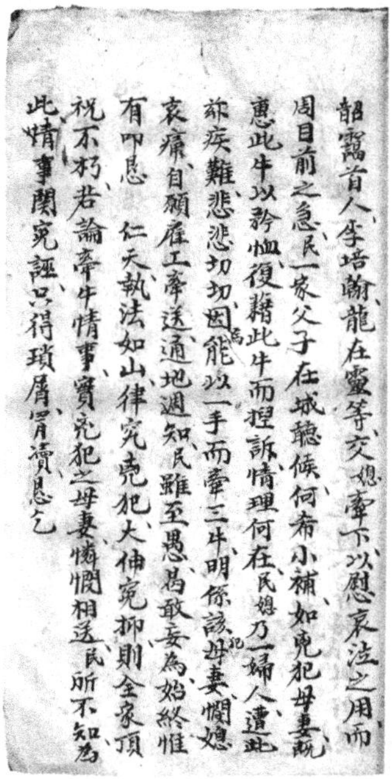

图 12

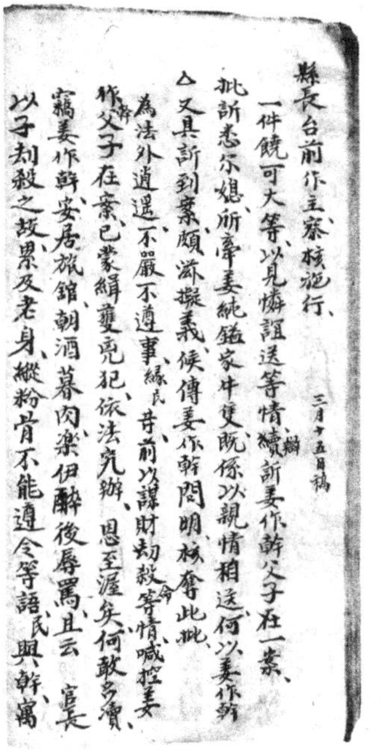

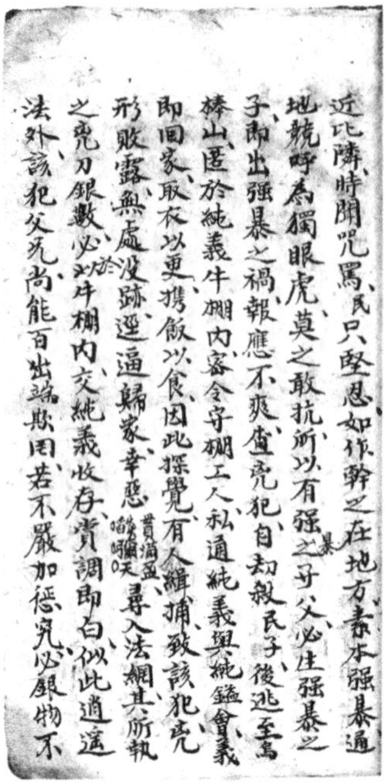

图 13

图 14

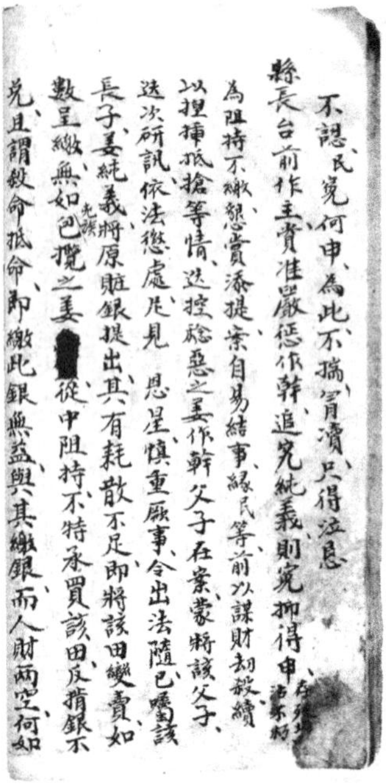

图 15

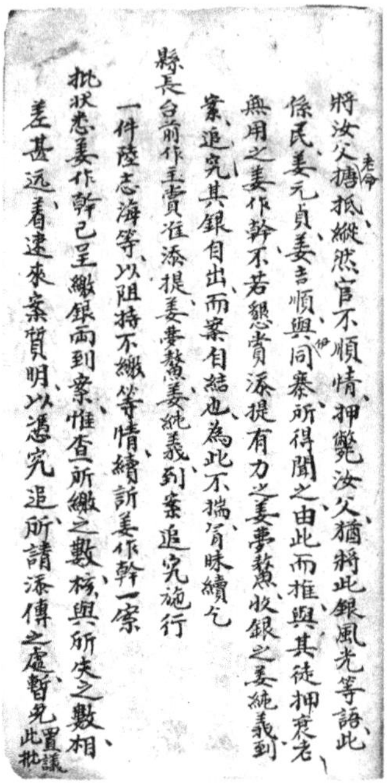

图 16

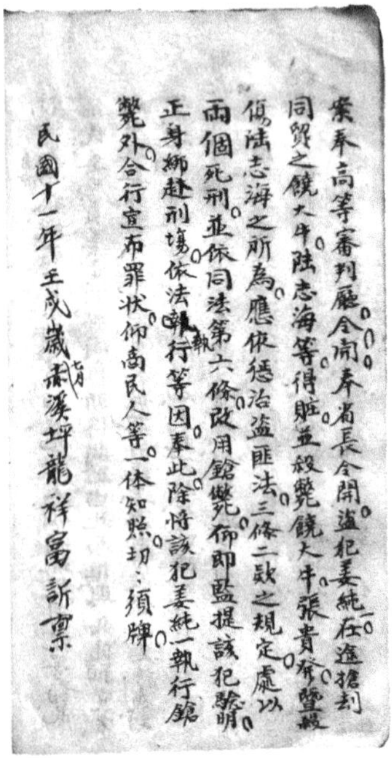